司法書士試験

松本の新教科書　5ヶ月合格法

リアリスティック①

民法I
［総則］

辰已専任講師
松本雅典
Masanori Matsumoto

第4版

辰已法律研究所

初版はしがき

「リアリスティック」には、現実的に、徹底的に現実的に合格だけを考える、という意味を込めています。

そのため、このテキストでは、以下のすべてを実現しようとしました。

多すぎず少なすぎない情報量

自分の知識にできなければ意味がありませんので、掲載する知識は多くしすぎないようにしました。しかし、それで知識不足になってしまっては仕方ないので、少なすぎる情報量でもありません。受験界の中では、情報量は「真ん中」あたりに位置するかと思います。

体系的な学習

法律は「理解」を伴う学習でなければなりません。表面的に知っているだけでなく、「わかる」になっていないと、問題は解けません。

「わかる」の語源は「分ける」だといわれています。たとえば、ある知識を示されて、「この知識は代理の要件である顕名のハナシ、この知識は無権代理人の責任追及の要件のハナシ」ということができれば、ほとんど理解できているといっていいでしょう。

そこで、体系だった学習ができるように、見出し・小見出しのつけ方にかなり気を配りました。見出し・小見出しは、知識を入れるボックスです。このテキストの見出し・小見出しが、私の頭の中にある民法の知識を入れているボックスであり、みなさんの頭の中に知識の受け皿として作っていただきたいボックスです。

わかりやすい表現

法律は、日常用語と異なる使い方をする用語が多いですし、難しい言い回しも多いです。このテキストでは、初めて法律を学習する方にもわかりやすい表現を心がけました。

しかし、これは「正確性」との関係で大変なことでした。わかりやすく言い換えれば、それだけ不正確な表現となってしまうリスクが高くなります。たとえるなら、英語の日本語訳です。英語を日本人にわかりやすく説明したのが日本語訳ですが、日本語に訳す際に意味が変わってしまうリスクがあります。絶対に不正確にならないようにするには、日本語に訳さなければいいのですが、それでは日本語訳になりません。

法律も、条文や判例の表現そのままの説明であれば不正確な表現となるリスクはありません。しかし、それは、みなさんがテキストに求めていることではないでしょう。よって、「不正確な表現とならないよう、わかりやすい表現をする」、これに可能な限り挑戦しました。

基本的に「結論」→「理由」の順で記載

　書籍は、著者という他人が書いた文章を、著者の助けのない中、自分の頭の中で理解しなければなりません。これは、どんな書籍でも同じです。理解しやすい書籍にするには、著者が自分の自由な順で説明するのではなく、ある程度決まったルールに従うべきです。そこで、説明順序は、基本的に「結論」→「理由」の順としています（説明の都合上、先に理由がきてしまっている箇所も少しあります）。

理由付けを多く記載する

　私が毎年講義をする中で調べ、ストックしていった理由付けを、このテキストに記載しました。その数は、相当な数になります。

思い出し方を記載する

　知識を記載する前に、「共通する視点」「Realistic rule」「判断基準」などを説明している箇所があります。これらは、"複数の知識を思い出すための思い出し方"です。その他にも、いくつもの思い出し方を記載しています。試験でしなければならないことは、「思い出すこと」だからです。思い出し方まで記載していることに、このテキストの特徴があります。

図を多めに掲載する

　民法の法律関係は、図を描いて理解するのが最も有効です。そこで、可能な限り多くの図を掲載しました。

表は適宜掲載する

　テキストは、単なる記憶ツールではなく、理解していただくためのツールでもありますので、表を中心に構成してはいません。しかし、比較して記憶したほうが記憶しやすい知識もありますので、そういった箇所は表を適宜掲載しました。

このように、1つのテキストで、かなり欲張りました。それがどれほど成功しているかは、読者のみなさんの評価に委ねるしかありません。

　このテキストは、6年半前の私へのプレゼントでもあります。6年半前、私は受験勉強を開始しようとしていましたが、自分が理想とするテキストはありませんでした。その理想が、このテキストです。6年半前の私にあげたら満足してくれるか、そんなことも考えながら書きました。

　最後に、私が辰已法律研究所で担当しているリアリスティック一発合格松本基礎講座を受講していただいたすべての方に感謝の意を表したいと思います。受講生の方が私に寄せてくださった数千件のご質問のおかげで、受験生の方が、どのようなところで疑問が生じるか、どのように説明すればいいかを学ぶことができました。そして何より、受講生の方が、本気で、人生をかけて合格を目指し闘っている姿を見せてくださるおかげで、「最高の講義をしよう」「最高のテキストを作ろう」という原動力となりました。それが、このテキストを作り上げたと申し上げても過言ではありません。これまで一緒に闘ってくださったみなさんに、改めて感謝申し上げます。

平成 28 年 7 月
辰已法律研究所 専任講師
松本 雅典

第2版はしがき

　本書を発売してからこの2年の間に、本書をお使いいただいた方から多数の合格報告を頂きました。また、本書は私が担当しているリアリスティック一発合格松本基礎講座の指定テキストとしていますが、本書を指定テキストにしてからも堅調に合格者が出ています。

　書籍の執筆は、正直筆が進まない日もありますが、頂く合格報告が筆を進める何よりの原動力になります。

　この度、平成29年の債権法の改正および平成30年の相続法の改正を受け、『リアリスティック民法Ⅰ～Ⅲ』の改訂を行いました。

　改正点も正確に効率的に学習していただけるような書籍にしましたので、今後も多数の方の合格の助けになることを祈念しております。

平成30年12月

辰巳法律研究所 専任講師

松本 雅典

第3版はしがき

　第2版では、平成29年の債権法の改正および平成30年の相続法の改正を反映させましたが、改正前の民法の学習経験のある方が切り替えができるように、基本的に改正前の民法の記載も残し、どう変わったのかを説明する体裁を採りました。しかし、改正後数年が経ち、切り替えを目的にする方が大幅に減少しましたので、第3版は改正前と改正後の区別のない完全に改正法ベースの記載にしました。ただし、理由として使えるものは、理由として改正前の規定の説明をしている箇所もあります。

　また、令和4年4月1日に成年年齢の改正が施行されるため、この改正を反映させました。

令和3年3月

辰巳法律研究所 専任講師

松本 雅典

第4版はしがき

　令和3年12月、『リアリスティック憲法』の発刊をもって、『リアリスティックテキスト』シリーズが全科目完成しました。本シリーズをお読みいただいた読者の方に、この場で改めて御礼を申し上げます。

　全科目完成したこともあり、本書をお使いいただいた方からのご感想や合格報告を頂くことが増えました。書籍の執筆は、正直筆が進まない日もありますが、上記のようなお声や頂く合格報告が筆を進める何よりの原動力になります。今後も、頂いたお声や合格報告を原動力にして、さらにわかりやすく、そして、使いやすくなるよう、改訂を進めて参りたいと思います。

　第4版では、最新の改正法ベースの記載に変更したうえで、第3版出版以降の過去問知識の追加、説明方法や表現の修正を行いました。

　本シリーズが、今後も合格のお役に立つことを祈念しております。

令和4年12月

辰已法律研究所　専任講師

松本　雅典

目　次

コラム

索引

本テキストご利用にあたっての注意

1．略称

- ・民執法　　　　→　民事執行法
- ・民保法　　　　→　民事保全法
- ・法人法　　　　→　一般社団法人及び一般財団法人に関する法律
- ・最判平 20.6.10　→　最高裁判所判決平成 20 年 6 月 10 日

2．テキストをお読みいただく順序

　第 2 編以降は、基本的に民法の条文の順に沿って説明を記載しています。しかし、条文順ですと理解できない箇所もありますので、先に後半部分を読んだり飛ばしたりしたほうがよい箇所については、以下のような注をつけています。

＊「無効」「取消し」の意味は、P191～192 1 で説明していますが、P191～192 1 の前に無効や取消しは何度も登場しますので、先に P191～192 1 をお読みください。

　注で示した順番でお読みいただく前提で説明を記載していますので、最初にお読みになる際は、上記のような注に従ってお読みください。

3．Case・具体例

　Case・具体例には、できる限り「あなた」（読者の方を想定しています）を入れています。法律問題を他人事と考えるよりも、当事者意識を持って考えていただきたいからです。たとえば、現在離婚調停中の方がいらっしゃれば、まさに自分の問題ですので、離婚に関する知識は容易に記憶できるでしょう。すべてについて当事者意識を持つのは容易ではありませんが、できる限り Case・具体例の「あなた」になったつもりで考えてください。このような趣旨がありますので、私が「まずこの人の立場に立って考えてほしい」と考えた「この人」が、Case・具体例の「あなた」になっています。

　最終的には当事者双方の立場を考え、妥当な結論を導き出すのが法（裁判所）の役目ですが、いきなりそれはできません。まずは、Case・具体例の「あなた」の立場から考えてみてください。

4. 表

　このテキストで出てくる表は、一貫して、「当たる」「認められる」などその事項に該当するもの（積極事項）は表の左に、「当たらない」「認められない」などその事項に該当しないもの（消極事項）は表の右に配置する方針で作成しています。これは、試験で理由付けから知識を思い出せなかったとしても、「この知識はテキストの表の左に書いてあったな。だから、『当たる』だ。」といったことをできるようにするためです。

　2つの説を示した学説対立の表は、基本的に、判例があれば判例を表の左に、判例がなければ通説を表の左にといった形で、重要度の高いものを表の左に配置する方針で作成しています。

　また、民法の学説の対立は、一方の説が「Aの味方、Bの敵」であり、他方の説が「Bの味方、Aの敵」である、となっていることが多いです。この場合には、学説対立の表の冒頭で、以下のように、その説がどちらの味方であり、どちらの敵であるかをわかるようにしています。

　「 ↗ 」はその者の味方、「 ↘ 」はその者の敵という意味です。

ダレの味方か	A ↗ B ↘	B ↗ A ↘

5. 参照ページ

　できる限り参照ページをつけています。これは、「記載されているページを必ず参照してください」という意味ではありません。すべてを参照していると読むペースが遅くなってしまいます。わかっているページを参照する必要はありません。内容を確認したい場合のみ参照してください。その便宜のために参照ページを多めにつけています。

　また、ページの余白に表示している参照ページの記号の意味は、以下のとおりです。

P50＝ : 内容が同じ

P50≒ : 内容が似ている

P50 「 P50 ┐ : 内容が異なる
└ P50 」 P50

6. Realistic rule

　「Realistic rule」とは、試験的にはそのルールで解答してしまって構わないというルールです。

―第1編―

民法の世界

民法が規定する世界

1 民法は「財産法」「家族法」の２つからなる

　法律学習は早い段階で大枠をつかむことが重要ですので、まずは民法が何を規定しているのかをみていきましょう。

　民法は、私人の「財産関係」と「家族関係」を規定しています。
　「財産関係」は、たとえば、お金を貸したら貸した人に返してもらう権利が発生するなどというハナシです。「家族関係」は、たとえば、親が亡くなって兄弟の間で相続について醜い争いが生じた場合にどう解決するかといったハナシです。
　少し雑なイメージですが、「¥」（財産関係）と「家」（家族関係）を規定したのが民法です。

　民法の条文では、「財産関係」が規定されているのが第１編の総則、第２編の物権および第３編の債権であり、「家族関係」が規定されているのが第４編の親族および第５編の相続です。次のページの図が民法の条文の構造を示したものですが（＊）、次のページの青の線の上が財産関係を規定した「財産法」、下が家族関係を規定した「家族法」と呼ばれるものです。
＊これから民法の学習をしていきますので、次のページの図は、現時点では眺めておく程度で構いません。

　「財産法」と「家族法」は、かなり性質が異なります。「財産法」は、財産関係ですから、最悪の場合は金で解決が可能なのです。それに対して、「家族法」は、婚姻、親子関係、相続など近親者間の関係を定めた生活の根幹に関わるものなのです。たとえば、「本当の親ではないが、１億円あげるからこの人と親子ということで我慢してね」と言われても、納得できないですよね。家族法が規定していることの大半は金で解決が不可能なものなのです。

　よって、国によっては、この２つは別々の法律として規定されているくらいです。日本では同じ民法という法律ですが、「財産法と家族法は別法律である」くらいの感覚で学習したほうがよいです。この姿勢が学問上正しいかは議論のあるところなのですが、少なくとも試験対策上はこの姿勢が適切です。

【民法の構造（体系）】

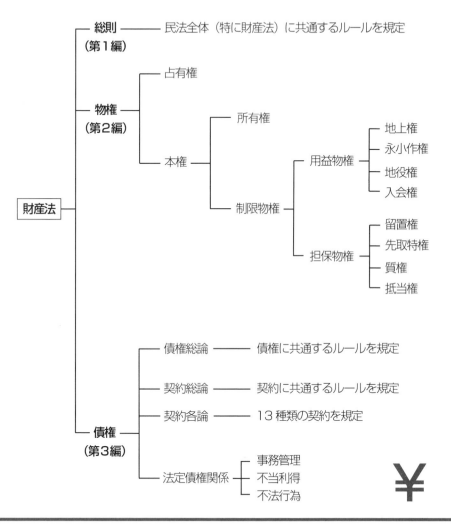

──総則────── 民法全体（特に財産法）に共通するルールを規定
（第1編）

──占有権

──物権──
（第2編）　　　　　──所有権

財産法　　　──本権──　　　　　　　　──地上権
　　　　　　　　　　　　　　　　　　　──永小作権
　　　　　　　　　　　　──用益物権──
　　　　　　　　　　　　　　　　　　　──地役権
　　　　　　　──制限物権──　　　　　──入会権

　　　　　　　　　　　　　　　　　　　──留置権
　　　　　　　　　　　　　　　　　　　──先取特権
　　　　　　　　　　　　──担保物権──
　　　　　　　　　　　　　　　　　　　──質権
　　　　　　　　　　　　　　　　　　　──抵当権

──債権総論────── 債権に共通するルールを規定

──契約総論────── 契約に共通するルールを規定

──契約各論────── 13種類の契約を規定

──債権──
（第3編）　　　　　　　　　　　　　　　──事務管理
　　　　　　──法定債権関係──　　　　──不当利得
　　　　　　　　　　　　　　　　　　　──不法行為

¥

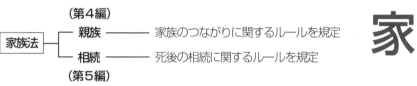

　　　　　　（第4編）
　　　　　　──親族────── 家族のつながりに関するルールを規定
家族法──
　　　　　　──相続────── 死後の相続に関するルールを規定
　　　　　　（第5編）

家

2 財産法が規定する取引社会とは？

「財産法と家族法は別法律であると考えて学習してください」と申し上げましたので、分けて考えていきましょう。この第1編では、基本的には最初に学習する「財産法」の大枠を説明していきます。以下の Case を考えてみてください。

Case

（1）あなたは、ブランド物のバッグを所有しているが、そのバッグをドロボウが持って行ってしまった。あなたはドロボウに、「バッグを返せ！」と言えるか？

（2）あなたは、家電量販店でパソコンを購入した。しかし、あなたは、売買代金を支払おうとしない。家電量販店はあなたの父親に、「売買代金を支払え！」と言えるか？

常識的に考えて、Case（1）は「当然言えるだろう」と思うでしょう。Case（2）は微妙でしょうか。しかし、みなさんがこれから学習するのは法律ですから、法律的に考える必要があります。実は、この Case が、財産法が規定している世界を考えるのに役立ちます。

財産法は、以下の社会を規定しています。民法に目があるとすると、民法から私たちが生活している社会は以下のように見えているのです。

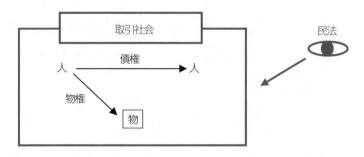

財産法は、取引社会を規定したものです。それは、どのような社会でしょうか。

まずは何事も登場人物を確認する必要がありますが、取引社会の登場人物は「人」です。この「人」には「自然人」（日常用語でいう人）だけではなく、「法人」（会社など）も含みます（P37）。つまり、民法は取引社会の主体（メンバー）を「人」（自然人および法人）としたのです。

主体（メンバー）は人ですが、客体は「物」です。みなさんが今読んでいるこのテキストも、持っているボールペンも、部屋の中にあるテレビも、残念ながら動物も、「物」です。

　取引社会の主体（メンバー）は「人」であり、客体は「物」であることを確認しました。これらを基本として、「物権」「債権」という概念が出てきます。

　物権は「人が物を直接的・排他的に支配する権利」と定義されます。少し雑な言い方ですが、今は「人が有する物に対しての権利」くらいに考えてください。その代表が「所有権」です。今は所有権についての正確な定義を記憶する必要はありませんので、「これは私の物だ！」と言える権利くらいに考えてください。みなさんがお持ちのほとんどの物は、みなさんが所有権を有しているでしょう。上記 Case（1）のあなたがブランド物のバッグに有している権利も所有権（物権）です。

　債権は「特定の人が、特定の人に対して、特定の行為をすること（またはしないこと）を請求できる権利」と定義されます。簡単にいうと、「人の人に対する権利」です。「人」を「責」めることができるので、「債」という字を使います。「人」を「責」めることができる「権」利なので、「債権」というわけです。上記 Case（2）の家電量販店（人）があなた（人）に、「売買代金を支払え！」と言える権利は、債権です。

　財産法は、主体（メンバー）を「人」、客体を「物」とし、人が持つ権利を「物権」「債権」に分けて「取引社会」を規定したのです。

3　物権と債権の違い

1．誰に権利を主張できるか？

　物権は、日本中の誰に対しても主張できる権利です。上記 Case（1）でいえば、あなたは、ブランド物のバッグに対して所有権という"物権"を有しているため、ドロボウが盗んでいこうが、友人が間違って持っていこうが、所有権に基づいてバッグの返還請求をすることができます。

　それに対して、債権は、特定の人にしか主張できない権利です。上記 Case（2）でいえば、家電量販店は、あなたに対して売買代金"債権"を有していますが、それはあなたの父親とは何の関係もないので、家電量販店は父親に対して何らの請求もすることができません。

　物権と債権の違いのイメージを図にすると、以下のようになります。以下の図は、物権は日本中の誰に対しても主張できる権利であり、債権は特定の人にしか主張できない権利であることを表しています。

　少し雑なたとえですが、物権は「日本のどこでも使える標準語」、債権は「友人の間でしか使えない造語」のようなものです。

２．物権と債権はいくつある？

　「物権は強くてすごく使えそうな権利だけど、債権は弱くてなんか使えなさそうな権利だな」と思ったかもしれません。「強い」「弱い」のイメージはそのとおりなのですが、「使えそう」「使えなさそう」のイメージは必ずしも正しくはありません。

　物権は強くて債権は弱いのですが、その裏返しとして「数」の問題があります。

　物権は種類が法定されています。

> **― 用語解説 ―― 「法定」**
>
> 　「法定」とは、法令（法律など）で定まっているということです。

　民法175条に、物権は法定されている旨が書かれています。

> **民法175条（物権の創設）**
> 　物権は、この法律その他の法律に定めるもののほか、創設することができない。

　「その他の法律」とあるとおり民法以外にも物権を定めた法律はありますが、民法には物権は10種類しか規定されていません。それ以外は「創設することができない」

とガチガチに縛られています。その理由は、物権が日本中の誰に対しても主張できる強い権利だからです。

　つまり、物権は強い反面、自由に作ることができない不都合さがあるのです。

　それに対して、債権の内容は原則として当事者が決めたものとなります。世の中には様々な債権があります。たとえば、コンビニでペットボトルを購入した買主が取得するのは、「商品を引き渡せ！」という債権です。予備校の講座を申し込んだ場合にみなさんが取得するのは「講義を提供しろ！」という債権です。お互いが納得するのであれば、原則として債権の内容を自由に変えることができます。受講料も変更できますし、講義の回数も変更できますし、教材の内容も変更できます。このように、この国には数えきれない数の債権があります。原則として自由に債権を作ることができるのは、債権が特定の人にしか主張できない弱い権利だからです。他の人には関係ないので、当事者が納得しているのであれば構わないのです。

　つまり、債権は弱い反面、自由に作ることができる使い勝手の良さがあるのです。

― Realistic 1　用語は記憶 ―

　「法定」という用語が出てきました。これは、法律の書籍にはよく出てくる言葉ですし、試験でも学説問題という学説の知識を問う問題の中にこの用語の意味がわかっていないと解けない問題があるので、意味を記憶してください。

　このように、法律用語はきちんと記憶してください。たしかに、法律の書籍は日本語で書かれています。しかし、そこには、日常用語では使用しない用語や日常用語とは意味の違う用語が多数登場します。それらは、いわば英単語のようなものなのです。英語学習であれば、英単語を記憶しない人はいません。しかし、法律学習ですと、なまじ日本語で書かれているため、法律用語を軽視してしまう方が多くいます。日常用語ではないという意味では英単語と同じなわけですから、法律用語についてもきちんと「記憶」をしていってください。

第2章　　　　　　　　　　　物権の基本

　まだ総則には入りません。第2編の総則に入る前に、この第1編の第2章〜第7章で、まず知っていただきたい民法の基本を説明します。総則、物権、……とスムーズに学習していただくためです。

1　物権の対象である物（客体）とは？

　P5で「取引社会の主体（メンバー）は『人』、客体は『物』である。人が有する物に対しての権利が『物権』である」と説明しました。それでは、客体である「物」とは何かをまずは確認しましょう。

　「物」についての詳しい説明はP86〜92でしますので、ここでは以下の条文だけ確認します。

民法86条（不動産及び動産）

1　土地及びその定着物は、不動産とする。
2　不動産以外の物は、すべて動産とする。

　物には「不動産」と「動産」があります。

　不動産とは、「土地及びその定着物」です（民法86条1項）。「定着物」には建物以外の物もあるのですが、今は建物だけを考えてください。土地と建物が不動産の代表です。

　動産とは、「不動産以外のすべての物」です（民法86条2項）。このテキストも、みなさんがお持ちのボールペンも、みなさんが着ている洋服も、動産です。

2　物権はいつ移転する？

　この物（不動産と動産）に対して人が有する権利が物権なわけですが、次は、「物権がいつ人から人に移転するのか？」という問題を考えてみましょう。物権の移転原因には様々なものがありますが、ここでは最も基本的な「売買」を考えます。売主がある物の所有権を有しており、買主と売買をすると、売主から買主にその物の所有権が移転します。では、いつ移転するのでしょうか。

　Case（1）も（2）も、一般の人の感覚では②や③になるでしょうか。しかし、民法は一般の人の常識的な感覚よりもかなり早い時点で物権が移転するとしました。

　Case（1）が不動産の事例、Case（2）が動産の事例ですが、実はどちらも結論は同じです。以下の民法176条にいつ物権（ここでは所有権）が移転するかが書かれています。

民法176条（物権の設定及び移転）

　　物権の設定及び移転は、当事者の意思表示のみによって、その効力を生ずる。

　「設定」は地上権や抵当権などを設定することなのですが、今は無視してください。所有権についてのみ考えましょう。

　「物権（所有権など）の……移転は、当事者の意思表示のみによって、その効力を生ずる」とあります。「意思表示のみによって」とは、たとえば、売買であれば、売主の「売ります」と買主の「買います」の意思表示が合致して売買契約が成立した時に効力が生じるということです。つまり、登記（登記は下記3で説明します）の移転や物の引渡しを待たずに、口約束だけで物権の移転の効力が生じるわけです。

　上記 Case（1）（2）でいえば、「売買契約書を作成した」「売買代金を支払った」「建物のカギを渡した（＝建物を引き渡した）」「登記名義を……移転した」「ジーパ

ンを袋に入れ……渡した（＝ジーパンを引き渡した）」など色々と書いていますが、上記Case（1）（2）もそれらよりも早い①の時点で、土地と建物またはジーパンの所有権があなたに移転していることになります。つまり、契約書を作成することや代金を支払うことさえなく、口約束だけで所有権は移転するのです。

― Realistic 2　法律の規定は１つの選択 ―

　「口約束だけで物権が移転する」と聞いて、「早すぎるのでは？」「登記をした時にしたほうがよいのでは？」などと思われた方もいると思います。登記をした時などとすることも、選択肢としてはあり得ます。そういった国もあります。しかし、日本の民法は、口約束だけで物権が移転するとし、移転時期として考えられる最も早い時点を選択しました。日本の民法が制定されたのは明治時代ですが、当時は登記制度が整っておらず、登記をした時とはできなかったなどという事情が背景にあります。

　これは、立法の１つの選択にすぎません。法律は人間が作ったものですので、現在の規定が絶対的に正しいわけではありません。数十年後には「登記をした時に物権が移転する」と変わっているかもしれません。

　今後の法律学習においては、「これはあくまでも立法の１つの選択にすぎない」ということを念頭に置いてください。ただし、その選択は、人間が何度も失敗を繰り返し、時代に応じて変更してきたものではありますので、その選択をしたことにある程度の説得力のある根拠はあります。それをこのテキストで説明していきます。

※契約書を作成しなければならない？

　上記Case（1）（2）では、どちらも②で「売買契約書を作成した」とありますが、売買などの契約をする場合に、契約書を作成しなければならないのでしょうか。

　上記Case（2）のジーパンですと、常識的に「そんな高額ではないし、契約書まで作成しなくてよいだろう」と思われるでしょう。これは常識どおりで、ジーパンの売買について契約書を作成する必要はありません。しかし、実は金額は関係なく、民法で定める契約は原則として契約書を作成する必要はないのです（民法522条２項）。たとえ１億円のジーパンであっても同様です。また、対象が不動産であっても同様です。よって、上記Case（1）の不動産の売買も、口約束だけで構わないのです。

　ただし、実際には不動産などの高額の売買では契約書が作成されるのが普通です。買主からすれば高額な売買代金を支払うわけですから、契約をした証がないと安心できません。また、後日トラブル（訴訟など）になった場合、口約束を立証するのは困難ですので、証拠として契約書があったほうがよいです。

3 不動産と登記

1. 登記とは？

　不動産は、「登記」抜きでは語ることができません。登記とは、現時点では「不動産の名義」という認識を持ってください。

　通常は、不動産ごとに以下のように登記がされています（以下の記載内容が現時点でわかる必要はありません。詳しくは不動産登記法で学習しますので、今は「Aの名義で登記がされているな～」という程度でご覧ください）。建物を建てた場合や不動産を購入した場合には、通常は所有者名義で登記をします。

東京都新宿区新宿三丁目3-3　　　全部事項証明書　　　　　　　（土地）

表題部（土地の表示）	調製	余白		不動産番号	0111483935421
地図番号	余白	筆界特定	余白		
所　　在	新宿区新宿三丁目			余白	

①　地　番	②　地　目	③　地　積　㎡	原因及びその日付[登記の日付]
3番3	宅地	72 : 55　余白	

権　利　部（甲　区）（所　有　権　に　関　す　る　事　項）			
順位番号	登記の目的	受付年月日・受付番号	権利者その他の事項
1	所有権保存	平成3年5月12日 第20023号	所有者　新宿区新宿三丁目3番3号 　　A

2. 民法177条

　このようにA名義の登記がされた不動産をあなたが買ったとしましょう。以下のCaseで考えてみてください。

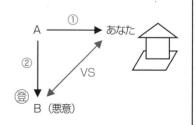

> ### Case
>
> 　Aはあなたに、令和4年3月10日、土地と建物を売った。あなたはAに、売買代金3000万円を支払い、その土地と建物の引渡しも受け、暮らし始めている。あなたは、子供の小学校の転入手続も済ませ、子供もやっとクラスに馴染んできた。
>
> しかし、Aは、まだ自分に登記があったため、Bに、令和5年3月10日、その土地と建物を4000万円で売り、その土地と建物の登記をBに移した。なお、Bは、Aとあなたとの間で売買契約がされていたことを知っていた。この場合、あなたはBに対して、自分がその土地と建物の所有者であると言えるか?

　あなたは、Bよりも先に購入し1年間も実際にそこで暮らしているのですから、当然「私が所有者だ!」と言えると思うでしょう。しかし、実際には、あなたはBに対して、自分がその土地と建物の所有者であると言えません。以下の条文があるからです。

> ### 民法177条（不動産に関する物権の変動の対抗要件）
>
> 　不動産に関する物権の得喪及び変更は、不動産登記法（平成16年法律第123号）その他の登記に関する法律の定めるところに従いその登記をしなければ、第三者に対抗することができない。

　あなたは登記をしていないため、所有権の取得（「物権の得喪」のうちの取「得」）をB（第三者）に主張できません（対抗できません）。
　ここでいう「第三者」は、悪意でも構わないとされています。

┌─ 用語解説 ── 「悪意」「善意」 ─────────────
│
│　「悪意」とは、法律用語では、害意があるという意味ではなく「知っている」という意味です。
│　反対の意味の用語は「善意」です。これも日常用語とは異なり、「知らない」という意味です。
└──────────────────────────────

よって、BがAとあなたとの間の売買契約を知っていた（悪意）という事情も、結論を左右しません。

　あなたが「この土地と建物は私の物だ！」と第三者に言いたければ、以下のように自分名義に登記を移す必要があったわけです。

権 利 部 （ 甲 区 ）（ 所 有 権 に 関 す る 事 項 ）			
順位番号	登 記 の 目 的	受付年月日・受付番号	権 利 者 そ の 他 の 事 項
1	所有権保存	平成3年5月12日 第20023号	所有者　新宿区新宿三丁目3番3号 　　　　A
2	所有権移転	令和4年3月10日 第13205号	原因　令和4年3月10日売買 所有者　新宿区新宿三丁目3番3号 　　　　あなた

　この登記が、いわば「獲ったど〜」という旗なのです。

　この一見不合理とも思える結論となる理由として、以下のことがいわれています。

P15

①資本主義の現れ

　「第三者に主張したければ、汗をかいて努力しろ！（登記ぐらい移せ！）」ということです。

②不動産は数に限りがありその取引も頻繁に行われるわけではないため（普通の人が不動産取引をするのは一生で1〜2回でしょう）、対抗要件（P120）として登記を備えることまで要求しても構わない

P15

③民法177条は、善意・悪意を区別していない

最高裁判所の基本的なスタンス

　最高裁判所は、必要がないのに条文に書いていないことをむやみに付け加えません（ただし、必要があるときは、最高裁判所が要件を付け加えることがあります）。立法は国会の仕事であるため、むやみに最高裁判所が要件などを加えると、司法が立法に介入していることになってしまうからです。

　よって、民法177条で第三者に善意が要求されていない以上、最高裁判所も善意まで要求しないのです。

④画一的な処理のためには、善意・悪意を問題にしないとすべきである

　善意・悪意は内心の問題であるため、事件や裁判官によって認定が分かれてしまい

13

ます。よって、善意であることを第三者が保護される要件とすると、事案によって第三者が保護されたりされなくなったりして、安定しません。

　この民法177条は非常に重要な条文ですので、物権編であるⅡのテキストで詳しく説明しますが、現時点では「登記がないと、先に不動産を購入したのに所有権を主張できなくなることがあるんだ。登記は、不動産にとって非常に重要なものなんだな。」という認識を持ってください。

3．民法176条との関係は？

　上記2.の説明を読み、 2 で説明した民法176条（P9）との関係で疑問を持った方もいると思います。 2 で「口約束だけで物権は移転する」と説明しました。ということは、上記Caseの場合、Aとあなたが口約束をした令和4年3月10日の時点で所有権はAからあなたに移転しており、Aは所有権を有していないはずです。にもかかわらず、なぜAは土地と建物をBに売ることができたのでしょうか。

　上記2.で説明したとおり、Bの勝ちであるというのが判例の結論ですので、Aは土地と建物をBに売ることができるのですが、これをいかに民法176条と整合するように説明するかは学者の間でも一大論点です。完璧な説明ができる学者はいないのですが、一応の説明方法はあります。それはⅡのテキスト第3編第1章第3節 4 2.で紹介します。

4 　動産と引渡し

　不動産においては、登記が決め手となりました。では、動産はどうでしょう。似たようなCaseを考えてみましょう。

Case

　ショップAはあなたに、令和5年3月10日、ジーパンを売った。あなたはAに、ジーパンの代金1万円を支払い、それに合う上着を買ったりしていた。しかし、Aは、まだあなたにジーパンを引き渡していなかったため、Bに、令和5年

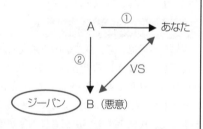

3月20日、ジーパンを2万円で売り、Bにジーパンを引き渡した。なお、Bは、Aとあなたとの間で売買契約がされていたことを知っていた。この場合、あなたはBに対して、自分がそのジーパンの所有者であると言えるか？

P13
」

　民法上、動産には登記という制度がありません。そこで、不動産で登記に当たるものが、動産では「引渡し」となります。

　動産では、引渡しがいわば「獲ったど〜」という旗なのです。

民法 178 条（動産に関する物権の譲渡の対抗要件）

　動産に関する物権の譲渡は、その動産の引渡しがなければ、第三者に対抗することができない。

P13
」

　あなたは引渡しを受けていないため、所有権の取得をB（第三者）に主張できません（対抗できません）。

　不動産と同様、ここでいう「第三者」は、悪意でも構いませんので、BがAとあなたとの間の売買契約を知っていた（悪意）という事情も、結論を左右しません。

　資本主義の現れとして、「第三者に主張したければ、汗をかいて努力しろ！（引渡しを受けろ！）」という理由は、不動産と同様です。では、なぜ動産の場合は「引渡し」になるのでしょうか。それは、動産は無数に存在し、その取引は非常に頻繁に行われているため、登記などの特別の要式を要求できない（要求していたら、経済が回らなくなってしまう）からです。たとえば、コンビニでペットボトルを購入することも動産取引です。コンビニでペットボトルが売れる度に、ペットボトルの登記をコンビニからお客さんに移していたら、あまりにも面倒です。そこで、「引渡し」を対抗要件としたのです。

　この民法178条についても、物権編であるⅡのテキストで詳しく説明しますが、現時点では「引渡しがないと、先に動産を購入したのに所有権を主張できなくなることがあるんだ。引渡しは、動産にとって非常に重要なものなんだな。」という認識を持ってください。

第**3**章　債権の基本

物権の基本を確認しましたので、続いて債権の基本を確認しましょう。

1　債権と債務は表裏一体

　P5で「取引社会の主体（メンバー）として『人』がいて、特定の人が、特定の人に対して、特定の行為をすること（またはしないこと）を請求できる権利が『債権』である」と説明しました。こういうと難しく思えますが、みなさんも、毎日、債権を取得しています。「債務」という用語も記憶する必要がありますので、併せてみていきましょう。

　たとえば、あなたがコンビニでペットボトルを買えば、以下の債権と債務が生じます。

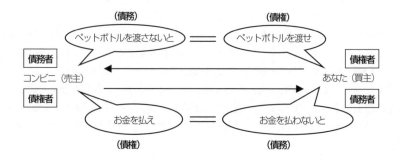

　コンビニでペットボトルを買うことは売買契約（民法555条）ですが、買主であるあなたは財産権移転請求権という債権を取得します。これは、売主であるコンビニから見れば財産権移転義務という債務です。また、売主であるコンビニは代金支払請求権という債権を取得します。これは、買主であるあなたから見れば代金支払義務という債務です。

　つまり、債権と債務は表裏一体の関係なのです。債権者から見れば債権でも、債務者から見れば債務なのです。

　なお、債権を有する者を「債権者」、債務を有する者を「債務者」といいます。

　財産法で規定されている債権（債務）の発生原因は、「契約」「事務管理」「不当利得」「不法行為」の4つです。この4つは、以下のように分けて考えてください。

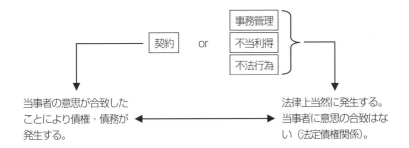

　「契約」と「事務管理」「不当利得」「不法行為」では性質が異なりますので、分けてみていきます。

1. 契約

　何度か例に挙げているコンビニでペットボトルを買う売買契約（民法555条）が契約の典型例です。他には、たとえば、（民法に規定されている契約ではありませんが）みなさんが予備校の講座を受講した場合も、それは契約です。

　契約のポイントは、当事者（お互い）の意思の合致があることです。コンビニの売買契約も、予備校の講座の受講も、お互いが納得しなければ契約は成立しません（民法 521 条1項）。通常は、コンビニや予備校が契約を締結しないことはないでしょうが、たとえば、「定価の半額にしてくれ！」と言われれば、契約を締結しないでしょう。

　言い換えれば、当事者（お互い）の意思の合致がある場合のみ、債権・債務を有することになるのです。これは、財産法の大原則に私的自治の原則があるからです。

| 私的自治の原則 | （「意思自治の原則」ということもあります） |

（権利の側面）国家や他人に拘束されず、自分の意思に基づいて自分の生活関係を形成できる原則
（義務の側面）市民社会において人が義務を負うのは、自らの意思でそれを望んだときだけであるという原則

　近代以前の国家では、国民の権利義務は権力者に侵害・強制されることが多々ありました。その反省から、現代の取引社会においては、国民が自分の意思で決定できるとされたのです。法律は、人類が過去の反省から改良を続けてきた産物ですので、このように過去の反省の視点があります。

　私的自治の原則について、このようにプラスの面のみの説明がされることも多いです。しかし、もう1つ重要なこととして、私的自治の原則には「責任」もあるのです。たとえば、コンビニでペットボトルを買うのも、予備校の講座を受講するのも、決めるのはみなさんの自由ですが、買うまたは受講すると決めたからには、売買代金や受講料を払う必要があります（責任）。

　したがって、私的自治の原則を要約すると、以下のようになります。

私的自治の原則

　契約などをするか（権利義務を有するか）は自由だが、契約などをしたからには責任をちゃんと果たせ！

2．法定債権関係（「事務管理」「不当利得」「不法行為」）

　この「事務管理」「不当利得」「不法行為」は、契約と異なり、当事者に意思の合致がないにもかかわらず、法律上当然に債権・債務が発生します。法律上当然に発生するため、「“法定”債権関係」と呼ばれます。先ほどの私的自治の原則の説明では、人は自らの意思で望んだときのみ権利義務を有するはずでしたので、私的自治の原則からするとおかしいですね。しかし、民法では債権（債務）の発生原因とされているわけですから、そこには債権（債務）を発生させなければならない理由があるのです。

　それぞれ理由が異なりますので、1つ1つみていきましょう。すべて「当事者に意思の合致はないが、債権（債務）を発生させる必要性（理由）がある」という点は共通する論理ですので、その論理を意識して以下の説明をお読みください。

（1）事務管理

民法697条（事務管理）

1　義務なく他人のために事務の管理を始めた者（以下この章において「管理者」という。）は、その事務の性質に従い、最も本人の利益に適合する方法によって、その事務の管理（以下「事務管理」という。）をしなければならない。

　冒頭の「義務なく」がポイントです。義務がないにもかかわらず、他人のために事務の管理を始めた場合に、管理を始めた者と管理をしてもらった者との間に債権（債務）が発生します。もう少しわかりやすくいうと、事務管理とは、（言い方は悪いですが）「おせっかい」で他人のために何かをしてあげた場合に、当事者の間に債権（債務）が発生することをいいます。

ex.　あなたは、お隣のAさんの家が留守だったため、Aさんの家に届いた冷凍みかんを預かってあげました。そうすると、あなたとAさんとの間に「事務管理」に基づく「債権」と「債務」が発生します。たとえば、あなたはAさんに、Aさんのために支出した有益な費用（冷凍みかんが溶けないようにするために買ってきた氷の代金など）を請求できます。

　これは、私的自治の原則からするとおかしいです。Aさんは、あなたに冷凍みかんを預かってくださいとは頼んでいませんので、意思の合致はありません。しかし、この場合に、あなたがAさんのために支出した費用さえ請求できないとすると、「他人のために何かしてあげよう」という人がいなくなってしまうかもしれません。それでは、あまりにも殺伐とした社会になってしまいます。そこで、相互扶助（助け合い）の精神から定められたのが、この事務管理という制度です。

（2）不当利得

> ### 民法703条（不当利得の返還義務）
> 法律上の原因なく他人の財産又は労務によって利益を受け、そのために他人に損失を及ぼした者（以下この章において「受益者」という。）は、その利益の存する限度において、これを返還する義務を負う。

　冒頭の「法律上の原因なく」がポイントです。不当利得とは、簡単にいうと、本来あるべきでないところに利得（金銭や物など）がある場合に、そのおかしい状況を解決するための制度です。

ex. あなたは、サラ金Aから、法律で定め
　　られた上限年15％（利息制限法1条
　　3号）を超える年25％の金利で100
　　万円を借りました。あなたは、違法金
　　利であることを知らず、1年後の返済

期限の日に、125万円をサラ金Aに返済しました。そうすると、あなたとAとの間に「不当利得」に基づく「債権」と「債務」が発生します。Aのところにある10万円（125万円−115万円）が不当利得となり、あなたはAに10万円の返還を請求できます。これが、昨今テレビCMや電車内の広告で「払い過ぎた利息が返ってきます！」と宣伝されている過払い金返還請求です。

　この差額の10万円については、Aがあなたに返すとは言っていませんので、意思の合致はありません。しかし、10万円の部分は違法金利（法律上の原因のない利益）であり、本来はあなたの財布の中にあるべきお金です。よって、あなたには、Aに対して10万円の返還を請求できるという債権が生じるのです。

※守備範囲の広い不当利得
　不当利得は、実は非常に多くの範囲をカバーする制度です。実際上、「返還の合意をしていなくても、返還させる必要がある」という場面は多々あります。そのため、不当利得は、契約が解除された場合の事後処理など、様々な場面で出てきます。そのすべての場面に共通することは、「返還の合意をしていないが、本来あるべきでないところに利得（金銭や物など）があるので、そのおかしい状況を解決する必要がある」という事情です。

（3）不法行為

> **民法709条（不法行為による損害賠償）**
> 　故意又は過失によって他人の権利又は法律上保護される利益を侵害した者は、これによって生じた損害を賠償する責任を負う。

　不法行為によって被害を受けた者に、不法行為者に対する損害賠償請求を認める制度です。交通事故に遭った被害者が加害者に損害賠償請求をするときや、夫婦間において相手方に不貞行為があったために慰謝料を請求するときの法的根拠がこの不法行為です。

ex. あなたは、歩道を歩いていましたが、突然Aの運
　　転する自動車にはねられました。原因は、Aのわ
　　き見運転です。そうすると、あなたとAとの間に

　　「不法行為」に基づく「債権」と「債務」が発生します。たとえば、あなたはAに、治療費や休業損害（仕事に行けなくなったことによる給料相当額など）を請求できます。

　この治療費や休業損害については、Aがあなたに支払うとは言っていませんので、意思の合致はありません。しかし、Aにはわき見運転をしたという落ち度（過失）があります。よって、あなたには、Aに対して治療費や休業損害を請求できるという債権が生じるのです。

第4章　特定承継と包括承継（一般承継）

　物権と債権の基本を確認しましたが、総則に入る前に知っていただきたい基本はまだあります。

　権利義務の承継に「特定承継」と「包括承継（一般承継）」という違いがあります。この違いを以下のCaseを通じてみていきましょう。

Case

（1）あなたは、家電量販店Aで、パソコンを購入した。しかし、Aは、実は経営危機に陥っており、5億円の借金を抱えていた。この場合に、あなたは、Aの借金5億円も引き受けなければならないか？

（2）Aが死亡し、子のあなたが相続した。Aには、財産として3000万円相当の土地と建物および借金500万円があった。あなたは、土地と建物以外に借金も相続しなければならないか？

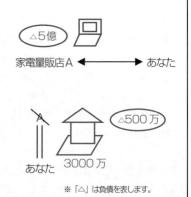

※「△」は負債を表します。

　Case（2）は「どうなんだろう？」と考えてしまうかもしれませんが、Case（1）は、「家電量販店の借金なんて知るかよ！」と思うでしょう。結論は、もちろん家電量販店の借金を引き受ける必要はないのですが、法的にみていきましょう。

1　特定承継

　「特定承継」とは、売買や贈与などによって、個々の権利などを承継することです。よって、上記Case（1）でいえば、あなたはAから、パソコンの所有権は承継しますが、もちろん借金を承継することはありません。

2　包括承継（一般承継）

　「包括承継（一般承継）」とは、相続や合併（＊）などによって、被相続人や被合併会社の権利義務をまるごと承継することです（義務も承継します）。
＊合併は不動産登記法や会社法・商業登記法で学習しますので、現時点では読み飛ばしてください。

> **民法896条（相続の一般的効力）**
>
> 相続人は、相続開始の時から、被相続人の財産に属した一切の権利義務を承継する。ただし、被相続人の一身に専属したものは、この限りでない。

　相続人は、プラスの財産だけではなく、借金のようなマイナスの財産もすべて承継します（民法896条本文）。上記Case（2）でいえば、あなたは、土地と建物に加えて借金も承継します（相続します）。

　なお、権利義務をまるごと承継するのが相続ですが、一部、相続の対象とならないものもあります。それが、民法896条ただし書に規定されているのですが、これはⅢのテキスト第10編第3章第1節 [1] 2.で扱います。現時点では、例外は置いておき、権利義務をすべて承継するのが相続だと考えておいてください。

【借金を相続しない方法】

　「義務も承継する」と聞いて、「うちのお父さんやお母さんに借金はないかな？　あったらどうしよう……。」と不安に思った方もいるかもしれません。しかし、ご安心ください。「格差の遺伝」は好ましくありませんので、民法には相続人の救済制度が設けられています。それが、「相続放棄」という制度です。

> **民法915条（相続の承認又は放棄をすべき期間）**
>
> 1　相続人は、自己のために相続の開始があったことを知った時から3箇月以内に、相続について、単純若しくは限定の承認又は放棄をしなければならない。ただし、この期間は、利害関係人又は検察官の請求によって、家庭裁判所において伸長することができる。
>
> **民法938条（相続の放棄の方式）**
>
> 相続の放棄をしようとする者は、その旨を家庭裁判所に申述しなければならない。

　自己のために相続の開始があったことを知ってから3か月以内に、家庭裁判所に申述する（申し述べる）ことによって相続放棄ができます。相続放棄をすると、借金などのマイナスの財産を相続しなくて済みますが、プラスの財産も相続できなくなります。

　なお、相続放棄以外に、「限定承認」という相続人の救済制度もありますが（民法922条以下）、これはⅢのテキスト第10編第4章第3節で扱います。

第5章	債権者平等の原則

民法に条文はありませんが、「債権者平等の原則」というものがあります。「"債権"者平等の原則」というくらいですから、債権分野の基本的な考え方です。しかし、この原則を修正する形で物権も関係してきます。

物権と債権は別の領域で存在するわけではなく、関係し合っています。そのため、物権と債権の本格的な学習に入る前に、この第1編で物権と債権の基本とその関係を説明しているのです。

債権者平等の原則を以下の Case を基に考えてみましょう。

Case

（1）あなたは、次のとおり借金をした。
　　　　①サラ金Aから、令和2年6月10日に100万円
　　　　②サラ金Bから、令和3年6月10日に200万円
　　　　③サラ金Cから、令和4年6月10日に200万円
　しかし、あなたは返済することができなかった。あなたには、合わせて競売代金100万円となる土地と建物しか財産がなかった。この100万円は、どのように配当されるか？
（2）上記（1）と同様の事案で、あなたは銀行Dからも、令和5年6月10日、100万円を借り、あなたの唯一の財産である土地と建物に抵当権を設定していた（④）。この場合に、土地と建物の競売代金100万円は、どのように配当されるか？

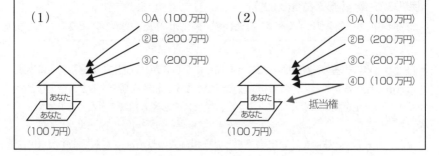

Caseの中で「競売」「配当」という用語が出てきましたが、これらの詳細は民事執行法で学習します。しかし、民法や不動産登記法でも何度も登場する用語ですので、最低限の説明はします。

┌─ 用語解説 ── 「競売」「配当」 ──────────────────────────┐
│　債務者が債権者に借金などを返済できなかった場合には、債権者は裁判所の手続を利用して│
│　債務者の財産（上記Caseでは土地と建物）を強制的に売っ払うことができます。これが「競│
│　売」です。そして、その売却代金を債権者に渡す手続のことを「配当」といいます。　　　　│
└──┘

1 債権者平等の原則

　債権者平等の原則：競売などがされた場合に、**債権発生の時期や債権の発生原因に**
　　　　　　　　　　関わりなく、債権者が債権額に応じて平等に配当を受けること

　原則として、債権発生の時期や債権の発生原因は関係がありません。
　上記Case（1）では、サラ金A、B、Cの貸した時期が異なりますが、それは関係ありません（債権発生の時期は関係ありません）。
　また、仮に借金ではなく、交通事故の被害者（債権者）がいても、「交通事故の被害者だから優先的に扱おう」とはなりません（債権の発生原因は関係ありません）。
　よって、上記Case（1）の競売代金100万円は、以下のとおり配当されます。
①A…100万円（競売代金）× 100/500 ＝ 20万円
②B…100万円（競売代金）× 200/500 ＝ 40万円
③C…100万円（競売代金）× 200/500 ＝ 40万円

2 一般債権者を押しのける担保権者

　上記 1 で説明した債権者平等の原則は、一般債権者の間に適用される原則です。「一般債権者」とは、担保物権を有しない債権者のことです（担保については、次の第6章で説明します）。つまり、上記 1 のハナシは、純粋に債権だけのハナシなのです。

　それに対して、担保物権（代表例は抵当権〔※〕）を有する債権者は、担保物権の目的となっている物については、一般債権者に優先して配当を受けることができます。一般債権者よりも後に担保権者の債権が発生したとしても、担保権者が優先します。なぜなら、担保物権は「物権」であるからです。P6で「物権は強い」と説明しました。ここでもその強さが現れており、担保物権があると担保に入っている物については、一般債権者を押しのけるのです。上記 Case（2）では、銀行Dは、サラ金A、

B、Cよりも後の令和5年に貸しています。しかし、Dだけが抵当権（担保物権）を有していますので、DはA、B、Cを押しのけることになります。

　よって、上記Case（2）の競売代金100万円は、以下のとおり配当されます。

①A…0円

②B…0円

③C…0円

④D…100万円

　債権者平等の原則は、担保物権を有する債権者との間では成り立たないのです。

※抵当権とは？

　物権の中で、債権担保を目的としたものを「担保物権」といい、いくつか種類がありますが、その中で最も多く使われているのが「抵当権」です。

　抵当権が使われる典型例は、住宅ローンです。マイホームを購入するときには、銀行から数千万円を借りることが通常です。その際に、いわば人質（担保）として購入するマイホームを差し出し、抵当権という銀行の権利を購入するマイホーム（土地と建物）に設定します。ただし、「差し出す」といっても、抵当権という銀行の権利が設定されるだけで（通常は土地と建物の登記記録に抵当権の設定の登記がされます）、実際に銀行が土地と建物を使うわけではありません。しかし、住宅ローンの返済が滞れば、マイホームは競売されてしまいます（裁判所の手続を利用して強制的に売っ払われてしまいます）。

　この第5章の冒頭で説明したとおり、このように、物権と債権は関係し合っています。ここでは、「債権の世界にある債権者平等の原則に、物権の世界にある担保物権を入れると債権者平等の原則が修正される」という形で関係しました。

　また、銀行Dについては、一般債権者に優先することに重点をおいて説明しましたが、そもそも銀行Dの抵当権（担保物権）は、債権（100万円を返してもらう権利）があるから存在するものです。つまり、抵当権という物権は、100万円の債権を前提として成立するものなのです。この意味でも、物権と債権は関係し合っているのです。

第6章

債権担保の方法

　「担保」という言葉が出てきました。担保とは、債権を有している債権者が、債務者がきちんと債務を履行してくれなかった場合に備えてとっておく「保険」のようなものです。言い方は悪いですが「人質」のようなものともいえます。債務者に対して、「きちんと履行しなければ、担保にとっているこの人質がどうなっても知らないからな」という具合です。

　担保が要求される典型例は、銀行が融資をする場合です。担保なしで融資をすることを「裸の融資」などといいますが、ある程度高額になると、銀行は通常は担保なしで融資をしてくれません。

　では、債権担保の方法にはどのようなものがあるのか、大枠をみていきましょう。

Case

（1）あなたが住宅を購入する際に、A銀行があなたに住宅購入代金の一部として2000万円を融資する場合、Aとしてはこの2000万円の債権を担保するために、どのような方法を採るであろうか？

（2）あなたが新たにインターネット事業を始める際に、A銀行があなたに事業資金200万円を融資する場合、Aとしてはこの200万円の債権を担保するために、どのような方法を採るであろうか？

　このCaseは、法的に答えがあるわけではありません。A銀行は、担保なしの裸で融資をしても構いませんし、何を担保として要求するかも自由です。ただし、「このCaseの場合、普通はこうするかな」というものはあります。

1 物的担保と人的担保

債権担保の方法は、その性質の違いから「物的担保」と「人的担保」に分かれます。

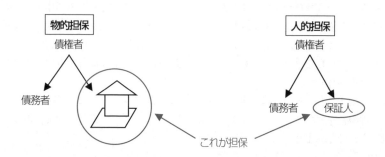

どちらも、「債務者のお前だけでは信用できないから、担保を出せ。出したら金を貸してやるよ。」という点は同じです。

異なるのは、担保にするものです。「物」（不動産など）を担保にとるのが物的担保、「人」（保証人など）を担保にとるのが人的担保です。

一般的に、人的担保よりも物的担保のほうが信用性が高いと考えられています。人は、仕事を辞めたり、逃げてしまったりということが十分あり得ますが、物（特に不動産）は、大幅に価格が変動することはあまりなく、逃げてしまう（滅失する）可能性もあまりないからです。

よって、上記 Case（1）は、2000 万円と高額であるため、物的担保としてあなたが購入する土地と建物に抵当権を設定し、上記 Case（2）は、200 万円と少額であるため、人的担保として保証人を要求すると思われます。

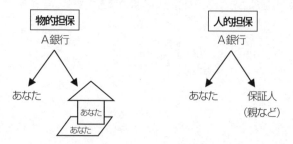

2 物上保証とは？

　上記①の物的担保の例は、あなたが借金をしてあなたの不動産を担保に差し出すものでした（以下の図の左）。それに対して、抵当権などの担保物権を設定するときに、債務者自身ではなく、債務者以外の者（ex. 親）が担保の目的物を差し出すこともあります。これを「物上保証」といいます。

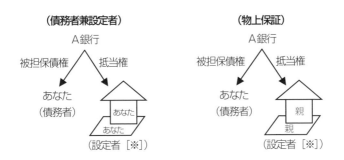

※担保の目的物を差し出す者のことを「設定者」といいます。

　物上保証の場合、あなたの返済が滞れば、物上保証人（ex. 親）が差し出した物が競売されてしまいます。

　物上保証をする事情には様々なものがあります。
　典型例は、親など親族が担保を差し出す場合です。それ以外の例を1つ挙げると、中小企業が銀行から融資を受ける場合に、社長が個人で所有している不動産を担保として出せと言われることがあります。この場合には、会社が債務者であり、社長が抵当権設定者となるため、会社の債務を社長が物上保証している形になります。会社経営が失敗した場合に社長個人の財産が奪われるため、社会的に問題にはなっていますが……。
　（注）会社と社長は、別の権利主体です。

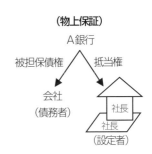

「どっちがかわいそうか」もある

この第7章で第1編は終わり、次からいよいよ民法1条から始まる総則の規定に入っていきます。これから様々な規定をみていきますが、その前に知っていただきたいことがあります。

「どっちがかわいそうか」もある

法律というと、一般常識とかけ離れているイメージがあるかもしれません。

たしかに、そういう箇所もあります。また、テレビの法律番組などでは、視聴者が驚くものを取り上げ、表面的な説明しかされないので、法律は一般常識とかけ離れているイメージを持ってしまうかもしれません。

しかし、実際には、多くの条文・裁判所の考え方には、**きちんとした理由があります**。その理由となる最も基本的な考え方は、民法では「利益衡量」です。利益衡量とは、この人は善意だった、この人は落ち度があったなど、当事者の様々な事情を考慮して、どちらを保護すべきかを考える考え方です。雑にいうと**「どっちがかわいそうか」**ということです。

もしみなさんに「法律はおかしな結論ばかりになる」というイメージがあれば、それは明確な誤りです。「こんなにきちんとした理由があるんだ。法律も捨てたもんじゃないな。」ということを、このテキストを通して知ってください。

「利益衡量」だけですべての答えが出るわけではない

……と説明しましたが、注意点を申し上げておきます。

「利益衡量」だけで民法のルールがすべてわかるわけではありません。民法は、部分的に何度も改正がされています。その度に、その時代・情勢にあった改正がされています。また、判決は、異なる事案について、異なる裁判官が出します。それらの利益衡量がすべてわかるのであれば、それは神の領域です（まあまず無理です……）。利益衡量という考え方がわかれば、すべての条文・裁判所の考え方がわかるというほど楽ではありません。やはり丁寧に条文・判例の理由や考え方を学んでいく必要があります。

ただし、利益衡量という考え方があることは、頭に入れておいてください。

さあ、いよいよ本格的に民法の世界に入っていきましょう！

― 第 2 編 ―

総 則

第1章 ┃ 私権についての基本原理

　ここからは、いよいよ民法1条から始まる「総則」に入っていきます。総則とは、その名のとおり「"総"てに関する"則"」です。民法全体に共通して当てはまるルールを定めたのが総則です。

　ただし、P2～3で説明したとおり、財産法と家族法はかなり性質が異なるものとなっています。よって、この総則には、**「財産法には適用されるが家族法には適用されないルール」**も多くあります。その点は、念頭に置いておいてください。

　総則の最初は、「私権についての基本原理」です。言葉からして、よくわからないですね……。

　私権に関しては、民法は1条で基本原理（基本となる考え方）を定めています。

民法1条（基本原則）

1　私権は、公共の福祉に適合しなければならない。

2　権利の行使及び義務の履行は、信義に従い誠実に行わなければならない。

3　権利の濫用は、これを許さない。

　これらはいずれも、その適用にあたり裁判官の広範な裁量が予定されています。これらは、他の民法の規定との対比で、一般条項といわれています。これらの一般条項は、他の民法の規定を適用したことにより不当な結論にいたる場合において、妥当な結果を得るための手段となります。

　……と説明しましたが、わかりにくいですね。この民法1条が最も抽象的な規定となっており、わかりにくいです。

　簡単にいうと、民法1条は裁判所が使える"最後の裏ワザ"です。たとえば、条文や判例をそのまま適用するとAさんが勝つのですが、どう考えてもそれはおかしいことがあります。そのときに、**最後の裏ワザ**として条文や判例をひっくり返し、Aさんの相手方であるBさんを勝たせたいということがあります。この民法1条は、裁判官がそういったことができるようにするために用意されたものなのです。たとえていうなら、この民法1条を使うと、裁判官は法律家から正義のヒーローであるアンパンマンに変身します。

「裁判官は、困ったら裏ワザが使えていいな〜」と思ったかもしれません。しかし、本当に困ったときにしか使えません。条文や判例をひっくり返しますので、安易に使うのは慎むべきであるとされています。よって、弁護士や司法書士が、裁判について「信義則（民法1条2項）で攻めるしか方法がないか……」などと言ったときは、「負けるだろうな……」という思いが裏にあります。最初の条文である1条にありますが、実務では他の規定では勝てない場合に使う最後の手段なのです。

　それでは、民法1条の1項から3項までを1つ1つみていきましょう。ただし、非常に抽象的な規定である点はご了承ください。

1　公共の福祉（民法1条1項）

　　公共の福祉：私権（物権や債権など）の行使については、社会的共同生活の利益に
　　　　　　　　反してはならないこと（民法1条1項、憲法29条2項）

　簡単にいうと、権利を行使するのはその人の自由ですが、他の人に迷惑をかけるような行使をしてはいけませんよということです。

2　信義誠実の原則（信義則。民法1条2項）

1．意義

　　信義誠実の原則（信義則）：相手方から一般に期待される信頼を裏切ることのない
　　　　　　　　　　　　　　　ように、誠意をもって行動すべきであるとする原則の
　　　　　　　　　　　　　　　こと（民法1条2項）

2．派生原則（信義則の分身）

　この信義則から、以下の派生原則が導き出されます。

①禁反言の原則
　禁反言の原則：自分の行為と矛盾した態度をとることは許されないこと
　簡単にいうと「1度言ったことは守れ！」ということです。

②クリーンハンズの原則
　クリーンハンズの原則：自ら法を尊重する者だけが法の尊重を要求できること
　ex. 法で所持や譲渡などが禁止されている麻薬を購入した者は、売主が麻薬を引き
　　　渡さないからといって、先に支払った代金の返還を求めることは許されません
　　　（民法708条本文）。

自ら法を犯しておいて、法の保護を要求することはできないということです。

クリーンハンズの原則は、Ⅲのテキスト第8編第2章 4 3.で不法原因給付（民法708条）を学習する際に登場します。

③事情変更の原則

事情変更の原則：契約締結当時の社会的事情や契約成立の基礎となった事情に、その後著しい変動を生じ、契約をそのまま強制することが信義公平に反するに至った場合には、不利益を受ける側は、その廃棄または変更を一方的に請求することができること（契約の拘束力の例外）

ex. 予備校の講座を申し込んだ後、ものすごいデフレになったとします。その場合、受講生の方は受講料の値下げを一方的に請求できます。

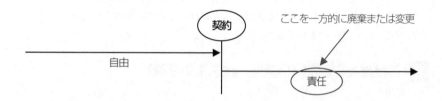

これは、私的自治の原則からするとおかしいです。P18で説明したとおり、私的自治の原則には義務の側面もあり、契約をしたからにはきちんと責任を果たす必要があります。上記 ex.でいえば、講座の申込みは受講生の方が自分の意思でしたのですから、受講料を支払う必要があります。

しかし、契約締結後に、契約成立の基礎となった事情に著しい変動（上記の ex.では「ものすごいデフレ」）が生じた場合には、契約の廃棄や変更を認めたほうが信義則にかないます。よって、この原則があるのです。

ただし、よっぽどのことがない限りは認められません。多少のデフレでは受講料の値下げを請求するのは厳しいでしょう。

3 権利濫用の禁止（民法1条3項）

権利濫用の禁止：形式的には正当な権利に基づく行使であっても、実質的に見れば
　　　　　　　　社会性に反する場合には、その行使は認められないとされること
　　　　　　　　（民法1条3項）

権利があっても、常に行使できるわけではないということです。

以下が、権利濫用の禁止が問題となった有名な事案です。

Case

　あなたが温泉を引き湯（温泉か
ら湯を引くこと）した際、その引
き湯を通した木管の一部がAの土
地をわずかに通っていた。そこで、
Aがその木管の撤去または木管が

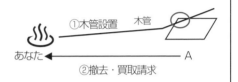

通っている土地を法外な値段で（30円の土地を20,000円で）買い取るようあなた
に請求した。Aのあなたに対する請求は、認められるか？

　Aには土地の所有権があり、その土地をあなたの設置した木管が侵害しています。
よって、形式的に権利の行使を認めれば、Aは「木管を撤去しろ」または「それが嫌
なら木管が通っている部分の土地を買い取れ」と要求できることになります。

　ここまでが、通常の法をそのまま適用したハナシです。

　しかし、今回の木管による侵害によって生じた土地の損失は軽微なものであり、木
管を除去することは著しく困難で莫大な費用を要します。また、実は、Aはこの無理
な請求をするために、木管がわずかに通っている土地に目をつけ、土地を購入しまし
た。つまり、「シメシメ、この土地は使えるな」と考えて土地を購入したわけです。
このような事情のもとでのAの請求は、権利濫用にあたり、所有権に基づく妨害排除
請求は認められないとされました（大判昭10.10.5〔宇奈月温泉事件〕）。

　裁判所が裏ワザでひっくり返したということです。

　やはり民法1条は非常に抽象的でしたね。理念的な規定でもありますので、フワッ
としたイメージしか持てなかったでしょうが、民法1条はそれで構いません。

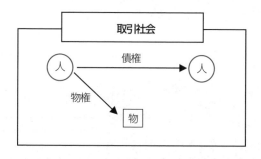

第2章　人（主体）

　P4で説明したとおり、財産法が規定しているのは以下の社会でした。この第2章で扱うのは「人」です。つまり、取引社会の主体（メンバー）をみていきます。

　主体（メンバー）について、「権利能力」（第1節）、「意思能力」（第2節）および「行為能力」（第3節）の3つの能力から考えていきます。

第1節　権利能力

1　意義

　権利能力：権利・義務の主体となることができる資格、つまり、権利を取得し義務
　　　　　　を負担することができる資格

　たとえば、私が、あなたとの間で、「私があなたにパソコンをタダであげるよ」という贈与契約をしたとします。

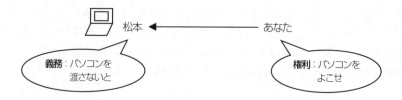

　この贈与契約が成立すると、上記の図にある権利と義務が発生します。このような権利を取得し義務を負担することができる資格を「権利能力」といいます。
　取引社会を高校野球にたとえると、「高校生であること」（＊）が権利能力に当たります。野球のルールを理解できるか、理解しているかは関係ありません。
＊実際の高校野球の参加資格は、「18歳以下であること」などもあります。

権利能力を有することは、まさに取引社会の主体（メンバー）であるということです。つまり、この第2章の冒頭の図の「人」であるということなのです。

2　権利能力を有する者

では、この権利能力を有する者は誰でしょうか。

Case

以下の者のうち、権利能力を有する者は誰か？
・1歳の赤ちゃん
・コンピューターを使いこなせるサル
・株式会社辰已法律研究所

権利能力を有するのは、以下の①②の者です。

①自然人

自然人とは、日常用語でいう「人」のことです。つまり、人間のことです。人間は、下記②の法人と違い、当然に「人」として扱われるので、「自然人」といいます。

自然人であるならば、すべて"誰でも""同じように"権利能力を有しています。これを「権利能力平等の原則」といいます。かつては、貴族制度などがあり、すべての人間が平等とはいえませんでしたが、現在はその反省から、総理大臣であってもホームレスであっても同じように権利能力を有するとされています。

また、年齢も関係ありません。よって、上記 Case の「1歳の赤ちゃん」は権利能力を有しています。

②法人

法人とは、会社などのことです。たとえば、私が講義をしている株式会社辰已法律研究所は法人です。サラリーマンや OL の方が勤めているところも、たいていは法人です。法人は、自然人と異なり、物体として存在するわけではありません。辰已法律研究所は人の集まりではありますが、「辰已法律研究所」自体が歩いたり、食事をしたりするわけではありません。しかし、法人も取引社会で取引を行うなど活動をすることから（みなさんが予備校の講座を申し込んだ場合は法人である予備校と契約をしたことになります）、権利能力が認められています。よって、上記 Case の「株式会社辰已法律研究所」は権利能力を有しています。

なお、法人は基本的には人の集まりなのですが、人が集まればすぐに法人となれるわけではありません。会社法・商業登記法で詳しく学習しますが、一定の要件（設立

の登記など）を充たすことで法人になることができます。つまり、法で認められる必要があるのです。このように自然人と異なり、「法」で特別に認められた「人」であるため、「法人」というのです。

　権利能力を有するのは上記の「①自然人」「②法人」のみですから、上記 Case の「コンピューターを使いこなせるサル」は権利能力を有しません。1歳の赤ちゃんよりも知能は高いかもしれませんが、権利能力は知能とは関係がありません。取引社会の主体（メンバー）となれるか（権利能力を有するか）は、個々人の能力を問題とせず、画一的に決まります。

思い出し方
　権利能力があるかどうかは、「契約書に氏名・名称を書いて有効かどうか」という判断基準から考えてください。
　赤ちゃんの氏名や法人の名称であれば契約書に書いても有効ですが、どんなに頭が良くてもサルの名前（ex.「サル・花子ちゃん」）では有効にはなりません。

*自然人と法人が権利能力を有するわけですが、以下では基本的に自然人のみを扱います。現在の民法には、法人の規定がほとんどないためです。法人の規定は、民法33条～37条のみです。法人については、そのほとんどが他の法律（会社法など）で規定されており、それらは主に会社法・商業登記法で学習します。

3　権利能力の始期と終期
　権利能力の始期と終期とは、「自然人」として認められるのはいつからいつまでなのかという問題です。上記 2 で「年齢は関係ない」と説明しましたので、生まれたばかりの赤ちゃんでも、どんなに高齢の方でも権利能力を有するわけですが、ではそれは厳密にいうといつからいつまでなのかをみていきます。

1. 始期
（1）始期は？
　権利能力の始期は、「出生」です（民法3条1項）。出生とは、体が母体から全部露出した時点と考えられています（全部露出説・通説）。

cf. 刑法
　刑法では、出生を体が母体から一部露出した時点と考えます（一部露出説）。一部露出したら、母体から独立して攻撃の対象になるからです。よって、頭だけ母体から出た時点で殺害した場合、堕胎罪ではなく、殺人罪となります（大判大8.12.13）。

（2）胎児

（a）原則

　出生が分岐点となりますので、お母さんのお腹の中にいる胎児には権利能力がないことになります。胎児の間に、親が胎児の名義で契約をしても無効（＊）です。

＊「無効」「取消し」の意味は、P191〜192 1 で説明していますが、P191〜192 1 の前に無効や取消しは何度も登場しますので、先にP191〜192 1 をお読みください。

（b）例外

i　権利能力を有するとされる事項

　しかし、以下の3点だけは、胎児でも例外的に生まれたものとみなされます（権利能力があるとみなされます）。以下の3点"だけ"です。たとえば、胎児は、他の相続人と遺産分割をすることはできません（母親が代理してすることもできません。昭 29.6.15民事甲 1188）。

①不法行為による損害賠償請求（民法 721 条）

　不法行為についてはP21（3）で説明しましたが、たとえば、妊婦の方が道を歩いていたところ自動車にはねられたとします。それが原因で胎児が傷害を負った場合には、胎児でも損害賠償請求権を取得することができます。

②相続（民法 886 条）

　たとえば、右の相続関係図のような家庭があったとします。妻が妊娠中に夫が死亡しました。子がいなければ妻のみが夫を相続しますが（他に相続人がいない場合）、子がいれば妻と子が相続します（民法 887 条 1 項、890 条）。

　ここで、胎児が「子」として相続できるかが問題となりますが、胎児は相続については特別に権利能力があるとされますので、この場合は妻と胎児が相続することになります。

③遺贈（民法 965 条）

　「遺贈」は、今の時点では「遺言によって自分の財産（相続財産）をあげること」くらいに考えていただければ結構です。相続人以外の者（愛人など）に遺贈することも、相続人に遺贈することも、どちらも可能です。

　そして、胎児も遺贈を受けることができます。つまり、遺言書に「胎児に私の財産を遺贈する」と書いた場合、有効であるということになります。

　上記①〜③は、ちょっと生まれるのが遅かっただけで権利を有しないのはかわいそうなので、胎児であっても権利能力を有するとされました。また、出産の時期が迫っていれば帝王切開などで出産の時期をコントロールできるため、厳格にお母さんのお腹の中から出てきているかを基準とする必要はないともいわれています。

　……と言われても、「では、なんでこの3つだけ？」と思う方もいるでしょう。そこで、右のクロスワードを使って思い出せるようにしてください。

　　いぞう　：「遺贈」

　　ぞんがい：「損害」

　　ぞうぞく：「相続」

　　問題文に「胎児」という用語は示されると思われますので、そこからクロスワードで連想して思い出していってください。

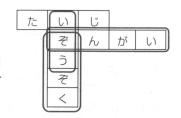

ⅱ　胎児の代理の可否

＊このⅱは、P208〜219で停止条件と解除条件を学習した後にお読みください。

　不法行為による損害賠償請求、相続、遺贈の場合に胎児に権利能力を認めるのは、ちょっと生まれるのが遅かっただけで認められないのはかわいそうであるという趣旨でしたので、胎児が実際に生きて生まれた場合にだけ権利能力を認めればOKです。そこで、胎児が出生しなかった（死産であった）場合には、胎児がお母さんのお腹の中にいた間の権利能力はなかったことになります（民法886条2項、965条）。

　そこで、胎児がお腹の中にいる間に、母が胎児を代理することができるかが問題となります。実際に、以下のような事例で問題となりました。

判例（大判昭7.10.6）

　電柱運搬をしていた内縁の夫が、鉄道会社の運転手の過失で電車にひかれて（不法行為によって）死亡しました。妊娠していた内縁の妻は鉄道会社と、胎児が有する不法行為による損害賠償請求権について和解契約を締結しました。そこで、この和解契約が有効であるかが問題となりました。

　判例は、以下の2説のうち、停止条件説を採用しました。学説の中には、解除条件説を採るものもあります。

	停止条件説 (大判昭7.10.6) ⟶ ⟵	解除条件説
胎児中	お腹の中にいる間は、権利能力はありません。よって、胎児の代理は認められません。 損害賠償 請求権発生　　　　　　出生 -- -- | -- -- -- -- ▶ 胎児である間に母親が締結した和解契約は、生まれてきた子に何ら効力を有しないものとなります。	生まれたものとみなされる範囲(不法行為による損害賠償請求、相続、遺贈)では権利能力を有します。よって、P39の①~③の例外の範囲では、お腹の中にいる間でも代理は認められます。 損害賠償 請求権発生　　　　　　出生 ◀── | ─────── ▶ 胎児である間に母親が締結した和解契約は、生まれてきた子に効力を有するものとなります。
出生後	胎児が生きて生まれたときに、問題の時点(不法行為時や相続時など)に生まれていたものとみなし、さかのぼって権利能力を取得します(さかのぼる点は停止条件の例外です)。 損害賠償 請求権発生　　　　　　出生 -- -- ◀‿‿‿‿‿▶	死産である場合には、さかのぼって権利能力がなかったことになります(さかのぼる点は解除条件の例外です)。 損害賠償 請求権発生　　　　　　死産 -- -- ◀‿‿‿‿‿▶
理由	現行法上、胎児の財産を管理する法定代理制度が存在しないため、胎児である間の代理を認めることができません。	胎児の母に法定代理人の地位を認めることで、胎児の権利が保護されます。

2. 終期

　自然人が権利能力を有するのは、「生まれてから死ぬまで」です。よって、終期は、以下の①や②の時点となります。

①死亡

　死亡すると、権利能力はなくなります。よって、死者に権利能力はありません。

②失踪宣告（民法 30 条〜32 条）

　権利能力を有するのは「生まれてから死ぬまで」ですから、上記①は当たり前なのですが、特殊な権利能力の終期として「失踪宣告」というものがあります。これについては、項目を立てて別に説明します（P46〜53 の 2.）。

４ 主体（メンバー）が行方不明となったら

　自然人は取引社会の主体（メンバー）なわけですが、ここではその主体（メンバー）が行方不明になった場合をみていきます。

1. 不在者の財産管理

　「不在者」とは、どのような者でしょうか。

　世の中には、突然いなくなってしまう人がいます。いわゆる蒸発というやつです。「出稼ぎ先で女性と恋に落ち、妻子と音信不通になった」などという男性もいます。

　このような場合に備えて、民法には以下の条文があります。

民法 25 条（不在者の財産の管理）

1　従来の住所又は居所を去った者（以下「不在者」という。）がその財産の管理人（以下この節において単に「管理人」という。）を置かなかったときは、家庭裁判所は、利害関係人又は検察官の請求により、その財産の管理について必要な処分を命ずることができる。本人の不在中に管理人の権限が消滅したときも、同様とする。

2　前項の規定による命令後、本人が管理人を置いたときは、家庭裁判所は、その管理人、利害関係人又は検察官の請求により、その命令を取り消さなければならない。

（1）意義

　不在者の財産管理：不在者の財産管理人が不在者の財産を管理する制度

　利害関係人または検察官の請求があると、家庭裁判所は不在者の財産の管理について必要な処分を命じることができます（民法 25 条 1 項）。家庭裁判所は、不在者の財産管理人を選任するといったことができます。不在者の財産管理人が選任されると、不在者の財産管理人が不在者の財産を管理することになります。不在者の財産管理人には、弁護士、司法書士などが選任されます。弁護士、司法書士が選任された場合、報酬は月額 1 〜 5 万円程度になることが多いですが、報酬を与えるかどうかは、家庭裁判所の判断によります（民法 29 条 2 項）。

（2）趣旨

なぜこのような制度があるのでしょうか。

ある人が不在になると、以下のような問題が生じます。

①本人、利害関係人の保護

たとえば、いなくなった人がアパートのオーナーだった場合には、アパートの管理をする人がいなくなってしまいます。そうなると、いつか帰ってくるかもしれない不在者本人、アパートを借りている人、いなくなった人を将来相続しアパートの所有権を得るであろう子供などが困ります。利害関係人といえども、他人の財産を勝手に管理できません。そこで、利害関係人（ex. アパートを借りている人）などの請求でアパートなどを管理する制度が必要なのです。

他には、遺産分割協議をするために、この制度が使われることがあります。遺産分割協議は相続人全員でする必要があるので、相続人に行方不明の者がいると困ってしまいます。そういったときに、家庭裁判所に不在者の財産管理人を選任してもらい、他の相続人と不在者の財産管理人で遺産分割協議をします。

②社会経済上の不利益の回避

「社会経済上の不利益の回避」とは？

民法の規定の趣旨として、「社会経済上の不利益」というものがよく出てきます。

まず、日本は共産主義の国ではありませんので、国民に財産権（所有権）が認められています。つまり、「私の物は私の物」と言うことができます。

しかし、「国民の財産は社会全体の財産である」という面もあります。「社会全体の」とは、簡単にいうと「みんなの」ということです。特に不動産にこの考え方が当てはまります。国民個人が有している土地や建物は、国民個人が所有権を有していますが、それは社会全体（国家）の財産という面もあります。国家の1つの要素は「領土」ですが、領土は国民が有している土地をつなぎ合わせたものなのです。

よって、ここでも、「不在者の財産（特に不動産）が荒廃することは、社会経済上の不利益になるので（みんなにとって不利益になるので）、それを防止するために不在者の財産管理の制度があったほうがいいよね」となるのです。

（3）要件

利害関係人または検察官が、家庭裁判所に不在者の財産管理の請求をするには、以下の①または②の要件を充たす必要があります。

①不在者本人が財産管理人を置かなかったとき（民法25条1項前段）

　不在者自身が財産管理人を置いたときは、その管理人が管理しますので、この制度は使われません。「不在者自身が財産管理人を置いた」とは、たとえば、不在者がかなりの資産家であり、自身の財産の管理を弁護士に任せておいた場合などがこれに当たります。

　よって、家庭裁判所が不在者の財産管理人を選任した後でも、不在者本人が管理人を置いたときは、家庭裁判所は、その管理人、利害関係人または検察官の請求を受けて、選任などの命令を取り消します（民法25条2項）。

②財産管理人の権限が消滅したとき（民法25条1項後段）

　これは、不在者自身が財産管理人を置いていたが、その管理人の権限が消滅した場合です。たとえば、上記①の例のように弁護士に任せた場合に、弁護士との契約期間が切れたときなどがこれに当たります。この場合、不在者の財産管理が必要となりますよね。

　上記①②は、要は「財産管理人がいないとき」ということです。
※「不在者の生死が不明であること」は、要件とはされていません。

（4）請求権者

　家庭裁判所に請求できるのは、以下の①または②の者です（民法25条1項前段）。

①利害関係人

　上記（2）①で出てきた、アパートを借りている人やアパートのオーナーの子供（将来の相続人）などが、これに当たります。

②検察官

　検察官も請求権者に含まれていることがポイントです。

P48

検察官の登場場面

　民法で、**検察官は公益性が関係あるときに出てきます**。「公益」とは、社会全体の利益のことです。検察官は公益の代表である面があるのです。

　上記（2）②でみたとおり、不在者の財産管理の制度は、「社会経済上の不利益になるので（みんなにとって不利益になるので）、それを防止するため」という趣旨、つまり、公益性の趣旨があるため、検察官も請求権者に含まれているのです。

（5）効果

　家庭裁判所が、不在者の財産管理人の選任など、必要な処分を命じます（民法 25 条 1 項前段）。

*ここからは、不在者の財産管理人が置かれた後のハナシをみていきます。

（6）不在者の財産管理人の権限

　家庭裁判所が選任した不在者の財産管理人が当然にできることは、以下の①〜③の行為に限られます。

①保存行為（民法 28 条、103 条 1 号）
　財産を維持する行為です。
ex. 家屋の修繕、消滅時効の更新（P236〜246 7 で説明します）

②利用行為（物や権利の性質を変えない範囲で許されます。民法 28 条、103 条 2 号）
　財産を基に収益を得る行為です。
ex. 物の賃貸、現金の預貯金

=P151

③改良行為（物や権利の性質を変えない範囲で許されます。民法 28 条、103 条 2 号）
　財産の価値を増加する行為です。
ex. 家屋に電気・ガスの設備を施す。無利息の貸金を利息付きにする。

　つまり、その財産がなくなってしまわないことに限って認められているのです。

　それに対して、これらの範囲を超える処分行為をするときは、家庭裁判所の許可が必要となります（民法 28 条前段）。その財産がなくなることにつながるからです。
ex. 売却、抵当権の設定、遺産分割

（7）不在者自身が置いた財産管理人の改任
（a）意義
　上記（3）①で説明したとおり、不在者自身が弁護士などの財産管理人を置く場合があります。これは、そのときのハナシです。
　不在者が財産管理人を置いた場合において、その不在者の生死が明らかでないときは、家庭裁判所は、利害関係人または検察官の請求により、管理人を改任することができます（民法26条）。「改任」とは、別の者に替えるということです。

（b）趣旨
　不在者が弁護士などを置いたとしても、不在者の生死が明らかでないときは、不在者が管理人に対して十分な監督ができないため、管理が失当となる可能性があるので、家庭裁判所が介入できるようにしたのです。

※不在者の生存が明らかであるときは？
　上記の趣旨であるため、不在者の生存が明らかであれば、たとえ利害関係人などが請求したとしても、家庭裁判所は管理人を改任することはできません。不在者の生存が明らかであるのならば、たとえば、電話で管理人である弁護士などに指示ができるからです。

2．失踪宣告
　上記1.でみましたとおり、主体（メンバー）が行方不明となった場合には「不在者の財産管理」の制度がありますが、行方不明の期間が長期間となった場合に備えて、民法には以下の条文もあります。

> **民法30条（失踪の宣告）**
> 1　不在者の生死が7年間明らかでないときは、家庭裁判所は、利害関係人の請求により、失踪の宣告をすることができる。
> 2　戦地に臨んだ者、沈没した船舶の中に在った者その他死亡の原因となるべき危難に遭遇した者の生死が、それぞれ、戦争が止んだ後、船舶が沈没した後又はその他の危難が去った後1年間明らかでないときも、前項と同様とする。

（1）意義

失踪宣告：不在者の生死不明の状態が一定期間継続した場合に、その者の死亡を擬
　　　　　制して、従来の住所を中心とする法律関係を確定する制度

用語解説 ──── 「擬制」

　「擬制」という用語は、法律学習をしているとよく出てきます。これは、「～でないものを
～として扱う」という意味です。一定期間行方不明であったことは「死亡」したことではあり
ませんが、それが「死亡した」と扱われます。
　条文では「みなす」という文言がよく出てきますが、擬制と同じ意味です。

（2）趣旨

　いなくなった人が長期間行方不明であると、周りの人にさらに色々と不都合が生じ
るのです。たとえば、日本では重婚は認められていないので、ダンナさんが行方不明
である奥さんは、再婚することができません。また、行方不明というだけでは死亡し
たことにはならないので、子供などが相続することもできません。
　そこで、一定の期間経過後に、その人達からの請求で行方不明の人を死んだことに
する制度が「失踪宣告」です。この失踪宣告がされると、奥さんは再婚ができるよう
になり、子供などは相続ができるようになります。

（3）要件

　利害関係人が、家庭裁判所に失踪宣告を請求するには、以下の①および②の要件を
充たす必要があります。

①不在者の生死が明らかでないこと（民法30条1項、2項）
　これは、当たり前の要件ですね。

②生死不明の状態が一定期間継続すること
　生死不明となった原因によって、利害関係人が失踪宣告の請求をできるようになる
のに必要な期間が異なります。
ⅰ　普通失踪：不在者の生存が確かめられる最後の時（最後の音信があった時）から
　　　　　　　数えて7年間生死不明である場合（民法30条1項）
　下記ⅱの特別失踪に当たらない場合は、このⅰの普通失踪となります。
ex. いわゆる「蒸発」は、普通失踪です。

　蒸発しても数年後にふと帰ってくる人もいますので、「7年間」と失踪宣告の請求をできるようになるのに必要な期間が長くなっています。

ⅱ　特別失踪：戦争、船舶の沈没その他生命の危険を伴う危難が去った後から1年間生死不明である場合（民法30条2項）

　戦争や船舶の沈没など、特殊な場合です。これらの場合に、危難が去った（ex. 戦争が終わった）後1年間も帰ってこないのであれば、残念ながら亡くなっているのだろうということです。

※不在者の財産管理人が選任されている場合に失踪宣告をすることの可否

　不在者のために財産管理人が選任されていたとしても、失踪宣告の請求をすることはできます。

　失踪宣告は「死亡」を擬制するための制度であるのに対して、不在者の財産管理は「財産管理」のための制度であり、この2つの制度は目的を異にするものだからです。

（4）請求権者

　失踪宣告の請求をするにつき法律上の利害関係を有する者の請求が必要です。上記（2）で挙げた例の奥さん（再婚することができるようになるという点で法律上の利害関係があります）や子供（相続できるようになるという点で法律上の利害関係があります）などが当たります。

P44

※検察官

　失踪宣告の請求権者には、検察官は含まれていません。失踪宣告は、単に不在者の財産管理を行う制度ではなく、「死亡した」とまでみなしますので、それが公益（P44）とはいえないからです。人の死亡が公益とはいえないでしょう。

（5）効果

（a）死亡したとみなされる時点

　上記（3）の要件を充たし、上記（4）の利害関係人の請求を受けて、家庭裁判所が失踪宣告をすると、以下の時点で死亡したものとみなされます（民法31条）。

ⅰ　普通失踪：失踪期間（7年間）満了時

思い出し方

　「いつ」の候補になる時点は、以下の3つが考えられます。

①失踪した時
②失踪から７年間の期間満了時
③失踪宣告がされた時

　これらを１つずつ潰していきます。
　①は、自宅の玄関を出てすぐ死んだことになるのは変です。→ ×
　③は、親族が請求する場合、好きなように相続開始時をずらすことができてしまい、請求者の都合のいいように悪用されかねません。Ⅲのテキスト第 10 編第２章 1 で詳しく学習しますが、相続においては、その人が死亡した時に生きている人しか相続人になれません。よって、親族は、被相続人がいつ死亡したかによって、数千万円や数億円の財産がもらえるかもらえないかといった切実な違いが出てくるのです。→ ×
　よって、②が妥当です。

ⅱ　特別失踪：危難が去った時

思い出し方

　「いつ」の候補になる時点は、以下の４つが考えられます。

①戦地に行った時・航海に出た時
②戦争が終わった時・沈没した時（危難が去った時）
③戦争が終わってから１年経過した時・沈没してから１年経過した時（危難が去ってから１年経過した時）
④失踪宣告がされた時

　普通失踪と同じように１つずつ潰していきます。戦争は第２次世界大戦の日本軍、沈没船はタイタニックで説明します。なお、民法は明治 31 年に施行された法律です。
　①日本軍に神風特攻隊しかいないわけでもないですし、そんなに弱くないでしょう・出航してすぐ沈没したなら、港で見送っている家族がわかるでしょう。→ ×
　③戦争が終わって帰還しないまま１年も生き延びる人はほとんどいないでしょう・映画『タイタニック』のローズのように漂流して生き延びる人もいますが、ジャックのようにすぐ死ぬのが普通でしょう。→ ×
　④普通失踪と同様、親族が請求する場合、好きなように相続開始時をずらすことができてしまい、請求者の都合のいいように悪用されかねません。→ ×
　よって、②が妥当です。

（b）法律関係
ⅰ　もとの住所
　失踪宣告により死亡したものとみなされることにより、もとの住所を中心とする私法上の法律関係は死亡したのと同じ扱いがなされます。具体的には、婚姻は解消され配偶者は再婚することができるようになり（民法 732 条参照）、相続が開始します（民法 882 条）。

ⅱ　本人の現在地
　失踪宣告により死亡したものとみなされますが、実際にその人が死亡したとは限りません。そこで、どこかで生きていた場合、失踪宣告と同時に権利能力がなくなってしまうわけではありません。よって、失踪宣告をされた本人が失踪先においてした法律行為（ex. 本人が失踪先のスーパーで食料を買い入れる行為）は有効です。
　権利能力がなくなってしまうことは、取引社会の主体（メンバー）でなくなってしまうこと、つまり、動物などと同じ存在になってしまうということです。それでは、本人が生きていた場合に生活ができなくなりますので、権利能力がなくなることはないのです。

＊以上は失踪宣告がされた場合までのハナシですが、最後に下記（6）で、失踪宣告がされた後に失踪宣告が取り消される場合のハナシをみます。

（6）失踪宣告の取消し
（a）失踪宣告が取り消される場合
　失踪宣告が取り消されるのは、以下の①または②の証明がある場合に、本人または利害関係人が失踪宣告の取消しの請求を家庭裁判所にしたときです（民法 32 条1項前段）。下記②の場合は、本人が請求することはできませんが。

①失踪者が生存することの証明
　生きていた場合は、当然、取り消す必要があります。

②宣告によって死亡とみなされた時と異なる時に死亡したことの証明
　相続人となれるのは、被相続人の死亡時に生存している者のみです。そのため、死亡時期によって相続関係が大きく異なります。よって、実際の死亡時期が異なる場合は、失踪宣告の取消しが認められているのです。

　注意していただきたいのは、上記①②のいずれも、家庭裁判所に請求があり、家庭裁判所の取消しが必要である点です。たとえば、失踪宣告がされた後に、本人が生きて帰ってきたとしても、それだけでは失踪宣告の効力は当然には失われません。

　失踪宣告をしたのは家庭裁判所ですので、失踪宣告の取消しも家庭裁判所がする必要があります。家庭裁判所の知らないところで、いつの間にか失踪宣告の効力が失われているということはありません。　　　　　　　　　　　　　　　　　　　　=P80

（b）効果

　失踪宣告がされると、婚姻が解消したり、相続が開始したりします。周りの人は死亡したと思っています。そこで、たとえば、相続人（＊）が相続したと思って失踪者の財産を売ってしまったりしている場合があります。
＊正確には相続が生じなかったことになりますので「相続したと思った人」などという表現が正しいのですが、それですと読みづらくなるので、以下「相続人」と記載します。

　その場合に、失踪宣告の取消しがされたとき、相続人がした売買などはどうなるのでしょうか。以下のCaseで考えてみましょう。

Case

　Aにつき失踪宣告がなされ、Aは死亡したものとみなされた。Aを相続したAの子Bは、Aから相続した建物を第三者であるあなたに売った。その後、Aが生きていることの証明があったので、Aの失踪宣告は家庭裁判所によって取り消された。Bがあなたにその建物を売却した時点で、BはAが実は生きていることを知っていたが、あなたは知らなかった場合、あなたはその建物の所有権を取得できるか？

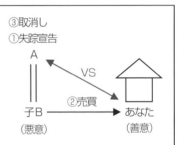

　失踪宣告が取り消された場合の効力は、以下の民法32条が定めています。

民法32条（失踪の宣告の取消し）

1　失踪者が生存すること又は前条に規定する時と異なる時に死亡したことの証明があったときは、家庭裁判所は、本人又は利害関係人の請求により、失踪の宣告を取り消さなければならない。この場合において、その取消しは、失踪の宣告後その取消し前に善意でした行為の効力に影響を及ぼさない。
2　失踪の宣告によって財産を得た者は、その取消しによって権利を失う。ただし、現に利益を受けている限度においてのみ、その財産を返還する義務を負う。

---

i　原則

　失踪宣告の取消しによって失踪宣告がなかったもの（死んでいなかったものまたは異なる時に死亡したもの）と扱われます。つまり、失踪者は死亡したとみなされた時点では死亡していなかったことになるのです。

ii　例外

　上記iの原則どおりですと、失踪者は死亡したとみなされた時点では死亡していなかった扱いになり、たとえば、相続人は失踪者の財産を相続していなかったことになります。よって、相続人（無権利者）から相続財産を譲り受けた人は、その財産を取得できないことになります。しかし、それでは影響が大きくなってしまうため（予想外の事態となってしまうため）、失踪宣告の取消しは、「失踪の宣告後その取消し前に善意でした行為の効力に影響を及ぼさない」とされています（民法32条1項後段）。

　ただ、条文には「善意でした」としか書かれておらず、誰が善意である必要があるのかが不明です。相続人なのか、第三者なのかが不明なのです。そこで解釈が必要となりますが、判例はこの「善意」とは、双方が善意であることとしました（大判昭13.2.7）。「双方」とは、上記Caseでいえば、Bとあなたの双方がAの生存について善意である場合を指します。上記CaseはBが悪意ですので、あなたは建物の所有権を取得できません。

　Bが善意でなければ、Bは、Aが生きていることを知りつつ「シメシメ、失踪宣告で死んだことになっているから、このスキに売ってやろう」と考えたことになります。また、あなたが善意でなければ、あなたを保護する必要はありません。よって、双方が善意である場合しかAを犠牲にできないのです。

双方善意を探せ

　失踪宣告の取消しにより、すでにされた行為に影響がおよぶかという論点が出題された場合には、とにかくどこかに「双方善意」がないかを探してください。「双方善意」があれば、有効で確定します。その後に、生存について悪意の者が出てきても、関係ありません。「ウォーリーを探せ」ではなく……、「双方善意を探せ」というフレーズを、問題を解くときに思い出してください。

　1つ練習してみましょう。

ex.　Aにつき失踪宣告がなされ、Aは死亡したものとみなされました。Aを相続したAの子Bは、Aから相続した建物を第三者であるあなたに売りました。Bがあなたにその建物を売却した時点で、BとあなたはAが生きていることを知りません

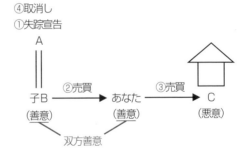

でした。そして、あなたがC
にその建物を売りました。C
は、Aが生きていることを知
っていました。その後、Aが
生きていることの証明があっ
たので、Aの失踪宣告は家庭
裁判所によって取り消されま
した。この場合、Cは、その
建物の所有権を取得できます。

　Bとあなたが善意だと、建物の所有権が確定的にあなたに移転するからです。よっ
て、その後に登場したCは、悪意でも問題がないのです。

※返還義務

　失踪宣告が取り消されると、失踪の宣告によって財産を得た者は、その財産を返還
する必要があります（民法32条2項本文）。

　この場合、どの範囲で返還する必要があるでしょうか。どういうことかというと、
失踪者が死亡したと思っている者などは、自身が有効に財産を取得したと思い、財産
を消費したり、処分したりしてしまっている場合があります。返還する範囲について
民法32条2項ただし書は、「現に利益を受けている限度〔現存利益〕においてのみ…
…返還する義務を負う」としています。この現存利益は、P195※の現存利益と同じ意
味です（よって、詳細はP195※で説明します）。

ex. Aにつき失踪宣告がなされ、Aは死亡した
　　ものとみなされました。Aを相続したAの
　　子Bは、Aから相続した3000万円中2000
　　万円をギャンブルで使ってしまいました。
　　その後、Aが生きていることの証明があっ
　　たので、Aの失踪宣告は家庭裁判所によっ
　　て取り消されました。なお、Bは、Aが生
　　きていることを知りませんでした。この場

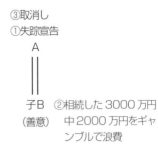

　　合、Bは、Aに1000万円を返還すれば足ります。2000万円はギャンブルで使っ
　　てしまったので、1000万円しか現存利益がないからです。

　なお、現存利益の返還で済むのは、失踪者の生存について善意である者に限られる
と解されています（通説）。悪意者は現存利益では済みません。

5 権利能力なき社団

上記4までは、権利能力を有する者について、「始期と終期」や「行方不明となってしまった場合」などをみてきました。権利能力の説明の最後に、この5では、「ギリギリ権利能力を有しないもの」（権利能力なき社団）をみます。

1. 意義

権利能力なき社団：社団としての実体はあるが、法人、すなわち「人」として認められていないことから権利能力が認められない団体

ex. 町内会、大学の同窓会

権利能力を有するのは自然人と法人（会社など）でした（P37①②）。この権利能力なき社団は、人の集まりという点では法人と同様なのですが、「法人まではいかない」のです。

権利能力なき社団のイメージ

法人まではいかない中途半端な存在

典型例は、町内会や同窓会です。町内会や同窓会は人の集まりという点では、法人と同様ですが、法人のように権利能力は認められません。以下の説明は、町内会または同窓会のどちらかイメージしやすいほうをイメージしながらお読みください。

※法人とは正反対の位置に存在するのか？

権利能力なき社団は権利能力がないため、権利能力のある法人とは正反対の位置に存在するようにも思えますが、正反対であるとはいえません。権利能力なき社団は、法人格を取得していないものの、実質的には法人とあまり変わらない組織を有し、社団としてそのメンバーから独立して行動しています。そこで、できる限り、一般社団法人（＊）と同様の扱いをすべきなのです。

＊一般社団法人は、会社法・商業登記法で学習します。今は、「法人の1つ」という程度の認識を持っていただければ結構です。

このように、法人と正反対の位置に存在するわけではないため、権利能力なき社団は、「法人まではいかない中途半端な存在」というイメージなのです。

2. 要件

人の集まりですが、人の集まりだからといって、すべてが権利能力なき社団となるわけではありません。たとえば、みなさんが友人と「毎週土曜日は、このファミレス

でお茶会をする」としていても、それは人の集まりではありますが、権利能力なき社団ではありません。

　権利能力なき社団といえるためには、以下の4つの要件を充たしていることが必要です（最判昭39.10.15）。

①団体としての組織を備えていること
②多数決の原則が行われていること
③構成員（ex. 町内会の会員や同窓会の同窓生）の変更にもかかわらず団体そのものが存続すること
④代表の方法、総会の運営、財産の管理その他団体としての主要な点が確定していること

　上記の4つの要件を充たすとは、「きちんとしたルールがあり（上記②④）、組織となっている（上記①③）」ということです。

　なお、権利能力なき社団の目的（何のための団体か）については、制限はありません（上記の要件にも入っていません）。

3. 効果
　上記2.の要件を充たし権利能力なき社団となると下記（1）の対内関係（社団内部の問題）と下記（2）の対外関係（社団外部との問題）が生じます。

（1）対内関係（社団内部の問題）
　できる限り一般社団法人と同様の扱いをすべきですので、一般社団法人（＊）の規定が類推適用（P122）されます（通説）。
＊前述したとおり、一般社団法人は会社法・商業登記法で学習するので、以下の具体例は、会社法・商業登記法の学習後に理解できればOKです。
ex1.　権利能力なき社団の代表者は、社団の名において、社団の代表者として法律行為（契約など）をすることができます（最判昭39.10.15）。よって、代表者は、構成員全員の同意がなくても、賃貸借契約を締結したりすることができます。
ex2.　権利能力なき社団が、総会において、会員の資格要件を定める規則を改正する旨の決議をした場合、その改正決議は改正手続に従い総会での多数決により会員の資格要件の定めを改正したものであるため、その改正規則は、特段の事情がない限り、改正決議について承諾をしていなかった者を含むすべての構成員を拘束します（最判平12.10.20）。

ex3. 権利能力なき社団の構成員の死亡は、社団の脱退事由となりますが、相続人が社員たる地位を相続する旨を規則で定めることは可能です（法人法 29 条 3 号、11 条 1 項 5 号参照）。

（2）対外関係（社団外部との問題）
（a）財産の帰属

　権利能力なき社団の財産の帰属について、町内会を例に考えてみましょう（同窓会でも結構です）。町内会の財産だと思われるものとして、たとえば、町内会館（不動産）や会員から集めた運営費があります。法人であれば権利能力がありますので、財産は法人に帰属するということで問題ありません。しかし、権利能力なき社団は、権利能力がなく、法人まではいかない中途半端な存在ですので（上記の「権利能力なき社団のイメージ」）、財産を権利能力なき社団に帰属させることはできません。

　そこで、財産が誰にどのように帰属するかが問題となります。

ⅰ　財産帰属形態の一般的法律関係

　権利能力なき社団の財産は、別段の合意がない限り、社団を構成する総構成員に総有的に帰属します（最判昭 48.10.9・通説）。

ex. 町内会館や会員から集めた運営費は、町内会の会員みんなで所有しているということになります。

　権利能力がないため、権利能力なき社団の構成員から切り離して財産を社団に帰属させることはできないのですが、できる限り法人に近づけるため、総有的に（＊）帰属するとされました。

＊総有とは、「みんなで持っている」ということですが、正確な意味はⅡのテキスト第 3 編第 3 章第 4 節 [7] で説明します。

ⅱ　登記

　不動産登記の登記名義人となることや、法人のように商業登記をすることができるかが問題となります。

（ⅰ）不動産登記

　権利能力なき社団の不動産は、権利能力なき社団名義で登記することはできず、以下の①または②のいずれかの名義で登記します（最判昭 47.6.2・登記実務）。

①代表者（＊）
②構成員全員

＊なお、代表者ではない構成員の名義の登記を認めた判例（最判平 6.5.31）もあります。

　権利能力なき社団名義で登記することができないのは、以下の理由によります。

①法人であれば、登記事項証明書（＊）または主務官庁の証明書で法人の存在を公的に証することができます。それに対して、権利能力なき社団にはこのような方法がありません。

＊会社法・商業登記法で学習しますが、株式会社などは登記をすることによって成立します。登記をすると法務局に「登記事項証明書」の発行を請求できます。登記事項証明書には、その法人の基本的な情報が記載され、その法人が存在する公的な証明となります。

②競売（P25）を不当に免れるために使用されるおそれがあります。競売は、基本的には債務者が所有している不動産に対してしかできません。そこで、借金などを返せなくなった債務者が、「このままでは家が競売されてしまう。それを避けるために、別の者の名義に移してしまおう。」と考え、不動産の登記を別の者に移してしまうというのは、よくあるハナシです。権利能力なき社団は法人のように厳格な設立手続によってできるものではないため、競売を不当に免れるために利用される確率が高くなるのです。

（ⅱ）商業登記

　株式会社などのように商業登記をすることはできません。そのため、上記①で説明したとおり、登記事項証明書によって公的に存在を証することができず、不動産登記の登記名義人となれないのです。

（b）債務の帰属

　権利能力なき社団も、実社会で取引などを行います（ex. 町内会が備品を購入したりします）。そこで、権利能力なき社団が債務を負うことがあるわけですが、この債務の責任を構成員が負うかが問題となります。

　権利能力なき社団の債務につき、構成員は個人的には責任を負いません（最判昭48.10.9）。

　構成員が個人的に責任を負わないのは、以下の理由によります。

①権利能力なき社団の財産が、構成員に総有的に帰属することとのバランスです。Ⅱのテキスト第3編第3章第4節7で説明しますが、「総有」だと、構成員が社団の財産を自由に処分することもできませんし、社団を脱退するとき（ex. 別の町に引

っ越すとき）に「社団の財産から自分の分をよこせ」とも言えないんです（最判昭32.11.14）。引っ越したときに、町内会の財産を分けてもらったことがある方はいないでしょう。このように、権利能力なき社団の財産に対してほとんど権利がないことの裏返しとして、権利能力なき社団の債務について個人的な責任を負わないとされているのです。

②法人の代表者や構成員でさえ、原則として法人の債務について個人責任を負いません。にもかかわらず、権利能力なき社団の代表者や構成員にのみ個人責任を負わせるのはバランスを欠きます。

③権利能力なき社団の代表者や構成員を保証人とすることで、債権者の危険は回避できます。

　権利能力なき社団の代表者の責任が問題になった以下の判例があります（厳密には、この判例は「権利能力なき財団」の事案です）。

最判昭44.11.4
　権利能力なき社団の代表者が代表資格を表示して手形を振り出した場合でも、代表者は振り出した手形につき、個人的に責任を負いません。

　また、逆に、構成員の債権者は、権利能力なき社団の財産を差し押さえることができません。

　以上を図でまとめると、以下のようになります。

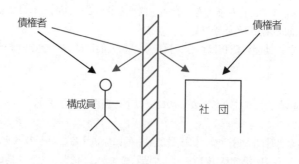

構成員と権利能力なき社団との間にはシャッターがあるイメージなのです。

第2節　意思能力

　前節で「権利能力を有することは、取引社会の主体（メンバー）であること」と説明しました。また、自然人の権利能力の始期は出生でしたので（P38（1））、0歳や1歳の赤ちゃんでも権利能力はあることになります（「権利能力」の問題）。

　しかし、「実際に取引をする能力があるか？」ということは、権利能力とは別問題です。権利能力があっても、たとえば、0歳や1歳の赤ちゃんは物事の分別がつきませんので、「これを買いたい」などとは言えません（「意思能力」の問題）。

　また、大体6〜7歳くらいになれば、物事の分別がつきますので、「これを買いたい」とは言えます。しかし、能力に不安がある未成年者の場合は、成年者に比べて保護する必要性が高いです（「行為能力」の問題）。

　このような理由から、「意思能力」「行為能力」という問題が生じます。つまり、第2節と第3節で扱う意思能力と行為能力は、「権利能力はある（取引社会の主体〔メンバー〕ではある）が、物事の分別がつかない者や、保護する必要がある者をどう扱うか？」という問題なのです。

　意思能力はこの第2節で、行為能力は次の第3節で説明します。

民法3条の2

　法律行為の当事者が意思表示をした時に意思能力を有しなかったときは、その法律行為は、無効とする。

1　意義

　意思能力：自分の法律行為の結果を弁識するに足るだけの精神能力

　意思能力とは、要は「自分がした行為によって、どんな結果が起こるかがわかる能力」のことです。

　取引社会を高校野球にたとえると、「高校生であり、野球のルールを理解できること」が意思能力に当たります。

思い出し方

　意思能力があるかどうかは、「コンビニのレジに商品を持って行ったら（商品の売買契約という法律行為）、その商品の代金を支払う必要が生じること（効果）がわかるか」という判断基準から考えてください。

　このことは、成年者でなくても、10歳くらいの子供であれば問題なくわかるでしょう。それに対して、3歳の子供にはわからないでしょう。

　よって、6～7歳くらいが境目となると考えられています。就学前の幼児には意思能力は認められないでしょう。

　また、年齢の問題だけではなく、泥酔者なども意思能力がないとされることがあります。ヒドく酔っ払っている方だと、レジに商品を持って行ったら、その商品の代金を支払う必要が生じることがわからないでしょう。家にも帰れないほど酔っ払っている方もいますしね……。認知症の年配の方が症状が強く出ているときは、意思能力がないとされることもあります。

2　効果

　意思能力を欠いた者の法律行為は無効です（民法3条の2）。

ex. 3歳の子供と契約をしても、その契約は無効です。

　無効となるのは、あまりにヒドい瑕疵（とんでもない問題）があるからです。

── 用語解説 ──「枝番」

　意思能力の条文は「民法3条の2」となっています。このように「の2」などとなっている条文を「枝番」といいます。これは、その法律ができた当初はなかったのですが、途中で加えられた条文です。意思能力の条文は、平成29年の改正で追加されました。「4条」としてしまうと、その後の条文がすべてズレてしまいます。そうすると、世の中の契約書などには条文番号が多数書かれているので、すべての契約書などを直さなくてはいけなくなります。よって、「枝番」で加え、条文番号をズレないようにするのです。

　なお、条文を削除し、そこに新しい条文を加えると枝番になりません。よって、枝番でないからといって、法律ができた当初からある条文とは限りません。

第3節　行為能力

1　行為能力全般のハナシ

1．意義

　行為能力：自ら単独で完全に有効な法律行為をすることができる能力

　取引社会を高校野球にたとえると、「高校生であり、野球のルールを理解していること」が行為能力に当たります。

　行為能力を制限されていない者が、「行為能力者」です（民法20条1項前段かっこ書）。行為能力者は、親などの関与なく、完全に有効な法律行為（親などの関与がなかったことを理由に取り消されることのない法律行為）を行うことができます。

　それに対して、行為能力を制限された者がいます。民法は以下の①〜④の4者を「制限行為能力者」とし（民法13条1項10号かっこ書）、制限行為能力者は、一部の法律行為については、単独では完全に有効に行うことができないとされました。

①未成年者
②成年被後見人
③被保佐人
④被補助人

2．趣旨

　第2節で説明した「意思能力」は、意思能力がないとして法律行為が無効となるといっても、実際には証明が困難であることもあります。たとえば、認知症の症状が強く出ていた場合には意思能力がなかったとして契約が無効となるのですが、契約の時点で認知症の症状が強く出ていたことを証明するのは困難です。よって、上記1.の①〜④の4者を保護する者としてあらかじめ決めてしまったのです。それが、「制限行為能力者」という制度です。

　「未成年者」はわかると思いますが、あとの3つは聞いたことがないかもしれません。「成年被後見人」「被保佐人」「被補助人」とは、たとえば、認知症などにより判断能力が弱くなった高齢の方がなることがあります。ニュース番組の特集コーナーなどで、認知症の高齢の方が、訪問販売で必要のない高額なリフォーム契約を締結させられたなどといったハナシを聞いたことがありませんか。これらは、そういったことから判断能力が弱くなった高齢の方などを守るための制度です。

過度にひいき

制限行為能力者は、他の制度と比べても、**過度に保護されています**。

→ テクニック 択一でまったくわからない肢が出たら、**制限行為能力者が勝つ方向で**正誤を判断してください。そちらのほうが、正解する確率が高いです。

　上記のように、制限行為能力者の制度は、制限行為能力者の保護という視点のみから説明されることが多いのですが、取引の安全を図る、つまり、制限行為能力者と取引をする相手方の保護の視点もあることにもご注意ください。

　たとえば、未成年者と、親などの関与なく契約をしてしまった場合には、契約が取り消されることがあるのですが、このことは民法であらかじめ規定されています。よって、取引の相手方は、「未成年者と取引をするときは気をつけよう」と注意することができるのです。

　また、P80～85 4 で説明しますが、明確に取引の相手方のために設けられた条文もあります。

3. 効果

　制限行為能力者が単独でした行為は、原則として取り消すことができます（民法5条2項、9条本文、13条4項、17条4項）。

　なお、制限行為能力者が意思無能力のときに意思表示をした場合、取消しの主張も無効の主張もどちらもすることができると解されています（通説）。制限行為能力者側が主張しやすいほうを主張すればよいわけです。そちらのほうが制限行為能力者の保護になるからです。

*以下、「未成年者」（下記 2 ）と「成年被後見人・被保佐人・被補助人」（下記 3 ）で分けてみていきます。
　未成年者は年齢により当然になるものですが、成年被後見人・被保佐人・被補助人は家庭裁判所の審判手続が必要であるため、このように分けます。

2　未成年者

1. 意義

　18歳未満の者が未成年者です（民法4条）。
*18歳未満の者が未成年者となったのは、令和4年4月1日からです。

※成年擬制

　かつては、「成年擬制」という制度がありました。成年擬制とは、未成年者が婚姻した場合に成年に達したものとみなすという制度です。しかし、令和4年4月1日か

ら、「未成年者が婚姻した」ということがあり得なくなったので、成年擬制という制度もなくなりました。かつては、20歳未満の者が未成年者であり、男は18歳、女は16歳になれば婚姻することができました。よって、未成年者が婚姻することがありました。しかし、令和4年4月1日から、18歳未満の者が未成年者となり（民法4条）、男も女も18歳からしか婚姻できなくなりました（民法731条）。成年になる年齢と婚姻できる年齢が一致したので、「未成年者が婚姻した」ということがあり得なくなったのです。

2. 未成年者の行為能力
（1）原則
（a）同意

民法5条（未成年者の法律行為）
1　未成年者が法律行為をするには、その法定代理人の同意を得なければならない。ただし、単に権利を得、又は義務を免れる法律行為については、この限りでない。
2　前項の規定に反する法律行為は、取り消すことができる。

　未成年者が法律行為（＊）をするには法定代理人（親などのことです）の同意が必要であり、同意なく行った法律行為は取り消すことができます（民法5条1項本文、2項）。
＊「法律行為」について詳しくは、P93～97で説明します。民法は、法律行為のメインは契約であると考えていますので、現時点では「法律行為＝契約」というイメージを持っていただければ結構です。
ex. 18歳未満の高校生が携帯電話の購入（契約）をするときは、親の同意書を要求されたり（携帯電話会社のパンフレットに記入用の同意書がついていることがあります）、親に同意の確認の電話がされたりすることがあります。

※同意の相手方
　法定代理人の同意は、未成年者に「この法律行為をしていいよ」と同意するのが通常ですが、相手方に直接しても構いません。
ex. 上記ex.でいえば、親は未成年者に同意書を渡しても、携帯電話会社に「同意しています」と直接連絡しても構いません。

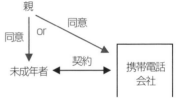

（b）代理

　上記（a）の同意以外に、法定代理人が未成年者を代理
（＊）して法律行為を行うこともできます（民法824条本
文、859条1項）。同意の場合は契約などをするのは未成
年者自身ですが、代理の場合は法定代理人が代わって契約
などをします。

＊代理は、P144〜で詳しく説明します。現時点では、「代理人が代わりに
　契約をすること」くらいの認識をもっていただければ結構です。

ex.　未成年者がAであり、親がBである場合に、BがAの
　　　代わりに契約をするときは、契約書に右のように記載
　　　します。Bの横に「㊞」とありますとおり、押印して
　　　いる（契約書を作成している）のはBです。

契約書

A
上記法定代理人　B　㊞

（2）例外

　下記（a）〜（c）の3つの行為は、法定代理人の関与なく、未成年者が単独で完
全に有効にすることができます。

（a）単に権利を得または義務を免れる行為（民法5条1項ただし書）

> **民法5条（未成年者の法律行為）**
> 1　未成年者が法律行為をするには、その法定代理人の同意を得なければならない。ただし、
> 　　単に権利を得、又は義務を免れる法律行為については、この限りでない。

　未成年者制度の趣旨のメインは、未成年者の保護です。よって、未成年者にとって
不利益のない、単に権利を得または義務を免れる行為については、法定代理人の関与
が不要とされました（民法5条1項ただし書）。
　「単に権利を得または義務を免れる行為」といえるか、以下の表の事項が問題とな
りますが、この判断基準で考えてください。

判断基準

未成年者にとって一部でも不利といえない →該当する	未成年者にとって一部は不利といえる →該当しない

該当するもの （未成年者が単独でできる）	該当しないもの （法定代理人の同意が必要である）
①**負担のない贈与を受けること** 　贈与（民法549条）は、「タダであげる」という契約です。未成年者がタダでもらうほうですから、一部でも不利といえません。	①**負担付贈与を受けること** 　負担付贈与（民法553条）は、もらうほうも負担をする贈与契約です。 ex.　「家をあげるから、その代わりに面倒をみてくれ」という贈与契約 　贈与ですが、負担の部分（面倒をみる部分）が一部不利といえます。
②**債務の免除を受けること** 　債務の免除とは、債権者が債務者に「もう返さなくていいよ」などと債務を免除してあげることです。債務者である未成年者は、債務がなくなる利益しかありませんので、一部でも不利といえません。	②**債務を承認すること**（大判昭13.2.4） 　債務の承認は、時効の更新事由です（民法152条。P243〜244（6））。未成年者にとって、「承認をしなければ、債務が消滅時効で消えていたのに……」となりますので、未成年者に不利といえます。
	③**債権の弁済を受けること** 　未成年者が弁済を受けると、利益しかないように思えますが、未成年者の持つ既存の債権が消滅してしまうという点を重視して、不利となる部分があるとされます。また、未成年者が金銭などを受け取ると浪費してしまうかもしれないというのも、法定代理人の同意が必要である理由の1つです。
	④**遺贈の放棄（負担の有無を問いません）** 　遺贈の放棄（民法986条）は、財産をもらう権利を放棄することですので、未成年者に不利といえます。

（b）法定代理人が目的を定めて処分を許した財産・目的を定めないで処分を許した財産を処分する行為（民法5条3項）

民法5条（未成年者の法律行為）

3　第1項の規定〔未成年者が法律行為をするには、その法定代理人の同意を得なければならない〕にかかわらず、法定代理人が目的を定めて処分を許した財産は、その目的の範囲内において、未成年者が自由に処分することができる。目的を定めないで処分を許した財産を処分するときも、同様とする。

　以下の①②の財産を処分する行為は、未成年者は法定代理人の関与なくできます。

①法定代理人が目的を定めて処分を許した財産（民法5条3項前段）
ex. 学費
②法定代理人が目的を定めないで処分を許した財産（民法5条3項後段）
ex. 小遣い

　親から許された学費の支払や、親から渡された小遣いの範囲内で物を買うことなどは、法定代理人の関与なくできます。未成年者も1人で買い物に行ったりするのは、これが根拠なんです。いずれも「処分を許した」と要件がつきますので、同意しているようなものだからです。

（c）法定代理人から一種または数種の営業を許された未成年者のその営業に関する行為（民法6条1項）

民法6条（未成年者の営業の許可）

1　一種又は数種の営業を許された未成年者は、その営業に関しては、成年者と同一の行為能力を有する。

　たとえば、未成年者が親から許可を受けて、スポーツショップを営む場合のことです。かつては、家計を助けるために商売をする未成年者も多くいました。このように未成年者が営業をするときに、1回1回の売買などについて、いちいち同意などをしていると煩雑であるため、「営業」という形で許すことができます。

i　「営業」

「営業」とは、営利を目的にして、同種の行為を反復継続して行うことです。「営利を目的にして」とは、利益を出すことを目的としているということです。「反復継続して」とは、1回きりの売買などではないということです。

なお、これは、自ら主体となって営業をすることが必要であり、未成年者が他人に雇われて働く場合（ex. 高校生のアルバイト）は含みません。

ii　「一種又は数種の」営業

一種または数種の営業の許可をすることができます。

ただし、以下の①または②の許可はダメです。

①一種の営業の一部に限定しての許可

たとえば、スポーツショップの営業は許可するが、10万円以上の商品の売却は同意を要する、とするのはダメです。スポーツショップにきたお客さんは、店主がすべての商品を完全に有効に売ることができるだろうと思っていますので、一部に限定すると、お客さんが思いがけない不利益を受けてしまうからです。

②営業の種類を特定しない許可

上記①は狭すぎる許可はダメということですが、この②は逆に、広すぎる許可はダメということです。未成年者を保護する趣旨から、なんでもかんでも許可することは許されません。

3．保護者 ── 法定代理人

未成年者の最後に、保護者（法定代理人）をみます。未成年者の法律行為について同意や代理をしたり、営業を許可したりする者です。

（1）法定代理人となる者

以下の者が、未成年者の法定代理人となります。①の者がいる場合は①の者、①の者がいない場合は②の者が法定代理人となります。

①親権者（民法818条）

親権者とは、実親または養親のことです。「養親」とは、養子縁組をした場合の親ですが、これはイレギュラーなので、今は実親（実の親）だけをイメージしてください。

②未成年後見人（民法838条1号）

未成年後見人は、親権者が死亡したりしていていない場合、または、いても虐待な

どの理由により法定代理人としてふさわしくない場合に指定・選任されます。

P71＝ 　未成年後見人は、かつては、1人の未成年者について1人しかなれず、また、自然人しかなれませんでした。しかし、平成 23 年に改正され、未成年後見人は複数でもよく、法人でもよいとされました。ニュースで聞いたことがあると思いますが、未成年者に対する虐待が増加している現状をふまえ、より柔軟に対応できるようにするために改正されました。複数の者が未成年後見人となれるとされたのは、1人で引き受けるのは責任が重く、なり手が見つかりにくかったことが背景にあります。法人もなれるとされたのは、児童福祉施設が未成年後見人になれるようにするためです。

（2）権限

　法定代理人には、未成年者について以下の①〜⑤の権限があります。

①同意権（民法5条1項本文）

　P63（a）の同意をする権限のことです。

②代理権（民法824条本文、859条1項）

　P64（b）の代理をする権限のことです。

③財産管理権（民法824条本文、859条1項）

　未成年者の財産を管理する権限があります。たとえば、原則として、未成年者名義の預金は法定代理人が管理します。

④取消権（民法120条1項）

⑤追認権（民法122条）

　上記④⑤は、P201〜206 の 4 と 5 で説明します。

3　法定後見制度（成年被後見人・被保佐人・被補助人）

1．趣旨

　よくある事例として、認知症の高齢の方が、訪問販売で必要のない高額なリフォーム契約を締結させられるといったことがあります（ニュースなどで聞いたことがあるでしょうか）。これは、私的自治の原則（P18）の考え方からすれば、自分で結んだ契約なので、自己責任となります（私的自治の原則の義務の側面）。

　しかし、それではあまりにも不公平です。よって、あらかじめ家庭裁判所において、成年後見人・保佐人・補助人を選任しておけば（親族が選任されることも多いですが、司法書士や弁護士が選任されることもあります）、上記の例のような高額なリフォーム契約などを取り消すことができる制度が設けられました。それが、この「成年後見制度」「保佐制度」「補助制度」です。

２．制限行為能力者となる者

判断能力の衰えの程度により、以下の３つに分かれます。

	成年後見	保佐	補助
対象者	精神上の障害により、事理弁識能力を「欠く」常況にある者 →成年後見人が家庭裁判所で選任されると、「成年被後見人」となります。	精神上の障害により、事理弁識能力が「著しく不十分」である者 →保佐人が家庭裁判所で選任されると、「被保佐人」となります。	精神上の障害により、事理弁識能力が「不十分」である者 →補助人が家庭裁判所で選任されると、「被補助人」となります。

判断能力　低い ――――――――――――――→ 高い

― Realistic 3　表の位置も記憶に活用 ―

成年後見・保佐・補助は、上記のような表で説明していきます。

成年後見・保佐・補助の表は、すべて「成年後見・保佐・補助」の位置関係にしていますので、表の位置も記憶に役立ててください。

成年被後見人になる方はかなり状態の悪い方も

事理弁識能力を「欠く」常況にある者が成年被後見人となるので、かなり状態の悪い方もいらっしゃいます。たとえば、「精神病院に入院中の方」や「病院で人工呼吸器を装着している方」もいらっしゃいます。そこまで状態の悪くない方も多いのですが、「かなり状態の悪い方もいる」というイメージを持っておくと、成年後見の知識を記憶しやすくなります。

成年後見人・保佐人・補助人が家庭裁判所で選任されると、以下のとおり、保護者と制限行為能力者の関係が生じます。いずれも、制限行為能力者のほうに「被」という文字がついています。「被」とは、「～される」という意味です。後見されるのが成年被後見人、保佐されるのが被保佐人、補助されるのが被補助人ということです。

　なお、「成年被後見人」「被保佐人」「被補助人」のいずれになるかは、「この病名で
あれば、これ」など明確な基準があるわけではありません（立案者が示した具体例は
ありますが、試験では問われないでしょう）。実務では、成年被後見人が最も多いの
ですが、被保佐人となるか被補助人となるかは微妙な事例も多くあります。

3．開始の手続

　判断能力の程度により、開始の要件・手続が異なる点があります（同じである点も
あります）。

　まず、成年後見・保佐・補助のいずれも、未成年者と異なり、家庭裁判所の開始の
審判が必要です。たとえば、認知症だからといって、当然に成年被後見人・被保佐人・
被補助人となるわけではありません。

> ── 用語解説 ── 「審判」
>
> 　家庭裁判所は、主に家事事件を扱う裁判所ですが、その家庭裁判所がする判断のことを「審
> 判」といいます。

　次に、誰が家庭裁判所に請求をするのかが問題となります。家庭裁判所に請求でき
るのは、以下の者です。

P80＝

	成年後見	保佐	補助
請求権者	本人、配偶者、4親等内の親族、検察官など（民法7条、11条、15条1項） これらの者が、家庭裁判所に請求をし、家庭裁判所が開始の審判をすることによって、成年後見・保佐・補助が開始されます。		

　上記の「など」の部分で少し違いはあるのですが、それは細かいので、六法でサラ
っと条文を確認する程度で結構です。請求権者はほとんど同じです。

　なお、成年後見であっても、成年被後見人となる本人自身も請求ができる点にご注意ください。実際には状態によって厳しい場合もありますが、請求ができる状況なのであれば可能です。「変な契約をさせられそうになった→このままだと不安だから請求しよう」などと自ら請求することが考えられます。

　請求権者が家庭裁判所に請求をし、家庭裁判所が開始の審判をすることによって開始するのですが、それらに加え「本人の同意」が必要となる場合があります。請求権者には本人以外（配偶者など）も含まれていますが、本人以外の者が請求をする場合には、本人の同意が必要となるのです。

	成年後見	保佐	補助
本人以外の請求による場合の本人の同意	不要		必要 （民法15条2項）

　補助の場合のみ、本人の同意が必要となります。被補助人は事理弁識能力が不十分であるにすぎない、つまり、あまり状態が悪くないため、被補助人の関与なしに補助が開始されることはありません。

4. 保護者（成年後見人・保佐人・補助人）

　成年後見・保佐・補助の開始の審判がされると、保護者（成年後見人・保佐人・補助人）が選任されます。

　成年後見人・保佐人・補助人は、家庭裁判所が個々の事案で最も適任な者を職権で選任します（民法843条、876条の2、876条の7）。

　成年後見人・保佐人・補助人には、法人もなることができます（民法843条4項かっこ書、876条の2第2項、876条の7第2項）。たとえば、司法書士法人（司法書士事務所が法人化したもの）がなることがあります。また、複数の者を選任することも可能です（民法843条3項、876条の2第2項、876条の7第2項）。たとえば、「財産管理は司法書士、介護は社会福祉士」など、専門家がそれぞれの領域ごとに担当することもあります。　=P68

　なお、成年後見人・保佐人・補助人となれる者は、司法書士、弁護士などに限定されているわけではありません。親族が選任されることも多いです。

＊ここからは、成年後見人・保佐人・補助人が選任された後のハナシをみていきます。

　まずは以下の大前提を理解することが極めて重要です。この後の規定を理解するカギとなります。

大前提

　判断能力の程度は「成年被後見人＜被保佐人＜被補助人」なのですが、もう少しつっこんでみていきましょう。「成年被後見人」と「被保佐人・被補助人」で大きく分かれます。

　成年被後見人は、基本的に自分で法律行為を行うことができません。

　それに対して、被保佐人・被補助人は、基本的に自分だけで法律行為を行うことができます。

　成年被後見人は、**法律行為を行えない位置からのスタート**です。しかし、法律行為を行えないと社会生活で困ってしまいますので、どのように法律行為を行うのかが問題となります。

　それに対して、被保佐人・被補助人は、**法律行為を行える位置からのスタート**です。自分一人で法律行為を行えるのですが、特定の重要な行為は行えない場合があります。

5. 同意権

　保護者に同意権があれば、同意権のある行為については、制限行為能力者は保護者の同意を得て相手方と完全に有効な法律行為（契約など）をすることができます。

（1）同意権付与の対象と同意権のない行為

　そこで、成年後見人・保佐人・補助人に同意権があるかが問題となりますが、以下のCaseを考えてみてください。

Case

　成年被後見人が、所有している建物を売却するに際してあらかじめ成年後見人の同意を得た場合、その売却行為は取り消すことができないものとなるか？

	成年後見	保佐	補助
付与の対象	成年後見人に同意権はありません。成年被後見人は事理弁識能力を"欠く"ため、同意を得て法律行為をすることさえできないからです。P69の具体例でイメージしてください。	民法13条1項所定の行為（※）について、保佐人に同意権が付与されます（民法13条1項）。さらにこれ以外でも同意が必要な行為を追加することができます（民法13条2項本文）。なお、民法13条1項所定の行為（※）の一部について、保佐人に同意権を付与しないとすることはできません。そうすると、補助と同じになってしまうからです。	民法13条1項所定の行為（※）の一部について、請求の範囲内で、補助人に同意権を付与することができます（民法17条1項）。つまり、民法13条1項所定の行為（※）の中から「選べる方式」なのです。なお、民法13条1項所定の行為（※）の全部について、補助人に同意権を付与することはできません。そうすると、保佐と同じになってしまうからです。
同意権のない行為	同意権のない行為（財産に関するあらゆる行為です）は、成年被後見人は単独で行えず、行った場合には取り消すことができます（民法9条本文）。よって、上記Caseの場合は、売却行為を取り消すことができます。	同意権のない行為は、成年被後見人と異なり、被保佐人・被補助人は単独で行えます。被保佐人と被補助人は、成年被後見人と異なり、「基本的には自分で法律行為を行えるが、重要な民法13条1項所定の（一部の）行為については、保佐人と補助人の同意が必要となる」からです。つまり、成年被後見人とそもそもの出発点が異なるのです。P72の「大前提」を確認してください。	
	日用品の購入その他日常生活に関する行為は、同意が必要とされず、同意なく行っても取り消せません（民法9条ただし書、13条1項柱書ただし書、17条1項ただし書）。 **Realistic rule** 成年後見・保佐・補助の制度を利用していたとしても、**日用品の購入その他日常生活に関する行為**（ex. スーパーでの買い物など）**は取り消すことができません**。これまで取り消されては、さすがに世の中が回らなくなるからです。また、成年後見・		

> 保佐・補助の制度の背景に、ノーマライゼーションという発想があるからでもあります。「ノーマライゼーション」とは、できる限り健常者と同じ生活ができるようにするべきであるという考え方です。

※民法13条1項所定の行為

　「民法13条1項所定の行為」とは、以下の①～⑩の行為です。保佐人には以下のすべての行為の同意権が与えられ、被保佐人が以下の行為を行うには保佐人の同意が必要となります。

　補助人には以下の一部の行為の同意権が与えられることがあり、被補助人が補助人に同意権が与えられたその一部の行為を行うには補助人の同意が必要となります。

＊以下の①～⑩には、まだ学習していないハナシも多く含まれていますので、いきなりすべてを記憶する必要はありません。まずは、「特に重要そうな行為が規定されているな～」と眺めておいてください。

①元本の領収または利用
②借財または保証
③不動産・重要な財産に関する権利の得喪を目的とする行為
④訴訟行為
⑤贈与・和解・仲裁合意
⑥相続の承認・放棄・遺産分割
⑦贈与の申込みの拒絶・遺贈の放棄・負担付贈与の申込みの承諾・負担付遺贈の承認
⑧新築・改築・増築・大修繕
⑨民法602条に定める期間（山林は10年、土地は5年、建物は3年、動産は6か月）を超える賃貸借
⑩上記①～⑨の行為を制限行為能力者の法定代理人としてすること

　この⑩は、たとえば、未成年者の親権者が被保佐人となった場合のハナシです。この場合、被保佐人である親権者が未成年者を代理しますが、被保佐人は上記①～⑨の行為をするのに保佐人の同意が必要なので、法定代理人としてする場合も、保佐人の同意が必要となります。

保佐人
｜
親権者
（被保佐人）
｜
未成年者

（2）同意権の付与の審判の要否

　家庭裁判所の審判により成年後見・保佐・補助が開始されますが、開始の審判をする際、開始の審判に加えて同意権の付与の審判が必要でしょうか。以下のとおり、成年後見・保佐・補助で違いがあります。

	成年後見	保佐	補助
同意権付与の審判の要否	**問題とならない** 上記（1）でみましたとおり、成年後見人に同意権はありませんので、同意権の付与の審判がされることはありません。	**原則として不要** 上記（1）でみましたとおり、民法13条1項所定の行為のすべての同意権が必ず付与されますので、別途、同意権の付与の審判は不要です。	**必要**（民法17条1項本文） 上記（1）でみましたとおり、民法13条1項所定の行為の中から「選べる方式」であり、同意権を付与するかも任意です（この点はP78※で説明します）。よって、同意権を付与する場合は、補助開始の審判に加えて同意権付与の審判が必要です。

（3）同意に代わる家庭裁判所の許可

　同意権が付与された後の問題ですが、制限行為能力者は、同意権が付与された行為については、保護者の同意がなければ完全に有効な法律行為ができなくなってしまいます。もし制限行為能力者の利益に反しない場合に保護者が同意しないときは、制限行為能力者は契約などができなくなり困ってしまいます。

　そこで、保護者が同意しない場合には、制限行為能力者は、家庭裁判所に保護者の同意に代わる許可を求めることができるとされました。家庭裁判所に保護者の同意に代わる許可を求めることができる制度があるか否かは、以下のとおりです。

	成年後見	保佐	補助
同意に代わる家庭裁判所の許可の制度	**なし** 上記（1）でみましたとおり、成年後見人に同意権はありませんので、同意に代わる家庭裁判所の許可の制度は問題となりません。	**あり** （民法13条3項、17条3項） 上記（1）でみましたとおり、保佐人・補助人には同意権がありますので（※）、保護者が同意しないことが考えられ、同意に代わる家庭裁判所の許可の制度が必要となります。	

※P78※で説明しますが、補助人には同意権がない場合があります。

6．代理権

　保護者に代理権があれば、保護者は単独で相手方と法律行為をすることができます。代理の方法は、P64（ｂ）で説明した方法です。

　なお、ご注意いただきたいのは、「保護者に代理権がある＝制限行為能力者が単独で完全に有効な法律行為が行えなくなる」というわけではありません。制限行為能力者が単独で完全に有効な法律行為が行えるかは、P72の「大前提」や上記5.の「同意権があるか」で決まります。代理権は、「プラスアルファとして保護者も単独で法律行為をすることができるか」という問題なのです。

同意権と代理権の違い

　保護者に同意権があれば、同意権のある行為については、制限行為能力者は保護者の同意がなければ単独で完全に有効な法律行為をできないことになります。

　それに対して、保護者に代理権があるということは、プラスアルファとして保護者も単独で法律行為をすることができるということなのです。

　以下のイメージです。

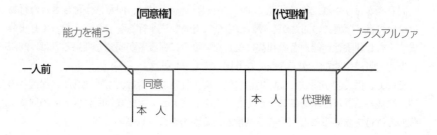

（1）代理権の付与の対象

	成年後見	保佐	補助
付与の対象	財産に関するあらゆる法律行為の代理権が必ず付与されます（民法859条1項）。P73でみましたとおり、成年被後見人は、同意を得て法律行為をすることさえできないためです。成年後見人に代理権がなければ、成年被後見人に関して法律行為ができなくなってしまいます。	特定の法律行為の代理権を付与することができます（民法876条の4第1項、876条の9第1項）。ex. 預金の管理 被保佐人・被補助人は、P73でみましたとおり、保佐人・補助人の同意を得て法律行為ができますし、同意を要しない行為は単独で完全に有効な法律行為ができます。よって、保佐人・補助人に代理権が必ずしも必要ではないため、代理権の付与は任意となります。 なお、民法13条1項（P74※）以外の法律行為についても、代理権を付与することができます。

（2）代理権の付与の審判の要否

　同意権と同じく、家庭裁判所が開始の審判をする際、開始の審判に加えて代理権の付与の審判も必要かが問題となります。以下のとおり、成年後見・保佐・補助で違いがあります。

	成年後見	保佐	補助
付与の審判	**不要** 上記（1）でみましたとおり、代理権が必ず付与されますので、別途、代理権の付与の審判は不要です。	**必要** （民法876条の4第1項、876条の9第1項）上記（1）でみましたとおり、代理権の付与は任意です。よって、代理権を付与する場合は、保佐開始・補助開始の審判に加えて代理権の付与の審判が必要です。	

※補助特有の問題点

　同意権と代理権についてみてきましたが、成年後見人には必ず代理権を付与する必要があり（P77）、保佐人には必ず同意権を付与する必要がありました（P73）。それに対して、補助人の場合は、いずれも任意でした（P77、73）。しかし、補助人に同意権も代理権も付与しなければ制度の意味がありません。

　よって、補助開始の審判は必ず、次の2つの一方または双方と同時に行う必要があるという規定があります（民法15条3項）。

①同意権付与の審判（民法17条1項）
②代理権付与の審判（民法876条の9第1項）

　つまり、補助人に付与される権限は、以下のパターンがあるのです。

パターン1	同意権
パターン2	代理権
パターン3	同意権および代理権

　パターン1とパターン3は、被補助人の行為能力は制限されます。P76の「同意権と代理権の違い」で説明したとおり、同意権のある行為については、被補助人は補助人の同意がなければ単独で完全に有効な法律行為をできなくなるからです。

　しかし、パターン2の場合には、被補助人の行為能力は何ら制限されません（被補助人も単独で完全に有効な法律行為ができます）。P76の「同意権と代理権の違い」で説明したとおり、代理権は、「プラスアルファとして保護者も単独で法律行為をすることができる」というハナシなので、補助人に代理権が付与されただけでは、被補助人の行為能力は制限されないのです。

7．取消権

　成年被後見人・被保佐人・被補助人が行った行為で、完全に有効でない行為（ex. 保護者の同意が必要であるにもかかわらず同意を得ていない行為）は、取り消すことができます。

　成年後見・保佐・補助の取消しの対象となる行為は以下のとおりです。P72の「大前提」、上記5.の「同意権」および上記6.の「代理権」から考えることになります。

	成年後見	保佐	補助
取消しの対象となる行為	**成年被後見人が行った財産に関するあらゆる行為** （民法9条本文） 成年後見人の同意を得てした行為も取消しができます。P73でみましたとおり、成年後見人に同意権がないため、成年被後見人は成年後見人の同意を得て法律行為を行うことができないからです。	**同意を得ずに行った行為** （民法13条4項、17条4項） 保佐人・補助人に同意権が付与された行為については、被保佐人・被補助人は単独で完全に有効な法律行為ができなくなるからです。 それに対して、代理権が付与されただけの行為については、被保佐人・被補助人は単独で完全に有効な法律行為ができ、取消しの対象とはなりません。P76の「同意権と代理権の違い」で説明したとおり、代理権は、「プラスアルファとして保護者も単独で法律行為をすることができるか」というハナシだからです。	
	ただし、日用品の購入その他日常生活に関する行為は取り消せません（民法9条ただし書、13条1項柱書ただし書、17条1項ただし書。P73～74の「Realistic rule」）。		

8．監督人（後見監督人、保佐監督人、補助監督人）

　家庭裁判所は、必要があると認めるときには、後見監督人（成年後見人の監督人）、保佐監督人（保佐人の監督人）、補助監督人（補助人の監督人）を選任することができます（民法849条、876条の3第1項、876条の8第1項）。

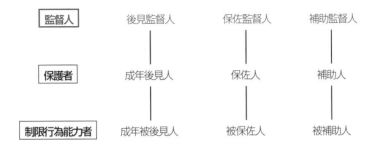

　監督人は、保護者の上に置かれる、保護者のお目付役です。監督人を置くかどうかは任意ですが、保護者が司法書士などの専門家ではなく親族である場合は信用性が低

いので、監督人が置かれることが多いです。司法書士が親族である保護者の監督人になることも多いです。

9．審判の取消し

　最後に、成年後見・保佐・補助が終了する場合をみましょう。たとえば、制限行為能力者の病気が治った場合には、成年後見・保佐・補助の必要性がなくなります。しかし、家庭裁判所で開始されたものですので、終了する場合にも家庭裁判所で取り消してもらう必要があります。

P51＝

　家庭裁判所に取り消してもらえるよう請求できるのは、以下の者です。

P70＝

	成年後見	保佐	補助
請求権者	**本人、配偶者、4親等内の親族、検察官など**（民法10条、14条、18条） これらの者が、家庭裁判所に請求をし、家庭裁判所が開始の審判を取り消すことによって、成年後見・保佐・補助が終了します。		

　上記の「など」の部分で少し違いはあるのですが、ほとんどP70の開始の請求権者と同じだと考えていただいて結構です。

４　制限行為能力者の相手方の保護

1．趣旨

　P62で説明したとおり、制限行為能力者制度には、制限行為能力者と取引をする相手方の保護を考えた規定もあります。それが、この４で説明するハナシです。

2．相手方の催告権
（1）意義

　催告：ある人に対してある行為を要求・催促すること

　制限行為能力者と不完全な法律行為（ex. 法定代理人の同意のない未成年者との契約）をしてしまった相手方には、不完全な法律行為を追認するかどうか迫ることができる催告権が認められています。

（2）趣旨

　たとえば、法定代理人の関与なく未成年者と契約をしてしまった場合、それは不完全な法律行為であるため、取り消される可能性があります。このとき、未成年者と契

約をしてしまった相手方が、いつ取り消されるかわからない不安定な状況に置かれ続けるのはかわいそうなので、相手方に催告権が認められているのです。

（3）催告の相手方と催告の効果

状況により誰に対して催告をするべきかが異なります。また、誰に対して催告をしたかによって催告の効果が異なります。

（a）制限行為能力者が行為能力者となった「後」の催告

「制限行為能力者が行為能力者となった」とは、たとえば、未成年者が 18 歳になった場合、家庭裁判所が成年後見開始・保佐開始・補助開始の審判を取り消した場合などが該当します。

この場合は、「本人」に対して催告をします。本人は、すでに行為能力者となっているため一人前であり、また、行為能力者となっているため保護者はすでに存在しないからです。相手方は、本人に対し、1か月以上の期間を定めて、その期間内に不完全な法律行為を追認するか否かを催告することができます。このとき、本人は取り消しても構わないのですが、本人が期間内に確答を発しないときは、その行為を追認したものとみなされます（民法 20 条 1 項）。

> **用語解説 ──「みなす」**
>
> 「～でないものを～として扱う」という意味です。「擬制」（P47）と同じ意味です。P221 で説明する「推定する」との意味の違いにご注意ください。

> **用語解説 ──「追認」**
>
> 「追認」とは、不完全な法律行為を確定的に有効とする（取り消せないものとする）ということです。

（b）制限行為能力者が行為能力者となる「前」の催告

制限行為能力者が行為能力者となる前、つまり、まだ未成年者である場合や家庭裁判所が成年後見開始・保佐開始・補助開始の審判を取り消していない場合のハナシをみていきましょう。まだ制限行為能力者なわけですから、保護者がいます。よって、催告をする先として、「保護者」と「制限行為能力者」の双方が考えられます。

i　保護者（法定代理人〔＊〕、保佐人、補助人）への催告

＊「法定代理人」には、未成年者の法定代理人（親権者または未成年後見人）と成年後見人の双方が含まれます。
　成年後見人も「法定代理人」というのは、成年後見人には必ず代理権が付与されるからです（P77（1））。

以下の Case で考えてみましょう。

Case

あなたは、未成年者Bから、Bの高価な時計を買い受けた（親権者Aの関与はない）。あなたはAに対して、Bとあなたとの間の契約を追認するか否かを問う催告をした。このとき、期間内にAからあなたへの確答がなかった場合、Bとあなたとの間の契約はどうなるか？

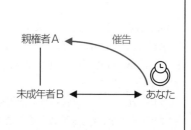

　相手方は、制限行為能力者の保護者（法定代理人、保佐人、補助人）に対し、1か月以上の期間を定めて、その期間内に不完全な法律行為を追認するか否かを催告することができます。このとき、保護者は取り消しても構わないのですが、保護者が期間内に確答を発しないときはその行為を追認したものとみなされます（民法20条2項）。保護者は基本的に行為能力者であり一人前なので、追認したものとみなしてしまって構わないのです。

　よって、上記 Case の場合は、契約は完全に有効（取り消せないもの）となります。

ii　本人（制限行為能力者）への催告

Case

（1）あなたは、被保佐人Bから、Bの高価な時計（重要な財産）を買い受けた（保佐人Aの関与はない）。あなたはBに対して、Aの追認を得るよう催告をした。このとき、期間内にBからあなたへの確答がなかった場合、Bとあなたとの間の契約はどうなるか？

（2）上記（1）の Case において、Bが未成年者だった場合はどうか？

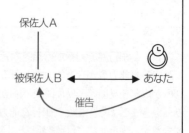

　本人（制限行為能力者）への催告は、「被保佐人・被補助人への催告」（下記（ⅰ））
と「未成年者・成年被後見人への催告」（下記（ⅱ））で効果が異なります。

（ⅰ）被保佐人・被補助人への催告

　相手方は、被保佐人または同意権付与の審判を受けた被補助人（＊）に対し、1か
月以上の期間を定めて、その期間内に保佐人または補助人の追認を得るよう催告する
ことができます。このとき、被保佐人または被補助人が期間内に追認を得た旨の通知
を発しないときは、その行為を取り消したものとみなされます（民法20条4項）。被
保佐人または被補助人は一人前ではないので、追認したものとはみなせません。そこ
で、効力が消滅する取消しとみなすこととされました。
＊P78※で説明したとおり、被補助人の場合は、同意権付与の審判がされていないときは行為能力は制限されて
　いないため、「同意権付与の審判を受けた」と限定がつきます。
　よって、上記 Case（1）の場合は、契約は取り消したものとみなされます。

（ⅱ）未成年者・成年被後見人への催告

　それに対して、未成年者または成年被後見人に対する催告は、何らの効果も発生し
ません。未成年者や成年被後見人には、意思表示の受領能力がないからです（民法98
条の2柱書本文）。つまり、未成年者や成年被後見人には催告の意味がわからないの
で、催告は意味のない「お手紙」にすぎないのです。未成年者であっても、17歳くら
いであれば意味がわかるかもしれませんが、一律に未成年者は意思表示の受領能力が
ないとされています（10歳くらいの未成年者をイメージしましょう）。成年被後見人
は、P69の具体例でイメージしてください。
　よって、上記 Case（2）の場合は、契約は有効（取り消すことができる状態）の
ままです。

【確答しなかった場合のまとめ】

　最後に、相手方が催告をし、催告を受けた者が確答しなかった場合をまとめます。

	催告を受けた者	効果
（a）	行為能力者となった者	追認
（b）ⅰ	保護者	
（b）ⅱ（ⅰ）	被保佐人・被補助人	取消し
（b）ⅱ（ⅱ）	未成年者・成年被後見人	意味なし

制限行為能力者の境界線

　制限行為能力者の中でも、間に境界線が引かれることがあります（上記でいうと被保佐人と未成年者の間に境界線が引かれています）。制限行為能力者の保護の程度は、基本的に以下の順となっており、境界線が引かれる場合は、以下の間のどこかに線が引かれます。

成年被後見人 → 未成年者 → 被保佐人 → 被補助人

記憶の仕方

　未成年者と被保佐人との間に境界線が引かれることが最も多いので、それを原則とし、それ以外の箇所に境界線が引かれた場合を明確に思い出せるようにしてください。

３．取消権の剥奪

　不完全な法律行為（ex. 法定代理人の同意のない未成年者との契約）がされた場合、制限行為能力者側に取消権が発生します。しかし、それが剥奪される場合があります。

　それは、どのような場合でしょうか。以下の Case で考えてみましょう。

Case

　あなたは、未成年者Bから、Bの高価な時計を買い受けた（親権者Aの関与はない）。しかし、その際、Bは、偽造した免許証を見せ、あなたにBが成年者であると信じさせた。この場合でも、Bは、売買契約を取り消すことができるか？

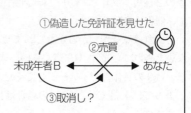

民法21条（制限行為能力者の詐術）

　制限行為能力者が行為能力者であることを信じさせるため詐術を用いたときは、その行為を取り消すことができない。

（1）趣旨

　上記 Case のように、制限行為能力者が「詐術」を用いて取引の相手方に自分が行為能力者であると信じさせた場合は、その制限行為能力者はさすがに保護に値しません。P62で「制限行為能力者は過度に保護されている」と説明しましたが、さすがにここまでいくと保護されません。

（2）要件

　この民法 21 条が適用される、つまり、制限行為能力者が取り消せなくなるのは、以下の①②の要件を充たす場合です。

①制限行為能力者が（※）行為能力者であることを信じさせるために詐術を用いたこと（民法 21 条）

※第三者が詐術を用いた場合は、取り消すことができます。この民法 21 条の趣旨は、「詐術を用いる制限行為能力者なんてさすがに保護に値しない」というものですので、第三者が詐術を用いた場合には、制限行為能力者は悪くはなく、「保護するに値しない制限行為能力者である」とはなりません。

　上記 Case のように、偽造した免許証を見せる行為は明らかに「詐術を用いた」に当たります。しかし、明らかな詐術とはいえない行為が問題となります。

　制限行為能力者であることを単に黙秘している場合、それだけでは「詐術」には当たりません。これが詐術に当たると、たとえば、老け顔の未成年者（私が通っていた高校には、あだ名が「お父さん」であった高校生がいました）は普通に契約をするだけで詐術になってしまいます。しかし、制限行為能力者であることを黙秘していることが、制限行為能力者の他の言動と相まって、相手方を誤信させ、または、誤信を強めたと認められるときは、「詐術」に当たります（最判昭 44.2.13）。たとえば、老け顔の未成年者が単に未成年者であることを言わないだけではなく、「今の若者って奴は……」など成年者と思わせるような言動を取った場合には詐術に当たり得ます。このような言動があったのであれば、制限行為能力者は責められても仕方ないでしょう。

②相手方が行為能力者であると信じたこと

　相手方が信じたことも要件となります。

　上記 Case は上記①②の要件を充たしますので、B は売買契約を取り消せません。

（3）効果

　取り消すことができなくなります。制限行為能力者自身だけでなく、法定代理人や保佐人・補助人も取り消せなくなります。

　要は、「みんな取り消せなくなる」ということです。

第3章　物（客体）

　前章では、財産法が規定している社会の主体（メンバー）である「人」について、「権利能力」「意思能力」「行為能力」をみてきました。「民法が規定している取引社会の主体（メンバー）となれるのは誰なのか」（権利能力）、「主体（メンバー）となれたとして、実際に取引をする能力があるのか」（意思能力・行為能力）を学んだのです。

　次に、この第3章では「物」を扱います。つまり、取引社会の客体をみていきます。P8 1 でも物について簡単に説明しましたが、この第3章ではより詳しくみていきましょう。
　なお、この第3章の用語や分類は他のテーマで出てくることが多いので、この第3章は辞書的な章でもあります。

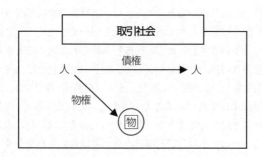

1 「物」とは？

　まず最も大きなハナシからいきましょう。「人が有する物に対しての権利」が物権ですが（P5）、その「物」とはなんでしょうか。民法85条で以下のとおり定義がされています。

　物：有体物のこと（民法85条）
　「有体物」とは、実際に物質として存在する物のことで、固体・液体・気体のすべてを指します。土地や建物、みなさんがお持ちのこのテキストやボールペンなど（固体）はもちろん物ですが、水（液体）なども物なのです。

2 不動産と動産

　有体物が物であることがわかりました。この物が、「不動産」と「動産」に分かれます。民法は、不動産と動産を分けて考えています。P11～15で民法177条と民法178条の違いをみましたが、このように不動産と動産は異なるルールとなっている箇所が多いのです。民法177条と民法178条の違い以外にも、不動産と動産で異なるルールは多数あり、この後学習していきます。

　では「不動産」「動産」とはなんでしょうか。その定義は、民法86条に規定されています。

民法86条（不動産及び動産）

1　土地及びその定着物は、不動産とする。
2　不動産以外の物は、すべて動産とする。

1．不動産

　不動産：土地およびその定着物（民法86条1項）

　「土地」と「その（土地の）定着物」が不動産です。「定着物」のほうは更に3つに分かれます。

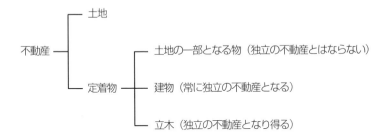

（1）土地

　たとえば、日本の本州は、境界線があるわけではなく1つの土地と考えられなくもなさそうです。しかし、それを人為的に区切って線を引いて、いくつにも土地を分けています。

（2）定着物

（a）土地の一部となる物

たとえば、土地を囲んでいる石垣や土地にくっついている大きな石などがこの「土地の一部となる物」に当たります。これらは、独立の不動産とはなりません。原則として土地の一部となり、土地の所有権の対象に含まれます。たとえば、土地を売るときに、いちいち「この石垣や石も売ります」などという契約をする必要はありません。土地を売れば、石垣や石は土地についてきます。これが、「土地の一部となる」ということです。

（b）建物

建物も土地の定着物ですが、上記（a）と異なり、常に独立の不動産となります。よって、建物も売りたい場合には、その建物がある土地を売るだけではダメで、建物も売る必要があります。契約書を作成するのであれば、売却対象不動産として、土地だけでなく建物も記載する必要があります。

※いつから建物になる？

すでに建っているビルや一戸建ては問題ないのですが、現在建築中の物が、いつ建物（独立の不動産）となるかが問題となります。

木材を組み立てて屋根をふいただけでは建物とはいえませんが、独立に雨風をしのげる程度、つまり、屋根瓦がふかれ周壁として荒壁がぬられた程度に達すれば、床や天井が未完成でも建物といえます（大判昭10.10.1）。

「独立に雨風をしのげる程度」となったかが、建物となったかの分岐点です。

（c）立木

「立木」とは木のことです。木は、通常は上記（a）に該当し、土地の一部となります。たとえば、庭に木のある一戸建ての土地を売るときに、いちいち「この木も売ります」という契約はしません。

しかし、田舎の土地になると、木のほうが価値があることがあります。田舎の山奥の土地だと、「200円／1㎡」とかはザラにあります。そこで、以下の①または②のいずれかの方法で、木を土地から独立した物とすることができます。

①立木ニ関スル法律（通称「立木法」）による登記をする

実は木にも登記制度があり、登記することができます。立木法に基づいて登記をすると、その木は、土地とは別の独立した不動産とみなされます（立木法2条1項）。

②明認方法を施す

Ⅱのテキスト第3編第1章第3節⑥で詳しく説明しますが、明認方法は、登記をする方法ではなく、もっと原始的な方法です。木に氏名を彫ったり、木に氏名の記載されたプレートをぶら下げたりすることによって、土地から独立した物とすることができます。

2. 動産

動産：不動産以外のすべての物（民法86条2項）

不動産以外の物はすべて動産となりますので、かなり広い概念です。

ex. このテキストも、みなさんがお持ちのボールペンも、みなさんが着ている洋服も、動産です。

※金銭

金銭も、不動産以外の物ですから、動産ではあります。しかし、他の動産と異なり特殊な動産です。金銭は、「その物自体」ではなく、「価値そのもの」に意味があります。「1万円札」自体に意味があるのではなく、「1万円札に1万円の価値がある」ということに意味があるのです。たとえば、1万円札には番号が記載されていますが、異なる番号の1万円札に変わってもみなさんは文句を言いませんよね。千円札10枚に変わっても文句を言わないと思います。また、金銭は世の中から無くなることがないという特殊性もあります。

このように、金銭は特殊な動産であるため、動産に適用される多くの規定（民法178条、192条など）が適用されません（民法192条につき最判昭39.1.24）。この具体例はⅡのテキスト第3編第1章第3節⑤2.（3）（a）で説明しますので、今は「金銭は、動産だけど、特殊なんだな〜」という程度の認識を持ってください。

*以上が、「物」の基本的な意味・区分です。物は有体物であり、不動産と動産に分かれます。これが基本なのですが、物を「不動産と動産」とは異なる視点から分けることがあります。それが、「主物と従物」（下記③）と「元物と果実」（下記④）の分類です。

3　主物と従物

民法87条（主物及び従物）

1　物の所有者が、その物の常用に供するため、自己の所有に属する他の物をこれに附属させたときは、その附属させた物を従物とする。

2　従物は、主物の処分に従う。

1．意義

それぞれが独立した物なのですが、「従物は、主物の処分に従う」（民法87条2項）という形で関係する物があります。それが、主物と従物です。

主物：従物が付属する物

従物：独立の物でありながら、客観的・経済的には他の物（主物）に従属して、その効用を助ける物（民法87条1項）

たとえば、刀とそれを入れる鞘は別の物ですが、刀（主物）に対して鞘は従物となります。他にも、たとえば、以下の物が主物と従物の関係となります。

主物	従物
土地	庭園に配置された石灯籠・取り外しのできる庭石（※）
建物	障子、襖、畳、営業用のテーブル・いす、ガソリンスタンドに備え付けられた地下タンク・洗車機（最判平2.4.19）

※従物とならないもの

土地の構成部分と認められるほどに密着付合させられた石・砂利は、従物とはなりません。これらは、土地の一部となります。

2．趣旨

物が物理的に分離しているなど独立性を有している場合は、その処分（売買など）も独立にされるのが原則です。しかし、2個の物の間に客観的・経済的な主従の結合関係があるときは、これを法律的に同一に取り扱い、その結合を破壊しないほうがよいことが多いです。つまり、上記の刀と鞘の例でいえば、刀と鞘はそれぞれが独立した物ではありますが、通常は一緒に売買などがされるので（鞘だけもらっても困ります）、独立した物だが処分を一緒にしたほうがよいということです。

3．効果

　従物は、主物の処分に従います（民法87条2項）。たとえば、刀の売買契約が成立すれば、鞘の所有権も買主に移転します。

　ただし、民法87条2項は任意規定であるため、特約をすれば刀のみを売ることもできます。

┌─ 用語解説 ── 「任意規定」 ─────────────────────────

　「任意規定」とは、当事者の間で条文と異なる特約をすることが可能な規定です。それに対して、条文と異なる特約をすることが不可能な規定を「強行規定」といいます。

---

4 元物と果実

1．意義

　これも、それぞれが独立した物なのですが、一方の物（元物）が他方の物（果実）を生み出す関係になっており、果実が誰に帰属するか問題となる物があります。それが、元物と果実です。「元物」は、「げんぶつ」（または「がんぶつ」）と読みます。

　元物：果実を生じる物

　果実：元物より生じる経済的収益

　元物が元となって果実が生じますが、生じる果実の種類によって以下の2つに分かれます。

①天然果実：物の用法に従い収取する産出物（民法88条1項）

　たとえば、以下の物が元物と天然果実の関係となります。

元物	天然果実
牛	牛乳
馬	子馬
みかんの木	みかん

②法定果実：物の使用の対価として受ける金銭その他の物（民法88条2項）

たとえば、以下の物が元物と法定果実の関係となります。

元物	法定果実
不動産	賃料（家賃）
貸金	利息

2．果実の帰属

（1）天然果実

天然果実が元物から分離する時に、収取する権利を持っている者に帰属します（民法89条1項）。

ex.　牛が牛乳を出したのであれば、牛乳の所有権は牛乳を出した時の牛の所有者に帰属します。

（2）法定果実

収取権の存続期間を日割計算して帰属します（民法89条2項）。

ex1.　賃貸物件の所有権が譲渡された（オーナーが替わった）のであれば、賃料（家賃）は日割計算で旧オーナーと新オーナーに帰属します。

ex2.　年10%の利息を支払う約定のある金銭消費貸借において、たとえば、1月1日から、その年の6月30日までの利息は、「元本×0.1（10%）÷2」で求めるのではなく、「元本×0.1（10%）×181/365（うるう年でない場合）」で求めます。

第2章第3節「行為能力」で、「法律行為」という用語が何度か登場しました。イメージの湧かないこの「法律行為」とはなんでしょうか。それを考えるにあたって、まずは法の基本的な考え方から説明していきます。少し理屈っぽいハナシですが、段階を追って理解できるように説明しますので、1つ1つ理解していきましょう。

1 権利義務の変動（法律関係の変動）

財産法は、以下の社会を規定しています。

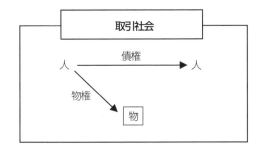

この社会の中で、様々な権利義務の変動（法律関係の変動）が生じます。

ex1. みなさんがコンビニでペットボトルを購入すれば、ペットボトルの所有権がコンビニからみなさんに移転します（所有権の移転）。
ex2. みなさんが交通事故に遭えば、被害者であるみなさんが加害者に対して債権（損害賠償請求権）を有することになります（債権の発生）。

毎日、数え切れないほどの権利義務の変動（法律関係の変動）が生じているのです。では、権利義務の変動（法律関係の変動）が生じるためには、何が必要でしょうか。それは、次に説明する「要件」を充たすことです。

2 要件と効果

権利義務の変動（法律関係の変動）は、「効果」です。効果が発生するには、「要件」を充たす必要があります。

【法の基本的な考え方】

　　要件 を充たす　　　：原則として条文に書かれている要件です
　　　↓
　　効果 が与えられる：国家権力（裁判所）による強制的な権利の実現が可能となり
　　　　　　　　　　　　ます

　この「要件を充たす→効果の発生」が法の基本的な考え方です。法の基本的な考え方であるため、このテキストでも「要件」「効果」に項目を分けて記載していることが多々あります（すでにたとえば、P85で出てきています）。
　「要件を充たす→効果の発生」を上記1のex.に当てはめて具体的に考えてみましょう。

ex1.　コンビニからみなさんへの「ペットボトルの所有権の移転」という効果が発生するためには、P9で説明した民法176条の「当事者の意思表示の合致」という要件を充たす必要があります。

ex2.　交通事故の被害者であるみなさんが加害者に対して「債権（損害賠償請求権）を有する」という効果が発生するためには、P21の民法709条にある「加害者の故意または過失、みなさんの法律上保護される利益に対する違法な侵害」などの要件を充たす必要があります。

　これは、民法以外の法でも同じです。
　たとえば、刑法199条に殺人罪が規定されています。「人を殺した者は、死刑又は無期……に処する。」という条文です。「人を殺した」という要件を充たした者には、「死刑などに処せられる」という効果が発生します。

　「要件」は、解釈によって条文に書かれていない要件が必要となることもたまにありますが、原則として条文に書かれていることが要件となります。

　「効果」は、それが生じたにもかかわらず相手方が任意に協力しない場合には、国家権力（裁判所）による強制的な権利の実現が可能となります。また上記のex.で考えてみましょう。

ex1.　コンビニからみなさんにペットボトルの所有権が移転したにもかかわらず、コンビニがペットボトルを渡さないのであれば、みなさんは裁判所に訴えを提起し、勝訴判決を得れば、執行官という人がコンビニからペットボトルを取り上

げてみなさんに渡してくれる強制執行が可能となります。まあペットボトルで
そこまでする人はいないでしょうが、不動産など高価な物ならばするでしょう。
ex2. 交通事故の被害者であるみなさんが加害者に対する不法行為に基づく債権（損
害賠償請求権）を取得したにもかかわらず、加害者が賠償金を支払わないので
あれば、みなさんは裁判所に訴えを提起し、勝訴判決を得れば、加害者の財産
を強制的に売っぱらう（競売）などの強制執行が可能となります。

このように国家権力による強制的な権利の実現が可能となる点が「法」の特徴であ
り、マナーや道徳と異なる点です。マナーや道徳は、相手が守らなくても国家権力に
よる強制ができません。しかし、法であれば基本的に、相手が守らない場合は国家権
力による強制ができるのです。

3 法律行為とは？

では、この第4章のテーマである「法律行為」ですが、これは上記 2 で説明した「要
件」の1つとなるものです。

要件 ：法律行為、事実行為など
↓
効果 ：権利義務の変動（法律関係の変動）

1. 法律行為

要件となるもののうち、意思表示を含むものを「法律行為」といいます。
といわれても、「意思表示ってなに？」となると思います。「意思表示」は、「意思」
と「表示」に分けて考えてください。

まず「意思」ですが、法律でいう意思は、頭の中の考えすべてを指すのではなく、
効果の発生を欲する考えです。

　たとえば、10年間想い続けていた異性に、人生をかけて「好きです！」と告白しても、それは法律でいう意思ではありません（その人は人生で最大の気持ちを込めたかもしれませんが……）。なぜなら、「好きです！」と告白しても、法律上の効果が発生しないからです。

　それに対して、「このペットボトルを買いたい」は意思です（その人はなんの気持ちも込めていないでしょうが……）。ペットボトルを買えば、「ペットボトルの所有権移転」という効果が発生するからです。

　次に、「表示」ですが、これは意思を外部に出すことです。口頭で「このペットボトルを下さい」と言ったり、「このペットボトルを下さい」という手紙やメールを出したりすることです。

　この意思表示を含む法律行為には、以下の3種類があります。

①契約：原則として、対立する当事者の2個の意思表示の合致があることによって成立する法律行為（民法522条1項）
ex.　売買契約（民法555条）は、売主と買主の意思表示が合致することによって初めて成立します。

　　　　　売主　←――――――――→　買主

②単独行為：一方の者の一方的な1個の意思表示だけで成立する法律行為
ex.　取消しは、取消権を有する者が相手方に取消しの意思表示をするだけで効果が生じます（民法123条）。他にも、相殺（民法506条1項前段）、免除（民法519条）、解除（民法540条1項）、放棄、遺言（民法960条以下）などが単独行為の例として挙げられます（＊）。
＊取消し以外はまだ説明していませんので、取消しでイメージしてください。

　　　　　取消権者　――――――――→　相手方

③合同行為：対立しない複数の者の内容と方向を同じくする複数の意思表示が合致することによって成立する法律行為

  ex. 株式会社の設立行為（＊）

＊これは会社法・商業登記法で学習することですので、まだイメージが湧かなくても大丈夫です。

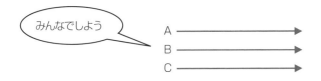

2．事実行為

　まだ法律行為のイメージが湧かないでしょうか。では、法律行為の反対概念を考えてみましょう。

― Realistic 4　反対概念から理解する ―

　ある言葉を理解するには、反対概念、つまり、反対の意味の言葉を考えてみるのも有効です。反対の意味の言葉と比較することで、意味がわかってくることがよくあるからです。

　法律行為の反対概念は、「事実行為」です。「事実行為」とは、意思表示によらずに効果発生の要件となるものです。

　たとえば、上記 1 の ex2.の不法行為に基づく債権（損害賠償請求権）という効果発生の要件に、自動車で人をはねたなどの行為（みなさんの法律上保護される利益に対する違法な侵害）がありますが、これは事実行為です。自動車で人をはねる行為には、意思表示は含まれていません。

　他にも、以下のような事実行為があります。

ex1. 聞いたことがあるかもしれませんが、遺失物を拾った者は、3 か月の公告期間内に所有者が現れない場合、遺失物の所有権を取得できます（民法 240 条）。この拾ったことは、遺失物の所有権を取得すること（効果）の要件となりますが、事実行為です。拾ったことは、どうみても意思表示とはいえないですよね。

ex2. 被相続人が死亡すると、被相続人が有していた権利義務が相続人に移転します（民法 896 条本文）。この死亡は、相続人への権利義務の移転（効果）の要件となりますが、事実行為です。死亡は、意思表示ではありません。

4 準法律行為

*この「準法律行為」の具体例は、まだ学習していないものばかりです。よって、いったん飛ばし、財産法の学習がひととおり終わった後（Ⅲのテキスト第8編までお読みになった後）にお読みください。

　法律行為と似ているのですが、少し異なる「準法律行為」というものがあります。

【法律行為と同じである点】

　精神作用（意思や認識）があり、それを外部に表示する行為です。

【法律行為と異なる点】

　準法律行為は、通知した意思や事実の"内容と異なる"効果が発生します。

　法律行為は、意思の"内容どおりの"効果が発生します。契約をイメージしてください。望んだのと異なる契約が成立したらおかしいですよね。

　では、上記の「法律行為と異なる点」を意識して、具体的に準法律行為をみてみましょう。準法律行為には、以下の2種類があります。

①意思の通知

　意思を通知することによって効果が発生しますが、その効果は通知した意思の内容と異なるものです。

ex. P241（4）の民法150条の催告は、この意思の通知です。催告により「6か月間の猶予」という効果が得られますが、催告の内容は「金を返せ」などです。「金を返せ」という意思で、「6か月間の猶予」という"異なる"効果が発生します。

②観念の通知

　事実を通知することによって効果が発生しますが、その効果は通知した事実の内容と異なるものです。

ex. Ⅲのテキスト第5編第5章第1節 2 の民法467条の債権者がする債権譲渡の通知は、この事実の通知です。債権譲渡の通知により「対抗要件」という効果が得られますが、債権譲渡の通知の内容は「債権を○○に譲渡したよ」です。「債権を○○に譲渡したよ」という通知内容で、「対抗要件」という"異なる"効果が発生します。

第5章　意思表示

第1節　意思表示全般のハナシ

1　意思表示とは？

法律行為の要素となるものとして「意思表示」というものがありました（P95）。

意思表示：効果の発生を欲する考えが「意思」であり、それを外部に出すことが「表示」。合わせて「意思表示」という。

　契約の成立には、この意思表示の合致が必要となりますので（P17）、契約で考えてみましょう。

　あなたがコンビニとペットボトルの売買契約を締結した場合、あなたが言った「このペットボトルを下さい」（実際にはレジに商品を置くだけでしょうが）が「申込み」という意思表示です。それに対応するコンビニの「いいですよ」（実際には「いらっしゃいませ」程度しか言わないでしょうが）が「承諾」という意思表示です。

　このように契約成立（法律行為）には、申込みと承諾（意思表示）の合致が不可欠なものとなります。

　この意思表示が、P94で説明した「要件」の中で最も重要なものです。なぜなら、P18で説明したとおり、民法には「私的自治の原則」という大原則があり、人が契約などに拘束されるのは、原則として自らの意思でそれを望んだときだけだからです。よって、現代社会において、ある人が契約などに拘束されるかを考えるにあたって、「どのような意思表示があったのか（＝どのようなことを望んでいたのか）」を考えることは極めて重要なこととなるのです。

※申込みの誘引

意思表示（申込み）のように見えて、意思表示（申込み）でないものがあります。それが、「申込みの誘引」です。

申込みの誘引とは、賃貸マンションの入居者を募集することや求人広告などです。これらは、他人の申込みを"誘う"だけであって、意思表示（申込み）ではありません。申込みなら、相手方が承諾すれば契約が成立してしまいます。しかし、入居者募集や求人広告に対して応募しただけで契約が成立するわけがないですよね。相手がヤクザだったら、困りますし……。

2　意思表示の効力発生時期

「意思表示の効力はいつ発生するか？」という問題があります。なぜこの問題があるかというと、意思表示は、「意思」を「表示」することであり、頭の中だけのハナシではないからです。相手方に対する表示行為があるのです。よって、効力が発生する時期が、「意思を発した時点」なのか、それとも、「意思が相手方に到達した時点」なのかという問題が生じることになります。

なお、相手方が目の前にいるときは、これは問題となりません。目の前にいれば、発した瞬間に到達しますので、発した時点と到達した時点が同時となります。よって、問題となるのは、手紙で意思表示をしたときなど、発した時点と到達した時点にタイムラグがある場合です。

以下のCase（タイムラグがある場合）で考えてみましょう。

Case

以下の申込みまたは承諾の効力は、いつ発生するか？

（1）大阪に住んでいるAは東京に住んでいるあなたに対し、令和5年5月1日に売買契約の申込書を発送し、令和5年5月3日にそれがあなたの下に届いた。

（2）あなたは、上記（1）のAの申込みに対して、令和5年5月5日に売買契約の承諾書を発送し、令和5年5月7日にAの下に届いた。

---

1. 原則 —— 到達主義（民法97条1項）

> **民法97条（意思表示の効力発生時期等）**
> 1　意思表示は、その通知が相手方に到達した時からその効力を生ずる。

（1）意義

　意思表示は、原則として、相手方に到達した時に効力が生じます（民法97条1項）。よって、上記 Case（1）の場合は、申込書があなたの下に届いた令和5年5月3日に、上記 Case（2）の場合は、承諾書がAの下に届いた令和5年5月7日に、それぞれ申込みと承諾の効力が発生します。これを「到達主義」といいます。

　到達しないと相手方はわかりませんので、到達主義が原則となっているんです。

（2）どの程度で「到達した」といえるか？

　「到達した」といえるためには、意思表示が相手方の勢力圏内に入れば足り、相手方が了知することは必要ではありません（最判昭36.4.20）。意思表示が相手方の勢力圏内に入り、相手方が知り得る状態になればOKなのです。

ex. 法人（会社など）に対する意思表示をその法人の使用人（従業員のことです）が受領した場合において、その使用人が法人に対する意思表示を受領する権限を与えられていないときでも、意思表示の到達があるとされます。法人の勢力圏内（法人内部）に入っていますので、法人が知り得る状態になったといえるからです。

　さらにいうと、相手方が正当な理由なく意思表示の通知が到達することを妨げたときは、その通知は、通常到達すべきであった時に到達したとみなされます（民法97条2項）。

ex. 契約を解除する旨の内容証明郵便（P198）を書留郵便（手渡しする必要がある郵便）で送ったが、契約の相手が居留守を使って受け取らなかった場合、解除の意思表示が到達したとみなされます。

　この ex.からもわかると思いますが、正当な理由なく受け取らないほうが悪いからです。

2. 例外 —— 発信主義

　上記1.の到達主義はごく常識的なのですが、例外的に以下の点は意思表示を発した時に効力が発生します。つまり、以下の点は、意思表示が相手方に到達する前に効力が発生するのです。これを「発信主義」といいます。

・制限行為能力者に対する相手方の催告への確答（民法20条）

　これは、P80〜84の2.で説明したハナシです。制限行為能力者と不完全な法律行為（ex. 法定代理人の同意のない未成年者との契約）をしてしまった相手方が、制限行為能力者やその保護者などに催告をした場合に、その催告に対して制限行為能力者やその保護者がする確答のハナシです。P80〜84の2.では、確答を発しなかった場合の効果を中心にみましたが、確答を発した場合や期間内に確答を発しなかった場合に催告の効果が生じる点は発信主義なのです。

　これは、法律関係を早期に確定することが望ましいため、発信主義とされました。また、制限行為能力者の保護のためでもあります。発信主義にすれば期間内ギリギリで確答を発してもセーフなので、制限行為能力者側はギリギリまで考えることができるのです。やはり制限行為能力者は、過度に保護されているんです（P62の「過度にひいき」）。

3　意思表示の受領能力

　上記2で、意思表示は相手方に対する表示行為を含むと説明しました。そこで、相手方の受領能力が問題となります。意思表示が相手方に届いても、受領する能力がなければ、対抗できなくなるのです。以下のCaseで考えてみましょう。

Case

　あなたは未成年者Aと、Aの法定代理人Bの同意を得て売買契約をした。その後、Aの債務の履行が不能となったので、あなたは、Aに対して売買契約を解除する旨の意思表示をした。これをもって、Aに解除を対抗できるか？

1．原則

　意思表示の相手方が、意思表示の受領当時に以下の①〜③のいずれかの者であった場合、意思表示をしたことを相手方に対抗できません（民法98条の2柱書本文）。

①意思無能力者
②成年被後見人
③未成年者

　よって、上記Caseにおいて、あなたはAに解除を対抗できません。

　これらの者は、意思表示をされても何のことか意味がわからないからです。そのため、成年被後見人と未成年者については、P83（ⅱ）のハナシとなるのです。

※被保佐人と被補助人は、意思表示の受領能力があります。意思表示の受領能力は、意思表示の内容を理解できる程度の能力であり、行為能力ほどの能力は要求されないからです。よって、被保佐人や被補助人に対してした意思表示は、有効です。P84で、「未成年者と被保佐人との間に境界線が引かれることが最も多い」と説明しました。ここでも、未成年者と被保佐人との間に境界線が引かれています。

※相手方から意思表示の受領を主張することの可否

　上記は意思表示をしたことを意思表示をした者が「対抗できない」というハナシである（意思無能力者などの保護を目的としている）ので、相手方から意思表示の受領を認めることは可能です。上記 Case でいえば、Aの側から「解除の意思表示を受けたよ」と認めることはできます。

2. 例外

　意思無能力者、成年被後見人または未成年者への意思表示は、以下の①または②の者がその意思表示を知った後は、意思表示をした者は、意思無能力者、成年被後見人または未成年者への意思表示があったことを主張できます（民法 98 条の2柱書ただし書）。

①相手方の法定代理人（民法98条の2第1号）
②意思能力を回復しまたは行為能力者となった相手方（民法98条の2第2号）

　いずれも、意思表示の意味のわかる者が意思表示を知ったからです。

第2節　意思表示に問題がある場合（意思の不存在と瑕疵ある意思表示）

1　意思表示に問題がある場合の全般のハナシ

　社会では、毎日いくつもの意思表示がされていますが、通常はそれらは問題のない意思表示です。しかし、問題がある場合もあります。法律はそこまで考えてルールを作っていますので、みなさんは問題のある場合にどのようにそれを処理するのかを学習する必要があります。

　問題がある意思表示を考える前に、まずは「問題のない意思表示」とは何なのかを考えましょう。意思表示について、効果の発生を欲する考えが「意思」であり、それを外部に出すことが「表示」であると説明しましたが、もう少し詳しくみていきましょう。意思表示は、以下の4段階に分けることができます。

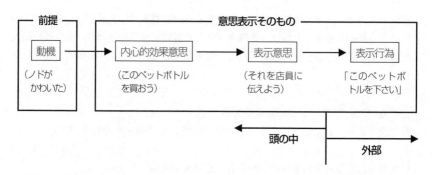

　コンビニでペットボトルを買うときに実際にはここまで考えないでしょうが、法律的にはこのような分析をします。まず「ノドがかわいた」といった「動機」があります。動機を前提に、「このペットボトルを買おう」と決意をします（これが「内心的効果意思」です）。その決意を「店員に伝えよう」と決意するのが「表示意思」です。そして、実際に店員に伝えるのが「表示行為」です。

　意思表示をこの4段階に分けることには、現在は反対の学者も多いのですが、判例の考え方を理解するうえで必要となりますので、この4段階は必ず丸暗記してください。みなさんが次に実際にコンビニに行ったときに、この4段階を頭の中で考えてください（実際に声に出すのはやめましょう。変な人だと思われますから……）。それを数回行えば、記憶できています。

　通常は、上記の4つの過程はキレイに流れます。しかし、キレイに流れない場合（ex. 内心的効果意思と表示行為に不一致がある場合）があります。この第2節で扱うものは、そのキレイに流れなかったものです。

　キレイに流れなかった場合に誰が勝つか（保護されるか）を考えるにあたっては、以下の判断基準で考えることができます。

判断基準

　「『表意者の意思』と『他者の信頼』のどちらを重視するべきか」が判断基準です（ここでいう「表意者」とは、問題のある意思表示をした者のことです）。

　P18で説明したとおり、民法の大原則に私的自治の原則があり、人が義務を負う（契約などに拘束される）のは、原則として自らの意思でそれを望んだときだけです。よって、「表意者の意思」は非常に重要なのです。そのため、上記の4つの過程がキレイに流れなかった場合には、意思表示を無効または取り消すことができるものとすべきです。

　しかし、キレイに流れたかは、外部の者からはわかりません。キレイに流れなかった意思表示を信頼してしまう他者が出てくるため、「他者の信頼」も考える必要があるのです。他者の信頼を重視すれば、意思表示は有効または取り消すことができないものとすべきです。なお、「他者」は、意思表示の相手方とそれ以外の第三者の双方を含みます。

　この第2節で学習することは、この「表意者の意思」と「他者の信頼」のどちらを重視するべきかという問題なのです。**常に右の天秤**（このテキストでは「意思と信頼の天秤」といいましょう）**をイメージして考えてください。**

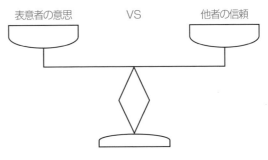

表意者の意思　　　VS　　　他者の信頼

※意思主義と表示主義

　上記の「表意者の意思」と「他者の信頼」のどちらを重視するかというハナシの基には、「意思主義」と「表示主義」という考え方の対立があります。

①意思主義

　表意者の意思を重視して、表示に対応する表意者の意思がなければならないとする考え方です。

②表示主義

　他者の信頼を重視して、表示に対応する表意者の意思がなくても構わないとする考え方です。

　民法は、状況によって意思主義を前面に出したり表示主義を前面に出したりするので、「表意者の意思」と「他者の信頼」のどちらを重視するべきかを考えていかなければならないのです。

　では、下記 2 からは、問題のある意思表示を具体的にみていきましょう。

2 心裡留保

民法93条（心裡留保）

1　意思表示は、表意者がその真意ではないことを知ってしたときであっても、そのためにその効力を妨げられない。ただし、相手方がその意思表示が表意者の真意ではないことを知り、又は知ることができたときは、その意思表示は、無効とする。

2　前項ただし書の規定による意思表示の無効は、善意の第三者に対抗することができない。

1．意義

　「心裡留保」と、法律用語はコトバが無駄に難しいのですが、要は「冗談」や「ウソ」のことです。「裡」は、内側という意味です。つまり、「心」の内側（「裡」）に真意が留められている（「留保」）ということです。冗談やウソの意思表示も、原則として有効です（民法93条1項本文）。

ex. コンビニで買う気もないのに「このペットボトルを下さい」と言ったら、ペットボトルの売買契約は有効に成立し、お金を払わなければいけません。

　なお、この心裡留保は、表意者が"単独で"虚偽の意思表示をすることです。

「
P126

「
P110

　ただし、相手方が冗談やウソであることを知っていた場合または知ることができた場合は、無効となります（民法93条1項ただし書）。
　なお、この知っていたまたは知ることができたことの対象は、「意思表示が表意者の真意ではないこと」であり（民法93条1項ただし書）、「表意者の真意」ではありません。相手方が表意者の真意（本当に望んでいることが何か）まで知っていた場合または知ることができた場合でなくても、相手方が表意者の意思表示が真意ではないこと（本当に望んでいることではないこと）を知っていた場合または知ることができた場合には、相手方を保護する必要はないからです。

2．趣旨
　P105の「意思と信頼の天秤」から考えていきましょう。
　冗談やウソですから、P104の表示行為に対応した内心的効果意思がなく、P104の4つの過程はキレイに流れていないことになり、表意者の意思表示には問題があります。
　しかし、意思表示の相手方からすると、表示行為に対応した内心的効果意思がないことはわかりません。また、表示行為に対応した内心的効果意思がないことを知って冗談やウソを言っている表意者よりも、相手方の保護の必要性のほうが高いです。上記1.の ex.で、後で「さっきのはウソだから、お金を返してください」ということが許されれば、世の中メチャクチャになっちゃいますよね。
　よって、「他者（相手方）の信頼」のほうに天秤が傾き、有効となります。

P111

　ただし、相手方が冗談やウソであることを知っていたまたは知ることができたときは、「他者（相手方）の信頼」がありません。
　よって、この場合には、「表意者の意思」のほうに天秤が傾き、無効となります。

3．要件
　表意者が真意ではないことを知っていることが要件です（民法93条1項本文）。表意者自身が、内心的効果意思と異なる表示行為をしていると認識しているということです。

4. 効果

(1) 原則

心裡留保による意思表示は、有効です（民法93条1項本文）。

(2) 例外

相手方が、意思表示が表意者の真意ではないことについて、悪意または有過失であるときは、無効となります（民法93条1項ただし書）。

用語解説 ――「過失」「重過失」

「過失」とは、不注意という意味です。「過失とは何なのか？」という議論もあるのですが、試験対策としてはこの程度の認識で結構です。不注意の程度が重い場合（とんでもない不注意の場合）を「重過失」といいます。

「どの程度の不注意であれば過失か？」「どの程度の不注意であれば重過失か？」という難しい議論もあるのですが、それは試験レベルを超えます。そこまでの判断は求められません。試験では、「注意をすれば知ることができた」「過失があった」（＝有過失）、「重大な過失があった」（＝重過失）などと記載されますので、ご安心ください。

思い出し方

例外の要件として、「悪意または有過失」とありますが、**記憶するのは「有過失」のみで大丈夫です。** なぜなら、過失があって無効ならば、知っていれば（悪意ならば）無効に決まっているからです。

帰責性と保護の程度

P12で「善意」「悪意」、ここで「過失」「重過失」の説明をしたので、帰責性と保護の程度をまとめておきます。「帰責性」とは、過失などの落ち度があることにより、どの程度その人を責めることができるかということです。帰責性が低いほど保護されやすくなり、帰責性が高いほど保護されにくくなります。保護されるためのポイント制のようなものです。

帰責性がどの程度かによって、以下の図のとおり保護されるかが変わってきます。以下の図は、上に位置するほうが帰責性が低く保護されやすくなり、下に位置するほうが帰責性が高く保護されにくくなることを表しています。

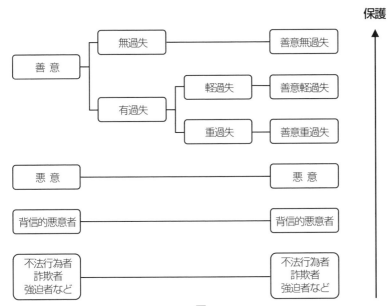

＊背信的悪意者は、Ⅱのテキスト第3編第1章第3節 4 3.（2）で説明します。

　善意無過失が最も保護されやすく、過失の程度により段々と保護されにくくなります。悪意は知っていることですので、過失は問題とならず、善意で過失がある者よりも保護されにくくなります。背信的悪意者は害意があるということですが（これが日常用語でいう悪意です）、単に知っているにすぎない悪意者よりも保護されにくくなります。不法行為者などは、最も保護されにくくなります。

　民法の条文の要件は、上記のどこかで境界線を引くことがあります。この心裡留保が有効となる（意思表示の相手方が保護される）には、相手方が善意無過失でなければなりませんので、上記の図の「善意無過失」と「善意軽過失」との間に境界線が引かれるのです。このように、上記の図のどこに境界線が引かれるかを意識して学習してください。

5. 第三者が絡む場合

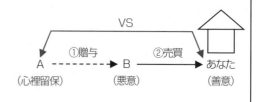

> ### Case
>
> 　Aが、贈与の意思もないのに所有している建物をBに贈与する旨の意思表示をした。Bは、Aが贈与する気がないことを知っていたが、これを受諾した。そして、Bは、その建物を自分の物としてあなたに売り渡した。あなたは、Aが贈与する気がなかったことを知らなかった。この場合、Aはあなたに、Bに対しての贈与の意思表示が無効であるので建物を返還するよう主張できるか？

　上記 Case の場合、Aが贈与する気がないことをBは知っていますので、AのBに対しての贈与の意思表示は無効となります（民法93条1項ただし書）。よって、あなたは無権利者であるBから建物を購入したことになります。

　しかし、心裡留保をしたAのせいであなたが害されるのは、どう考えてもおかしいですよね。そこで、心裡留保による意思表示が無効となる場合でも、それを善意の第三者に対抗できないとされています（民法93条2項）。よって、上記 Case において、Aはあなたに、「Bに対しての贈与の意思表示が無効であるから建物を返還しろ」と主張することはできません。

　なお、第三者は無過失である必要はありません（大判昭12.8.10）。

3　通謀虚偽表示

> ### 民法94条（虚偽表示）
> 1　相手方と通じてした虚偽の意思表示は、無効とする。
> 2　前項の規定による意思表示の無効は、善意の第三者に対抗することができない。

1. 意義

P106
　上記 2 の心裡留保は"単独で"冗談を言ったりウソをついたりすることでしたが、この「通謀虚偽表示」はそれを意思表示の相手方と通じて、つまり、"グルになって"することです。通謀虚偽表示（＊）による意思表示は、無効です（民法94条1項）。
ex. AとBが通謀して、売買契約をする意思がないにもかかわらず、Aが所有している建物をBに売り渡したかのように仮装した場合、この売買契約についての意思

表示は無効です。
＊条文上は「虚偽表示」といいますが、「グルになってする」ということから「通謀」をつけたほうがイメージ
　しやすいので、このテキストでは「通謀虚偽表示」と記載します。

2. 趣旨
　まず、2人でグルになって通謀虚偽表示をするのは、以下のような事情があることが多いです。

①借金を返せなくなり、自分名義の不動産を差し押さえられそうな人が、知り合いとグルになって、知り合いに贈与したことにして不動産の登記（名義）を知り合いに移すことがあります。登記を移すのは、競売は、原則として債務者名義の不動産についてしかできないからです。
②税金を払いたくないので、不動産の登記（名義）を他人に移すことがあります。登記を移すのは、固定資産税の請求が登記記録上の所有者にくるからです。

　この意思表示を有効にすべきか無効にすべきか、ここでも P105 の「意思と信頼の天秤」から考えていきましょう。
　表意者にも意思表示の相手方にも P104 の表示行為に対応した内心的効果意思がなく、P104 の4つの過程はキレイに流れていないことになり、意思表示には問題があります。

P107」

　そして、2の心裡留保と異なる点は、相手方とグルになっているので、「他者の信頼」がないことです。
　よって、「表意者の意思」のほうに天秤が傾き、無効となります。

3. 要件
　表意者が相手方と通謀して真意と異なる意思表示をすることが要件です。表意者と相手方の双方が、内心的効果意思と異なる表示行為をしていると認識しているということです。

4. 効果
（1）原則（民法94条1項）
　通謀虚偽表示による意思表示は、無効です。

（2）例外（民法94条2項）

　ここからは、民法94条2項のハナシとなります。民法94条2項には、「前項の規定による意思表示〔相手方と通じてした虚偽の意思表示〕の無効は、善意の第三者に対抗することができない」と規定されています。これは、どのような意味なのか、以下のCaseで考えてみましょう。

Case

　AとBが通謀して、債権者からの差押えを免れる目的で、Aが所有している建物の売買契約を仮装し、Bに所有権の移転の登記をした。そして、Bは、

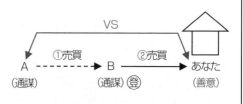

AとBが通謀した事情を知らないあなたにその建物を売却した。この場合に、あなたはAに対し、自分がその建物の所有者であると主張できるか?

（a）意義

　上記Caseにおいて、ABの売買契約についての意思表示は無効です（民法94条1項）。よって、AからBに建物の所有権は移転していませんので、あなたは所有者でないBから建物を購入したことになります。所有者でない者から購入しても、所有権を取得することはできません。民法94条1項だけでは、このような結論となってしまいます。

　しかし、民法94条2項があります。民法94条2項では、通謀虚偽表示の無効は善意の第三者に対抗できないとされています。これは、上記Caseにおいて、AまたはBが、ABの売買契約についての意思表示が無効であることをあなたに対抗できないことを意味します。よって、あなたは、所有権を取得でき、自分が建物の所有者であると主張できるのです。

　なお、無効を"対抗することができない"だけですから、通謀をしたAB間では依然として無効です。つまり、「対抗することができない」とは以下のことを意味します。

・善意の第三者（あなた）から当事者（A・B）に対する、当事者間（AB間）の売買契約についての意思表示の無効または有効の主張　→　可
・当事者（A・B）から善意の第三者（あなた）に対する、当事者間（AB間）の売買契約についての意思表示の無効の主張　　　　　→　不可

　民法 94 条2項は善意の第三者を保護するための規定なので、このような結論となるのです。

（b）趣旨

ここでも P105 の「意思と信頼の天秤」から考えていきましょう。

　上記 Case のA・Bには P104 の表示行為に対応した内心的効果意思がなく、P104 の4つの過程はキレイに流れていないことになり、意思表示には問題があります。

　しかし、上記 Case のあなたは、A・Bに表示行為に対応した内心的効果意思がないことをわかっておらず、「他者の信頼」があります。

　「表意者の意思」と「他者の信頼」のどちらを重視するかが問題となりますが、あなたが信じて取引に入った者であるのに対して、A・Bはグルになってあなたが信じてしまった外観を作り出した者です。どうみても、あなたを保護する必要性が高いでしょう。

　よって、「他者の信頼」のほうに天秤が傾き、通謀虚偽表示の無効を善意の第三者に対抗できないとなるのです。

（c）「第三者」の範囲

　善意の第三者は保護されるわけですが、では「第三者」とはなんでしょうか。上記 Case のあなたのように、通謀虚偽表示の目的物を譲り受けた者は明らかに第三者に当たるのですが、微妙な事案もあります。

判断基準

　民法 94 条2項の「第三者」とは、当事者およびその包括承継人（相続人など）以外の者で、通謀虚偽表示に基づいて新たにその当事者から独立した利益を有する法律関係に入ったために、通謀虚偽表示の有効・無効について法律上の利害関係を有するにいたった者をいいます（大判大 5.11.17）。

　「新たに」「法律関係に入った」がポイントになります。以下、様々な事例をみていきますが、すべて「新たに」「法律関係に入った」かを考えていきます。

＊以下の表には、この後に学習する用語が多数出てきます。よって、いったん飛ばし、財産法の学習がひととおり終わった後（Ⅲのテキスト第8編までお読みになった後）にお読みください。

「第三者」に当たる（民法94条2項で保護される）者	「第三者」に当たらない（民法94条2項で保護されない）者
①**不動産の仮装譲受人からの譲受人**（最判昭28.10.1） 　これは、上記Caseのあなたのことです。典型例です。	①**仮装売買から生じる債務者の登記請求権を、それと直接関係のない債権に基づいて代位行使する債権者**（大判昭18.12.22） ex.　AとBが通謀して、Aが所有している建物の売買契約を仮装した場合に、Bの債権者であるあなたがBのAに対する登記請求権を代位行使しても、あなたは保護されません。 　あなたのBに対する債権は元から存在しているので、「新たに」「法律関係に入った（債権を取得した）」とはいえません。
②**不動産の仮装譲受人から抵当権の設定を受けた者**（大判大4.12.17） 　抵当権の設定を受けていますので、「新たに」「法律関係に入った」といえます。	②**土地の賃借人が借地上の建物を仮装譲渡した場合の土地の賃貸人**（最判昭38.11.28） 　賃貸人は元々存在しているので、「新たに」「法律関係に入った」とはいえません。
③**仮装された抵当権について転抵当権の設定を受けた者**（最判昭55.9.11） 　転抵当権の設定を受けていますので、「新たに」「法律関係に入った」といえます。	③**土地の仮装譲受人からその土地上の建物を賃借した者**（最判昭57.6.8） 　建物の賃借人は「新たに」登場していますが、土地について「法律関係に入った」とはいえません。土地と建物は別物だからです。
④**仮装譲渡された物を差し押さえた仮装譲受人の債権者**（最判昭48.6.28） 　差押えをしていますので、「新たに」「法律関係に入った」といえます。	④**仮装譲受人の単なる一般債権者** 　左の④と違い、一般債権者は何もしていませんので（差押えなどをしていませんので）、「新たに」「法律関係に入った」とはいえません。
⑤**仮装された債権の譲受人**（大判大4.7.10、大判昭13.12.17） 　債権を譲り受けていますので、「新たに」「法律関係に入った」といえます。	⑤**債権の仮装譲受人から取立てのために債権を譲り受けた者**（大決大9.10.18） 　「新たに」登場していますが、左の⑤と違い、取立てのために譲り受けただけですので、「法律関係に入った」とはいえません。

「第三者」に当たる（民法94条2項で保護される）者	「第三者」に当たらない（民法94条2項で保護されない）者
	⑥債権の仮装譲渡における債務者（大判昭8.6.16） 　債務者は何もしていませんので、「新たに」「法律関係に入った」とはいえません。
	⑦1番抵当権が仮装放棄され、順位上昇を誤信した2番抵当権者 　2番抵当権者は何もしていませんので、「新たに」「法律関係に入った」とはいえません。
	⑧代理人や法人の理事が通謀虚偽表示をした場合の本人や法人（大判大3.3.16、大判昭16.8.30） 　本人や法人は代理人や理事の通謀虚偽表示の責任を負う者なので、「新たに」「法律関係に入った」とはいえません。

一般債権者が該当するかどうかの記憶のテクニック

　上記の表の右の④で一般債権者が出てきました。このように、「一般債権者が○○に該当するか」という論点の場合、以下の視点で記憶してください。

（原則）該当しません

（例外）該当します

　→例外的に該当する場合を思い出せるようにしてください。

（d）転得者

　上記（c）で民法94条2項の「第三者」に当たるか、様々な事例がありましたが（現時点では上記の表は読み飛ばしてください）、最も基本的な譲渡のハナシに戻して考えましょう。

用語解説 ―― 「譲渡」

　「譲渡」とは、意思表示により財産権を移転することです。

ex. 売買、贈与

　これに対して、意思表示によらない財産権の移転・取得には、「相続」「時効取得」などがあります。これらは、「譲渡」とはいいません。

　ここで考えるのは、「転得者」が民法94条2項の「第三者」に当たるかです。

i　悪意の第三者から譲り受けた善意の転得者

どのような事例か、以下の Case で考えてみましょう。

Case

　ＡＢ間で通謀虚偽表示があり、Ａが所有している建物の仮装売買が行われた。この通謀について悪意のＣがＢからその建物を買い受け、さらにあなたがＣからその建物を買い受けた。この場合において、転得者であるあなたがＡＢ間の通謀虚偽表示につき善意であったときは、あなたは有効にその建物を取得できるか？

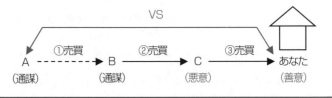

　上記 Case では、Ｃは、悪意なので、民法94条2項の「第三者」には当たりません。

　ここで問題となるのは、「あなた」です。あなたは、通謀虚偽表示をしたＡ・Ｂから直接に建物を譲り受けたわけではありません。このような者を「転得者」といいます。この転得者が「第三者」に当たるか、条文上明らかではありません。そのため問題となるのですが、判例は、転得者も「第三者」に含まれるとしました（最判昭 45.7.24・通説）。よって、悪意の第三者から譲り受けた転得者も、善意であれば民法94条2項で保護されます。上記 Case において、あなたは善意ですので、有効に建物を取得できます。

　このような結論となる理由を、ここでも P105 の「意思と信頼の天秤」から考えていきましょう。

　Ａ・Ｂには P104 の表示行為に対応した内心的効果意思がなく、P104 の4つの過程はキレイに流れていないことになり、意思表示には問題があります。

　しかし、あなたは、Ａ・Ｂに表示行為に対応した内心的効果意思がないことをわかっておらず、「他者の信頼」があります。

　「表意者の意思」と「他者の信頼」のどちらを重視するかが問題となりますが、あなたが表示を信じて取引に入った者であるのに対して、Ａ・Ｂはグルになって転得者が信じてしまった外観を作り出した者です。どうみても、あなたを保護する必要性が高いでしょう。

　よって、「他者の信頼」のほうに天秤が傾くわけです。

---

ii　善意の第三者から譲り受けた悪意の転得者

どのような事例か、これも Case で考えてみましょう。

Case

　ＡＢ間で通謀虚偽表示があり、Ａが所有している建物の仮装売買が行われた。この通謀について善意のＣがＢからその建物を買い受け、さらにあなたがＣからその建物を買い受けた。この場合において、転得者であるあなたがＡＢ間の通謀虚偽表示につき悪意であったときは、あなたは有効にその建物を取得できるか？

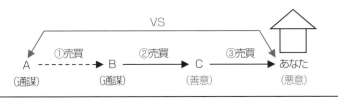

　上記 Case でも問題となるのは、「あなた」です。転得者であるあなたは、上記 i の場合と異なり、悪意です。悪意ですから、あなたがＣの位置であったのならば民法94条２項で保護されないで決まりです。しかし、善意者Ｃを挟んでいます。

　明文規定がなく問題となるのですが、判例は、なんと善意の第三者から譲り受けた悪意の転得者が保護されるとしました（大判昭 6.10.24・通説）。上記 Case において、あなたは悪意ですが、善意のＣから譲り受けていますので、有効に建物を取得できます。

　「悪意なので保護する必要がないのでは？」と思われると思います。そのように、保護されないと考える学説もあります（以下の相対的構成説）。しかし、判例は悪意でも保護されるとするのです（以下の絶対的構成説）。判例が採る絶対的構成説には実は納得できる理由があるので、みていきましょう。

用語解説 ── 「明文規定」

　「明文規定」とは、条文があるということです。学説問題の肢（選択肢）の中で、「明文規定がある」「明文規定がない」という文言はよく出てきますので、意味がわかるようにしておいてください。

	絶対的構成説 （大判昭6.10.24・通説）	相対的構成説	
ダレの味方か	転得者（あなた）↗ 所有者（A）↘	所有者（A）↗ 転得者（あなた）↘	
結論	**【原則】** 善意のCが絶対的・確定的に権利を取得するので、悪意のあなたも保護されます。絶対的構成説の「絶対的」とは、Cのところで「C取得で確定する」ということです。 **【例外】** 善意のCを隠れみのとして介在させたにすぎない場合は、権利濫用（民法1条3項）として保護されません。上記の「C取得で確定する」を利用するためだけに、Cを挟んだ（ex. Cの名前だけ借りた）場合は、権利濫用（P35③）でひっくり返すということです。	転得者（あなた）は、通謀虚偽表示について悪意であれば、権利を取得しません。 --- 用語解説 ── 「相対」 --- 「相対」とは、通常は他と比較するとなどという意味ですが、法律でいう「相対」とは、人ごとに考えるということです。 --- 人ごとに善意か悪意かを考えますので、転得者（あなた）が悪意であれば保護されません。	
理由	①取引の安全のために法律関係の早期安定（「C取得で確定する」）を図る必要があります。 ②Aは、善意のCに渡った時点で一時はあきらめており、Aに酷ではありません。		処分行為の効力は当事者ごとに相対的・個別的に判断すべきです。
この説への批判	保護の対象から転得者を例外的に除外することを検討しなければならなくなりますが、その識別基準にあいまいなところがあります。この	以下が、相対的構成説への批判です。逆にいえば、以下の批判により絶対的構成説を採ることが納得できるものとなります。 ①取引関係について綿密に調査した者（悪意者）が保護されず、逆に、調査を怠った者（善意者）が保護される結果となってしまいます。自分が購入する建物の過去の取引経過を綿密に調べて通謀について悪意になると保護されないが、何も調べずに善意であれば保護されるのはおかしいということです。 ②権利の譲渡性・流通性が大幅に制限されます。これは、Cが建物を取得した時点のハナシです。Cが建物を取得後、A・B間の通謀が有名になり悪意者が増えてしまうと、悪意者は保護されないわけですから、Cから購入する者が現れなくなります。つまり、善意者であるCが害されてしまうのです（絶対的構成説はCの保護も考えて	

| | 絶対的構成説ですと、上記の【例外】が存在します。権利濫用に当たり【例外】となるかは、学者によって基準が異なり、識別基準があいまいなのです。 | います）。
③善意のCはあなたから売買契約を解除され、善意のCを保護した実質が失われます。善意のCがあなたにきちんと売買の目的である権利を移転できなかったことになると、Cはあなたから売買契約を解除され、売却代金の返還を迫られるなど困ってしまうのです（上記②同様、これは絶対的構成説がCの保護も考えている点です）。
④Aは、善意のCに対する関係ではその権利を喪失しているはずなのに、悪意のあなたの出現によって、再び権利を回復する結果となってしまうのはおかしいです。
⑤Cとあなたとの関係の処理において、法律関係があまりに複雑になるおそれがあります。これは、上記 Case の事例ではなく、以下の事例で考えてください。
ex. AB間で通謀虚偽表示があり、A所有の建物の仮装売買が行われました。この通謀について善意のCが、Bから建物を譲り受け、通謀について悪意のDのために、建物に"抵当権"を設定した場合、Dが悪意であることを理由に抵当権を取得できないと、Cが抵当権の負担のない建物を有することになります。それは、おかしいです。ではどうすればよいのかという問題が生じてしまうのです。 |

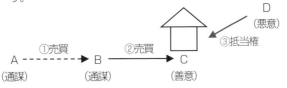

悪意は「悪い」ではない

「悪意なのに、保護されるのはおかしいのでは？」と思われたかもしれませんが、もう一度、悪意の意味を思い出してください。「害意がある」など悪い奴という意味ではなく、単に知っているだけです。どうしても「悪」の字から「悪い奴」というイメージを持ってしまいますが（私も本試験1か月前くらいまでこのイメージが抜けませんでした）、決して「悪い奴」というイメージではありません。

（e）「善意」とは？

上記（c）（d）では、主に民法 94 条 2 項の「第三者」の要件についてみてきました。この（e）では、民法 94 条 2 項の「善意」の要件についてみていきましょう。

第三者が民法 94 条 2 項で保護されるには、善意だけでは足りず、無過失であることまで要求されるでしょうか。

「善意」であれば足り、無過失までは不要です（大判昭 12.8.10・通説）。

ここでも、P105 の「意思と信頼の天秤」から考えていきましょう。表意者である当事者はグルになった奴らですから、保護する必要性は低いです。よって、「他者の信頼」のほうに天秤が傾きますので、第三者に無過失まで要求する必要はないのです。

また、条文（民法 94 条 2 項）に要件として無過失が書かれていないことも根拠となります。最高裁判所は、必要がないのに条文に書かれていないことをむやみに付け加えません（P13 の「最高裁判所の基本的なスタンス」）。通謀虚偽表示は、当事者がグルになった奴らですから、要件を付け加える必要性はないでしょう。

（f）第三者の対抗要件の具備の要否

次は、第三者が民法 94 条 2 項で保護されるのに、対抗要件を備えている必要があるのかを以下の Case でみていきましょう。

用語解説 ──「効力発生要件」「対抗要件」

「対抗要件」は「効力発生要件」と比較して記憶してください。

「効力発生要件」は、その要件があって初めて発生するものです。

ex. P9 の民法 176 条の「意思表示の合致」が効力発生要件の例です。

それに対して、「対抗要件」は、発生はしているが、その要件を備えないと第三者に対抗できないものです。

ex. P12 の民法 177 条の「登記」、P15 の民法 178 条の「引渡し」が対抗要件の例です。

この違いを人間の出生にたとえると、お母さんのお腹から出てくれば「効力発生要件」を充たした（生まれた）といえますが、市区町村に出生届を提出しなければ「対抗要件」を充たした（公的に出生が認識された）といえません。

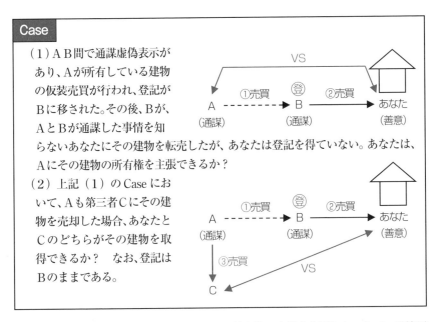

　上記 Case において、あなたが誰に対して所有権の取得を主張したいかで、対抗要件の具備の要否が変わります。

i 　「真の権利者 ── 第三者」間の対抗要件の要否

　真の権利者と第三者の間の関係を問題としたのが上記 Case（1）ですが、あなた（第三者）がA（真の権利者）に建物の所有権を主張するのに、対抗要件として登記を備えることは不要です（最判昭 44.5.27）。あなたは、Bに対してもAに対しても、登記なくして自分が所有者であることを主張できます。

　1つ目の理由としては、ここでも P105 の「意思と信頼の天秤」から考えることができます。表意者であるABはグルになった奴らですから、保護の必要性は低いです。よって、「他者の信頼」のほうに天秤が傾きますので、あなたに対抗要件まで要求する必要はありません。

　もう1つの理由として、AまたはBとあなたとは、当事者の関係に立つので対抗関係（民法 177 条）にはないということが挙げられます。この理論は、Ⅱのテキスト第3編第1章第3節4 4.（1）（c）で説明しますが、「あなたは登記があるから所有者だと主張できる」のではなく、「所有者だから『A→B→あなた』と登記を移せと主張できる」ということです。

ii　「第三者 ── 真の権利者からの譲受人」間の対抗要件の要否

　第三者と真の権利者からの譲受人の間の関係を問題としたのが上記 Case（2）ですが、あなた（第三者）がC（真の権利者からの譲受人）に建物の所有権を主張するには、対抗要件としての登記を備えることが必要です（177条説。最判昭42.10.31・通説）。あなたとCは対抗関係に立ち、登記を備えた者が優先します。

　上記 i と異なり、Cはグルになった奴らではありませんので、あなたとCのどちらかに天秤が傾くとはいえません。

　あなたとCは、対抗関係（民法177条）にあるので、民法177条（登記）によって優劣を決すべきです。

　なお、Bからあなたへの売買がされていなかった場合、Cは、Bに対しては、登記なくして対抗できます。AB間の売買は仮装売買なので、Bは建物の所有権を取得していないからです。しかし、AB間の仮装売買の後、AB間で真実の売買契約が行われた場合、CはBに対して登記なくしては対抗できなくなります（最判昭29.1.28）。

5. 民法94条2項の類推適用
（1）意義

　民法94条の最後に「民法94条2項の類推適用」という問題を扱います。「類推適用」とはなんでしょうか。

```
── 用語解説 ──　「類推適用」

　「類推適用」とは、その事柄については適用する条文がないが、本質的な点では同一であると考えられる類似した事柄について適用できる条文はある場合などに、その条文を適用することをいいます。
　難しく聞こえますが、要は「ある事件を解決するときに、違う条文だけど使っちゃえ」と使ってしまうのが類推適用です。使っちゃう（類推適用する）条文は、その事件については規定していないので、好ましいことではありませんが、裁判所が苦肉の策として類推適用をしてしまうことが民法ではあります。
```

　では、民法94条2項を類推適用するのはどのような場合か、以下の Case をみてみましょう。

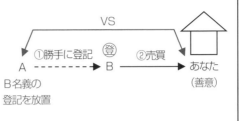

Case

　Aは、自分が所有している建物について、Bが勝手にB名義に所有権の移転の登記をしたことを知ったが、固定資産税を支払いたくなかったので、そのまま放置しておいた。その後、Bは、この事情を知らないあなたにその建物を売却した。この場合に、あなたはAに対し、自分がその建物の所有者であると主張できるか？

　上記 Case では、あなたは、無権利者であるBから建物を譲り受けていますので、本来は建物の所有権を取得できません。ですが、あなたからすると、「B名義の登記がされていることを放置していたAが悪いだろ！」と言いたいでしょう。しかし、AB間に通謀（グル）はありません。よって、民法 94 条 2 項を直接適用することによりあなたを保護することはできないのです。そして、実は民法には上記 Case のあなたを保護する規定が置かれていません。

　とはいっても、Bには登記という所有者と思わせる外観があり、あなたはその外観を信じました。そして、その外観を作り出したのは、B名義の登記を放置していたAです。この場合に、「民法にあなたを保護する規定がないからあなたの負け」というのは、あまりにおかしい結論となります。そこで、最高裁判所が考えたのが「民法 94 条 2 項を類推適用して、あなたを救おう」という方法です。AB間に通謀（グル）はありませんので、民法 94 条 2 項の事案ではありませんが、最高裁判所は民法 94 条 2 項を使っちゃったのです（最判昭 45.4.16、最判昭 48.6.28 参照）。

　ただし、違う条文を使ってしまうからには、それなりの納得できる説明が必要となります。どう説明するかというと、「民法 94 条 2 項は権利外観法理の現れと見られるため、本来の通謀虚偽表示の事案以外でも、権利外観法理を適用すべきだと考えられる場面では、民法 94 条 2 項を類推適用して取引の安全を図るべきだ」と説明します。

用語解説 ――「権利外観法理」

　「権利外観法理」とは、権利（上記 Case ではBの所有権）は不存在であるが、外観上それが存在しているかのようにみえる（上記 Case ではB名義の登記がある）場合に、その存在を信じて取引関係に入った者（上記 Case ではあなた）はその信頼において保護されるべきであり、自ら虚偽の外観を作出した者（上記 Case ではA）は権利を失ってもやむを得ないとする法理のことです。

　権利外観法理は、条文の裏にある趣旨です。権利外観法理が裏にある規定は、民法94条2項以外にも、表見代理、即時取得などいくつもあります。

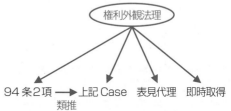

（2）要件

　以下の①〜③の要件を充たせば、民法94条2項が類推適用されます。

①虚偽の外観の存在

　権利者らしい外観が存在することです。上記 Case では、B名義の登記がこれに当たります。

②権利者の帰責性

P178≒　真の権利者に帰責事由があることです。上記 Case では、AがB名義で登記されていることを知りつつ放置していたことがこれに当たります。

③第三者の正当な信頼

　上記①の虚偽の外観を第三者が正当に信頼したこと（善意）です。上記 Case では、あなたが善意であることがこれに当たります。原則として無過失は不要です。

　ただ、権利者が許した虚偽の外観以上の外観が作られた場合は、第三者は無過失であることまで要求されます（最判昭47.11.28）。

ex. Aが所有している建物について、Aは、Bに売却していないにもかかわらず、Bに所有権の仮登記（＊）をすることを許し、Bの仮登記がされました。しかし、Bは勝手に、その仮登記を本登記（＊）にしてしまいました。その後、Bはあなたにこの建物を譲渡しました。このとき、あなたは善意無過失であれば、Aに対してこの建物の所有権を主張できます（最判昭47.11.28）。

＊「仮登記」は、不動産登記法で学習します。現時点では、自動車の仮免許のような半人前のような登記だと考えてください。「本登記」が、一人前の通常の登記に相当します。

　Aが許した虚偽の外観（仮登記）以上の外観（本登記）が作られているので、あなたは無過失であることまで要求されるのです。

※第三者は、登記を備えている必要はありません。

　上記 Case においては、上記①〜③の要件をすべて充たしていますので、あなたはAに対し、自分が建物の所有者であると主張できます。

　この3つの要件は、上記 Case の登場人物のうち「1人に1つ」の要件となっています。

　　　　　　　　　　②　　　　　　　①　　　　　　③
　　　　　　　A-------▶　B ───────▶ あなた

— Realistic 5　図の位置で記憶 —

　要件は、テキストの箇条書きの記載だけですと、頭の中で視覚的なイメージになりにくいです。そこで、上記のように図で要件を考えられるものは、図の中で「この人に関する要件だな」と記憶してください。そうすると、要件が視覚的なイメージとなり、記憶しやすくなります。

4　錯誤

民法95条（錯誤）

1　意思表示は、次に掲げる錯誤に基づくものであって、その錯誤が法律行為の目的及び取引上の社会通念に照らして重要なものであるときは、取り消すことができる。
　一　意思表示に対応する意思を欠く錯誤
　二　表意者が法律行為の基礎とした事情についてのその認識が真実に反する錯誤
2　前項第2号の規定による意思表示の取消しは、その事情が法律行為の基礎とされていることが表示されていたときに限り、することができる。
3　錯誤が表意者の重大な過失によるものであった場合には、次に掲げる場合を除き、第1項の規定による意思表示の取消しをすることができない。
　一　相手方が表意者に錯誤があることを知り、又は重大な過失によって知らなかったとき。
　二　相手方が表意者と同一の錯誤に陥っていたとき。
4　第1項の規定による意思表示の取消しは、善意でかつ過失がない第三者に対抗することができない。

---

1. 意義

「錯誤」は、簡単にいうと勘違いのことです。

P106
└

前記②の心裡留保は、冗談やウソを言っている人が、自分が冗談やウソを言っているとわかっています。それに対して、「錯誤」は、勘違いですので、意思表示をした人がその時には間違えたことをわかっていません。

錯誤による意思表示は、取り消すことができます（民法95条1項柱書）。

ex. コンビニでコーヒーを買おうと考えていたところ、誤って「お茶を下さい」と言ってしまった場合、その売買契約を取り消すことができます。

2. 趣旨

ここでも P105 の「意思と信頼の天秤」から考えていきましょう。

勘違いをしていますから、P104 の表示行為に対応した内心的効果意思がなく、P104 の4つの過程はキレイに流れていないことになり、表意者の意思表示には問題があります。また、表意者は、心裡留保や通謀虚偽表示のように表示行為に対応した内心的効果意思がないことを知っているわけではありませんので、表意者を保護する必要性が高いです。

よって、「表意者の意思」のほうに天秤が傾き、取り消すことができる意思表示となります。

しかし、「いくら表意者が表示行為に対応した内心的効果意思がないことを知らなかったからといって、それで取り消されると相手方がかわいそうでは？」と思わないでしょうか。勘違いですべて取り消せるなら、世の中メチャクチャになります。そこで、取り消すには、下記3.の要件（1）と（2）を充たす必要があるとされました。

3. 要件

（1）錯誤が「法律行為の目的及び取引上の社会通念に照らして重要なもの」であること（民法95条1項柱書）

（a）「法律行為の目的及び取引上の社会通念に照らして重要なもの」とは？

「法律行為の目的」とは表意者の主観、「取引上の社会通念」とは客観（一般人であれば）ということです。……といわれてもわかりにくいですよね。要は、それについての勘違いがなければ表意者も一般人も意思表示をしなかったであろうとされる重要部分のことです（大判大 3.12.15、大判大 7.10.3）。重要部分の勘違いに限定しているわけです。

ex1. コーヒーとお茶を勘違いしたなど、商品の勘違いは当たります。

ex2. 「0」を1つ間違え、1万円だと思っていたら10万円だったなど、代金の勘違いは当たります。

ex3. 調停（裁判所での話合いだと考えてください）が成立した場合に錯誤による取消しを主張することができるのは、調停の合意の内容となっている事由に限られます（最判昭28.5.7）。

このように重要部分の錯誤である必要がありますが、では「錯誤」とは何でしょうか。「錯誤は勘違い」と説明してきましたが、もう少し詳しくみていきましょう。

（b）表示錯誤

意思表示は、「動機→内心的効果意思→表示意思→表示行為」の4段階に分けることができました。

内心的効果意思と表示行為との間に不一致があることを「表示錯誤」といいますが、これは問題なく本条の錯誤に当たります（民法95条1項1号）。

ex. コーヒーと間違えてお茶を買ったのであれば、錯誤に当たります。

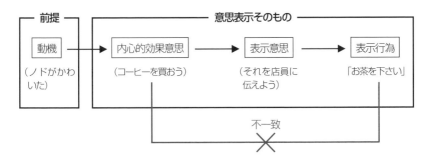

（c）動機の錯誤

Case

あなたは、「このコーヒーを飲めば、頭が良くなる」と思って、コンビニでコーヒーを買った。しかし、それはあなたの勘違いで、そのコーヒーは、そのような効果がないものだった。この場合、あなたは、コーヒーの売買契約が錯誤によるとして取り消すことができるか？

　では、上記 Case のように、内心的効果意思と表示行為は一致しているが（コーヒーを買おうと思って「コーヒーを下さい」と言っています）、その前提となる動機の部分（法律行為の基礎とした事情についての認識）に錯誤がある場合は、本条の錯誤に当たるでしょうか。

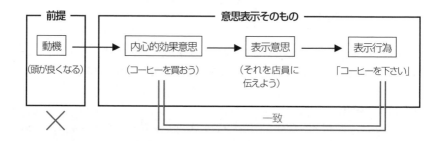

　動機は意思表示そのものではないため、問題となります。

ⅰ　原則
　動機の錯誤は、本条の錯誤に当たりません。
　動機は、意思表示そのものではなく、前提問題だからです。

ⅱ　例外
　動機が表示されていた（その事情が法律行為の基礎とされていることが表示されていた）ときに限り、本条の錯誤に当たります（民法95条1項2号、2項）。
　動機の錯誤を保護する必要性もあります。そこで、動機が表示されたのであれば、相手も「重要な要素なんだな〜」とわかるので、本条の錯誤に当たるものとして、意思表示を取り消すことができるとしても構わないのです。

　上記 Case においては、あなたは動機を表示していませんので、錯誤を主張できません。仮に「このコーヒーを飲めば頭が良くなると聞いたので、このコーヒーを買います」と言ってコーヒーを買っていたのであれば、錯誤の主張ができます。

　なお、動機の表示は、黙示的にされたものであっても構いません（最判平元.9.14。P132 の「沈黙・黙示についてのテクニック」）。

　長々とみてきましたが、この（1）の要件をまとめると以下のとおりです。

128

・法律行為の目的および取引上の社会通念に照らして重要な（上記（a））表示錯誤
　（上記（b））
・法律行為の目的および取引上の社会通念に照らして重要な（上記（a））表示され
　た動機の錯誤（上記（c））

（2）表意者に「重大な過失」がないこと（民法95条3項柱書）
（a）原則
　表意者に重過失（とんでもない不注意）があった場合には、取り消すことができま
せん（民法95条3項柱書）。

ex. コンビニでコーヒーとお茶を勘違いして買った場合、勘違いした人の責任が大き
　　いので、重過失が認められ、取り消すことができないとされると思われます。

　表意者に重過失があるのであれば、錯誤であることを知らない相手方を保護する必
要性のほうが高くなります。よって、「他者（相手方）の信頼」のほうに天秤が傾き、
取り消すことができなくなります。

記憶のテクニック
　ⅠのテキストとⅡのテキストで、「重過失」が出てくる、つまり、重過失か軽過失
かが問題となるのは、この錯誤のみです。

　なお、この「重過失」の証明責任は、相手方にあります（大判大7.12.3）。相手方
が、表意者に重過失があることを証明しなければなりません。

（b）例外
　表意者に重過失があっても、以下の①または②の場合には取り消すことができます。

①相手方が悪意または重過失である場合（民法95条3項1号）
　表意者の勘違いを知っているまたは重大な過失により知らない相手方は、保護する
必要がないからです。

②相手方が表意者と同一の錯誤に陥っていた場合（「共通錯誤」といいます。民法95
　条3項2号）
　相手方も同一の錯誤に陥っているのなら、錯誤による意思表示をわざわざ残す（取
り消せないとする）必要はないからです。

4. 効果

上記3.（1）および（2）の要件を充たした場合、錯誤による意思表示は取り消すことができるものとなります（民法95条1項柱書）。

（1）取消しの主張前に登場した第三者

ここまで錯誤において第三者は登場しませんでしたが、第三者が登場するとどうなるでしょうか。表意者が錯誤による取消しを主張する前に第三者が登場した場合に、表意者と第三者のどちらが保護されるかを考えてみましょう。これは以下の Case のような場合です。

Case

あなたがAに錯誤により所有している建物を売り、Aはその建物をあなたが錯誤に陥っていたことを過失なく知らな

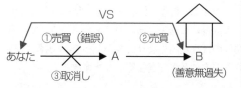

かったBに売った。Bはすでにその建物で暮らしている。その後、あなたは錯誤に気づき、あなたとAとの間の売買契約を取り消した。この場合、あなたはBに対して、建物を返還するよう請求できるか？

錯誤に陥ったあなたと、あなたが錯誤に陥っていたことについて善意無過失のB、どちらを保護するべきかという問題です。

Bが善意無過失の場合、あなたはBに対して、錯誤によって取り消したことを主張できません（民法95条4項）。

錯誤に陥ったあなたには、勘違いをしたという落ち度があります。よって、第三者Bが善意無過失であればBを保護するべきです。また、P134（a）で説明しますが、詐欺の被害者も、取消し前の善意無過失の第三者には取消しを主張できません。詐欺の被害者のほうが錯誤に陥った者よりもかわいそうですので、それとのバランスからも、取消し前の善意無過失の第三者には取消しを主張できないとするべきという理由もあります。

＊P200 で「～前に登場した第三者・～後に登場した第三者の処理方法」をまとめていますので、そちらもご参照ください。

（2）相手方は損害賠償請求ができるか？

　錯誤により意思表示が取り消された場合、表意者に過失があるのならば、取り消されてしまった相手方は表意者に対して、不法行為（民法709条。P21（3））などに基づいて損害賠償を請求できる可能性はあります。取り消されたからといって、相手方が泣き寝入りしなければならないとは限らないのです。

5 詐欺

民法96条（詐欺又は強迫）

1　詐欺又は強迫による意思表示は、取り消すことができる。

2　相手方に対する意思表示について第三者が詐欺を行った場合においては、相手方がその事実を知り、又は知ることができたときに限り、その意思表示を取り消すことができる。

3　前2項の規定による詐欺による意思表示の取消しは、善意でかつ過失がない第三者に対抗することができない。

1．意義

　「詐欺」による意思表示とは、欺かれて動機の錯誤に陥り、その動機の錯誤によってする意思表示のことです。

　詐欺による意思表示は、取り消すことができます（民法96条1項）。

2．趣旨

　ここでもP105の「意思と信頼の天秤」から考えていきましょう。

　欺かれていますので、P104の動機に錯誤があり、P104の4つの過程はキレイに流れていないことになり、表意者の意思表示には問題があります。また、表意者は欺かれていますので、表意者を保護する必要性があります。

　よって、「表意者の意思」のほうに天秤が傾き、取り消すことができる意思表示となります。

3．要件

　この民法96条1項が適用される、つまり、詐欺による意思表示として意思表示を取り消すことができるのは、以下の①～③の要件を充たす場合です。

①故意

P141＝　　詐欺をした者に故意がある必要があります。この「故意」とは、以下の二重の故意があることです。

・相手方を欺いて錯誤に陥れようとする意思

・その錯誤によって意思表示をさせようとする意思

ex.　B社の従業員がAに、B社製造の薬品はガンの予防に抜群の効果があるとの虚偽の説明をし、Aがこれを信じてあなたに同

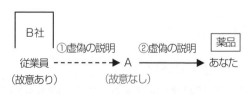

様の説明をし、あなたがこの説明を信じてAからその薬品を購入した場合、あなたはAとの間の売買契約を取り消すことができません。「Aの説明が虚偽だったのに？」と思われるかもしれませんが、AはB社の従業員の説明を信じているため、Aには欺く故意がないからです。また、AがB社の従業員の説明を信じたことに過失があったとしても、過失では詐欺にはなりません。

②欺く行為（欺罔行為）

　　虚偽の説明をするなど積極的に欺く行為はもちろん当たりますが、沈黙も詐欺となることがあります（大判昭16.11.18）。

ex.　不動産業者が、殺人事件が起きた部屋であることを言わずに（沈黙）マンションの売却をした場合、詐欺になり得ます。

沈黙・黙示についてのテクニック

　　民法において、「沈黙」「黙示」が要件に該当し得るかが問題となったときは、**ほとんど該当し得ます**。

→　テクニック　択一でまったくわからない肢が出たら、**該当し得る方向で正誤を判断**してください。そちらのほうが、正解する確率が高いです。

　　なお、「沈黙」と「黙示」は違います。「沈黙」は、上記 ex.のように何も言わないことです。「黙示」は、明確に意思を表示していないのですが、行動によってわかるということです。たとえば、売買契約において、買主が、購入するとは言っていないが売主に商品の引渡しを請求するなど、購入したかのように振る舞うことです。

③表意者が欺く行為によって錯誤に陥り、その錯誤によって意思表示をすること

4. 効果

（1）当事者間の詐欺（民法96条1項）

　あなたがAの詐欺に遭いAと売買契約を締結してしまったなど、表意者と詐欺をした者しか登場しなければ、表意者（あなた）は問題なく意思表示を取り消すことができます（民法96条1項）。相手が詐欺をした者ですから、取り消せて当然ですね。

（2）第三者による詐欺（民法96条2項）

　では、表意者と詐欺をした者以外の者も登場する、以下のCaseのような場合はどうでしょうか。

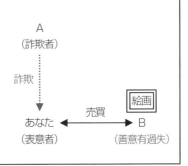

Case

　あなたが所有している著名な画家の絵画について、あなたはAに「それは偽物だから早く売ったほうがいいよ！」と騙されて、Bに売却した。しかし、後日、その絵画が偽物ではなく本物だとわかった。あなたは、その絵画の売却の意思表示を取り消すことができるか？　なお、Bは、Aの詐欺を知らなかったが、注意すれば知ることができた。

　上記Caseにおいて、あなたが詐欺によって取り消したいのは、あなたとBとの間の売買契約についての意思表示です。しかし、契約の相手方であるBが詐欺をしたのではなく、契約の当事者ではないAが詐欺をしました。このような場合を「第三者による詐欺」といいます。

　第三者による詐欺の場合、契約の相手方（上記CaseだとB）が詐欺の事実を知っていたまたは知ることができた場合のみ詐欺による意思表示を取り消すことができます（民法96条2項）。上記Caseは、Bが知ることができたので、あなたは絵画の売却の意思表示を取り消すことができます。

　なぜこうなるか、ここでもP105の「意思と信頼の天秤」から考えていきましょう。

　欺かれていますので、あなたの意思表示には問題があります。

　しかし、善意のBは、あなたの意思表示に問題があることをわかっておらず、「他者の信頼」があります。

　そこで、あなたとBのどちらを保護するかが問題となります。

　詐欺の被害者（表意者）は、詐欺に遭った被害者です。かわいそうですよね。

　よって、相手方が善意無過失でなければ、「表意者の意思」のほうに天秤が傾き、取り消すことができます。しかし、相手方が善意無過失であれば、「他者の信頼」のほうに天秤が傾き、表意者は取り消すことができません。

　仮に上記 Case において B が A の詐欺について善意無過失であった場合、「他者の信頼」のほうに天秤が傾き、取り消せないものとなります。

※代理における本人の詐欺

　たとえば、あなたが A の詐欺により B と売買契約をしてしまったとします。B は、A の詐欺を過失なく知りませんでした。しかし、B は A の代理人でした。この場合、あなたは売買契約を取り消せないでしょうか。

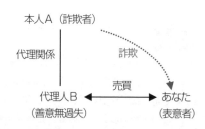

　この場合には、あなたは売買契約を取り消すことができます。代理の場合、売買契約の効果（商品を引き渡す義務の発生など）を受けるのは代理人 B ではなく、本人 A です（P146 2 で説明します）。よって、代理人 B が善意無過失でも B を保護する必要はないので、あなたは取り消すことができるのです。

（3）第三者との関係（民法96条3項）

（a）意義

　上記（1）（2）において表意者が取り消すことができる場合でも（上記（2）の場合は相手方が悪意または有過失の場合です）、その取消しの効果は、善意無過失の第三者に対抗できません（民法96条3項）。

ex. あなたが A の詐欺により、A に、所有している建物を売却した後、詐欺のことを過失なく知らない B が A からその建物を買い受けた場合、あな

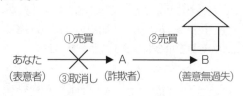

たは、あなたと A との間の売買契約を取り消したとしても、そのことを B に対抗できません。B に「建物を返せ！」と言えないのです。

※取り消すこと自体はできる？

　上記 ex.の場合、あなたはAとの間の売買契約を取り消すこと自体はできる点にご注意ください。Aは詐欺をした者ですので、取消しはできます。しかし、その取消しの効果をBに対抗できないのです。

　それに対して、上記（2）は、相手方が善意無過失だと取消し自体ができませんでした。上記（2）は、詐欺をした者ではない善意無過失の相手方との間の売買契約なので、取り消すことができると、相手方を害することになってしまうのです。

　「詐欺をした者または悪意もしくは有過失の者との間の契約を取り消せるか」（この（3））と、「善意無過失の相手方との間の契約を取り消せるか」（上記（2））との違いです。

（b）趣旨

　ここでも P105 の「意思と信頼の天秤」から考えていきましょう。

　欺かれていますので、あなたの意思表示には問題があります。

　しかし、善意無過失のBは、あなたの意思表示に問題があることを過失なく知らないので、「他者の信頼」があります。

　ここで、あなたとBの信頼のどちらを保護するかが問題となります。

　詐欺の被害者（表意者）は、詐欺に遭った被害者です。かわいそうですよね。よって、第三者が善意無過失でなければ、「表意者の意思」のほうに天秤が傾き、表意者は取消しの効果を第三者に対抗することができます。しかし、第三者が善意無過失であれば、「他者の信頼」のほうに天秤が傾き、表意者は取消しの効果を対抗できないことになります。

（c）「第三者」とは？

　この民法 96 条3項で保護される「善意無過失の第三者」とは、詐欺によって生じた法律関係について、新たな利害関係に入った者をいいます。「新たな」という点がポイントです。

ex.　Aが所有している建物にあなたの1番抵当権、Bの2番抵当権が設定されており、あなたがAの詐欺により1番抵当権を放棄してしまいましたが、あなたは詐欺に気づきその放棄を取り消しました。この場合、あなたは、Bが詐欺について善意無過失でも、Bに取消しを対抗できます。Bは詐欺の前から2番抵当権者として存在している者ですので、「新たな」利害関係に入った者とはいえないからです。

　では、利害関係に入る時期は、いつでもいいのでしょうか。取消し前に利害関係に入った場合（下記 i ）と、取消し後に利害関係に入った場合（下記 ii ）で分けてみていきましょう。

i　取消し前に登場した第三者

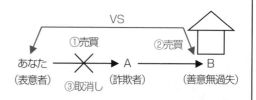

Case

　あなたは、Aから「この辺りの不動産価格はもうすぐ大暴落するから、今のうちに売ったほうがいい！」とでたらめなハナシをもちかけられ、所有している建物をAに売った。そして、Aは、詐欺について過失なく知らなかったBにその建物を売った。その後、あなたはAの詐欺に気づき、あなたとAとの間の売買契約を取り消した。この場合、あなたはBに対して、その建物を返還するよう請求できるか？

　上記 Case のBのように、取消し前に登場した第三者に限り、民法 96 条 3 項の「第三者」に当たります（大判昭 17.9.30・通説）。よって、上記 Case においては、Bは取消し前に登場しており、善意無過失ですから、あなたはBに建物の返還を請求できません。それに対して、下記 ii のように、取消し後に登場した第三者は民法 96 条 3 項の「第三者」に当たりません。

　取消し前に登場した第三者に限られるのは、民法 96 条 3 項が取消しの遡及効（さかのぼってなかったことになる効力。民法 121 条。P191）を、善意無過失の第三者との関係で制限するための規定だからです。「取消しの遡及効を制限する」といわれてもわかりにくいと思いますので、以下の図でイメージしてください。

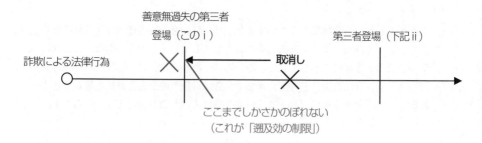

　取消しの効果は、本来は法律行為（契約）の時までさかのぼります。しかし、取消し前に善意無過失の第三者が登場した場合、善意無過失の第三者の登場の時よりも前にさかのぼれないのです。「詐欺による法律行為」の時までさかのぼってしまうと、善意無過失の第三者は無権利者から権利を取得したことになり（上記 Case だと、Bは無権利者Aから建物を取得したことになり）、有効に権利を取得できず害されてしまいます。

　よって、取消し後に登場した第三者には、民法 96 条3項は適用されません。上記の図をご覧ください。取消し後に登場した第三者は、取消しよりも未来に登場していますので、遡及効を制限しても意味がありません。

※取消し前の第三者の対抗要件具備の要否

　取消し前の第三者（上記 Case のB）は、保護されるために登記を備えている必要はないと解されています。

　上記 Case のあなたとBとは、前主・後主の関係に立つので、対抗関係（民法 177 条）にはないからです。これについては、Ⅱのテキスト第3編第1章第3節 4 4.（1）（c）で扱います。

ⅱ　取消し後に登場した第三者

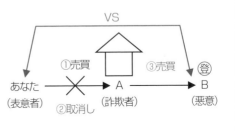

Case

　あなたは、Aから「この辺りの不動産価格はもうすぐ大暴落するから、今のうちに売ったほうがいい！」とでたらめなハナシをもちかけられ、所有している建物をAに売った。そして、あなたはAの詐欺に気づき、あなたとAとの間の売買契約を取り消した。その後、Aは、詐欺について知っているBにその建物を売り、Bは登記を備えた。この場合、あなたはBに対して、その建物を返還するよう請求できるか？

　上記ⅰで説明したとおり、上記 Case のBのように取消し後に登場した第三者は民法 96 条3項では保護されません。そこで、あなたとBの決着をどうやってつけるかが問題となりますが、以下のとおり争いがあります。判例は民法 177 条説です。

	民法 177 条説 （大判昭 17.9.30）	民法 94 条 2 項類推適用説 （有力説）
結論	民法 177 条で処理します。 あなたとBは対抗関係に立ち、登記を備えたほうが建物を取得することになります（＊）。 ＊動産なら、先に引渡しを受けたほうが優先すると解されています（民法 178 条）。 民法 177 条の問題となるので、Bは悪意でも構いません（P12）。 よって、上記 Case において、Bは悪意ですが、登記を備えていますので、あなたはBに建物の返還を請求できません。	民法 94 条 2 項を類推適用して処理します。 民法 94 条 2 項類推適用ですので、Bが保護されるには、Bは善意である必要があります（P124③）。
理由	取消しによって最初から何もなかったことになるといっても、それは擬制にすぎず、実際には取消しまでは有効です。よって、取消しによって、Aからあなたに物権が復帰したといえます。そして、AからBにも物権が移転しています。つまり、Aを起点として二重譲渡がされたのと同じ関係になるのです。よって、民法 177 条で処理すべきなのです。 二重譲渡じゃん！ 復帰的物権変動　　物権変動 あなた ◀━━━ A ━━━▶ B	この理論なら、「取消しによって最初から何もなかったことになること」を貫けます。あなたが取り消したことにより、Aは無権利者となります。そこで、無権利者Aから譲り受けたBが保護されるには、民法 94 条 2 項類推適用が問題となるのです。 あなた ━━✕━━▶ A ━━━▶ B 取消しで なかったことに ━━▶ 無権利者に 民法 94 条 2 項類推適用だと、Bの善意を要件としますので、バランスの取れた解決が可能となります。

最高裁判所の基本的なスタンス

　民法 94 条 2 項類推適用説のほうが、取消しの効果を貫けますので、筋は通っています。しかし、判例は民法 177 条説です。

　最高裁判所は、特別な規定（民法 96 条 3 項など）がなければ、民法 177 条を使うことが多いのです。善意など当事者の内心は外からは見えないので、外から見える「登記」を基準にしたほうがわかりやすいからです。

民法177条を適用できるかを考える視点

　民法177条を適用する
には「登記できたのに、
しなかっただろ！」と責
めることのできる状況が
あったことが必要です。
このような状況がない場
合には、「登記がないだ

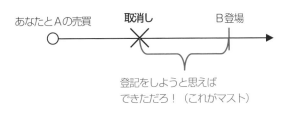

ろ！」と責められるのは酷だからです。上記Caseだと、あなたは取り消してから、
Bが登場する前に登記をしようと思えばできました。

※制限行為能力・錯誤・強迫を理由とする取消しと取消し後に登場した第三者

　取消し後に登場した第三者との関係を民法177条（登記）によって解決するという
のは、制限行為能力や強迫を理由とする取消しであっても、同じです。錯誤の場合も、
同じだと解されます。

　制限行為能力・錯誤・強迫についても、特別な規定（民法96条3項など）はない
からです（上記の「最高裁判所の基本的なスタンス」）。

　また、取消し後に第三者が登場していますので、第三者が登場する前に「登記でき
たのに、しなかっただろ！」と責めることのできる状況があったことも同じです（上
記の「民法177条を適用できるかを考える視点」）。

*P200で「～前に登場した第三者・～後に登場した第三者の処理方法」をまとめていますので、そちらもご参
　照ください。

5. 詐欺取消しと錯誤取消しの関係

　詐欺の最後に、錯誤との関係をみます。

　詐欺による意思表示は、欺かれて動機の錯誤に陥ることでした。動機の錯誤なので、
基本的には錯誤による取消しは主張できないのですが、動機が表示されていたときに
は錯誤による取消しを主張できます（民法95条1項2号、2項。P128のⅱ）。つま
り、詐欺取消しと錯誤取消しの双方に該当する可能性があるのです。このとき、表意
者はどちらを主張できるでしょうか。

　この場合、表意者は、詐欺取消しと錯誤取消しの好きなほうを選択して主張できま
す（大判大11.3.22参照）。表意者の都合のいいほうで構いません。基本的には、立証
しやすいほうを選んだほうがいいでしょう。

　このように、表意者に都合がよくなっているのは、相手方は詐欺をした者ですから、表意者を保護する必要性のほうが高いからです。

6 強迫

> **民法96条（詐欺又は強迫）**
> 1　詐欺又は強迫による意思表示は、取り消すことができる。

1．意義

　「強迫」による意思表示とは、たとえば、「この契約書に押印しないと、ボコボコにするぞ」と脅されて意思表示をすることです。

　強迫による意思表示は、取り消すことができます（民法96条1項）。

※「無効」ではないのか？

　「強迫されたら、意思がなくなって無効になるんじゃないの？」と思われたかもしれません。強迫された結果、完全に意思の自由を失った者の意思表示は無効となります（最判昭33.7.1）。

　つまり、民法 96 条1項の強迫による意思表示とは、そこまではいかず、完全に意思の自由を失っていない状態でした意思表示なのです。

2．趣旨

　ここでも P105 の「意思と信頼の天秤」から考えていきましょう。

　脅されていますので、P104 の動機に瑕疵があり、P104 の4つの過程はキレイに流れていないことになり、表意者の意思表示には問題があります。また、表意者は脅されていますので、表意者を保護する必要性が高いです。

　よって、「表意者の意思」のほうに天秤が傾き、取り消すことができる意思表示となります。

3．要件

　この民法 96 条1項が適用される、つまり、強迫による意思表示として意思表示を取り消すことができるのは、以下の①〜③の要件を充たす場合です。

①故意

　強迫者に故意がある必要があります。この「故意」とは、以下の二重の故意があることです。　　=P132

・相手方に畏怖を生じさせようとする意思
・その畏怖によって意思表示をさせようとする意思

②強迫行為

　上記の「ボコボコにするぞ」など身体に危害を加えることを伝えることが典型例ですが、状況によっては沈黙（P132 の「沈黙・黙示についてのテクニック」）や不作為も強迫となることがあります。

ex. 訪問販売員が家から出て行かないことで契約を迫ることは、強迫になり得ます（不作為による強迫の具体例）。

③表意者が強迫行為によって畏怖を生じ、その畏怖によって意思表示をすること

4．効果

（1）強迫による意思表示の効果

　強迫による意思表示は、取り消すことができます（民法 96 条 1 項）。

（2）取消し前に登場した第三者との関係

　強迫による意思表示を取り消す前に第三者が登場した場合、表意者と第三者のどちらが保護されるか、以下の Case で考えてみましょう。

Case

　あなたは、Aに強迫されて、所有している建物を売却した。その後、Aは、強迫の事実を過失なく知らなかったBにその建物を売却した。

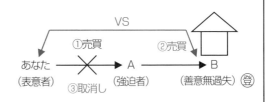

なお、Bは登記を得ている。そして、あなたが強迫を理由にあなたとAとの間の売買契約を取り消した。この場合、あなたはBに対して、その建物を返還するよう請求できるか？

　上記 Case において、Bは、善意無過失であり、さらに登記も得ています。当然「この建物は私の物だ」と言いたいでしょう。しかし、この場合、あなたは、あなたとAとの間の売買契約を取り消すことができ、Bに建物の返還を請求できます。Bが、善意無過失であることも、登記を得ていることも、結論を左右しません。

　詐欺の取消し前の第三者と異なり、強迫の取消し前の第三者は保護されません。

　これは、P105 の「意思と信頼の天秤」からは説明が難しいです。あなたには P104 の動機に瑕疵があり、P104 の4つの過程はキレイに流れていないことになり、意思表示には問題があります。ですが、Bも善意無過失であり「他者の信頼」もあるのです。

　よって、あなたもBもどちらもかわいそうなのです。こういった場合に、「双方ハッピー」はできません。どちらかに泣いてもらう必要があるのです。民法は、強迫については第三者の保護規定を作りませんでした。民法 96 条3項の第三者の保護規定は、詐欺についてのみの規定です（なお、民法 96 条2項も詐欺についてのみの規定です）。よって、第三者に泣いてもらうことになります。詐欺の被害者と異なり、強迫の被害者は欲に目がくらんだわけではありません。強迫の被害者を責めることはできませんので、「意思表示に問題がある」というそもそもの出発点を重視しました。私的自治の原則から導き出される、「人が契約などに拘束されるのは、原則として自らの意思でそれを望んだときだけである」という出発点です（P18）。Bはかわいそうですが……。

　なお、Bが登記を得ていても保護されない理由は、P139 で説明したとおり、民法 177 条を適用する（登記で決着をつける）には「登記できたのに、しなかっただろ！」と責めることのできる状況があったことが必要だからです。上記 Case では、あなたが取り消す前にBが買い受けていますので、あなたに「登記できた期間」はなく、登記のないあなたを責めることができないのです。

＊強迫の場合の表意者と取消し後に登場した第三者との関係は、P139※で説明しました。
＊P200 で「〜前に登場した第三者・〜後に登場した第三者の処理方法」をまとめていますので、そちらもご参照ください。

7 まとめ

　上記2〜6で「心裡留保」「通謀虚偽表示」「錯誤」「詐欺」「強迫」とみてきましたが、最後に比較をしつつまとめておきます。比較をすると、記憶の補強にもなります。

　効果をまとめると、以下の表のとおりです。

	原則	例外	第三者保護	
心裡留保	有効 ＊相手方が善意無過失	無効 ＊相手方が悪意または有過失	善意の第三者に無効を対抗できない	
通謀虚偽表示	無効		善意の第三者に無効を対抗できない	
錯誤	取り消せる有効	取り消せない ＊表意者に重過失あり（相手方が悪意または重過失、共通錯誤の場合を除く）	【取消し前の第三者】 善意無過失の第三者に取消しを対抗できない	【取消し後の第三者】 登記
詐欺	取り消せる有効	取り消せない ＊第三者の詐欺の場合に相手方が善意無過失	【取消し前の第三者】 善意無過失の第三者に取消しを対抗できない	【取消し後の第三者】 登記
強迫	取り消せる有効		【取消し前の第三者】 第三者の保護なし	【取消し後の第三者】 登記

第6章　代　理

第1節　取引社会を支える代理制度とは？

1　意義

代理：自分（本人）の法律行為（契約など）を別の者（代理人）に行ってもらうこと。代理人に行ってもらった結果（効果）は、すべて本人に帰属します。

いきなりですが、Case で考えてみましょう。

Case

日本のプロ野球選手Aは、英語も話せ交渉能力の高いBに、自分の代わりにメジャーリーグのチームCと交渉し契約を締結してもらいたいと考えている。このためには、いかなる要件が必要となるか？

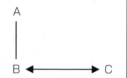

この手のハナシはニュースでお聞きになったことがあると思います。日本のプロ野球選手がメジャーリーグに移籍するとき、メジャーリーグのチームとの交渉は、通常はプロ野球選手自身がするのではなく、代理人がします。プロ野球選手は、英語を話せない人が多いでしょうし、お金の交渉も上手くはないでしょう。そこで、交渉のプロである代理人に任せ、その代理人に代わりに交渉してもらうのです。

この代理行為が有効に成立するためには、以下の条文の要件を充たす必要があります。

＊メジャーリーグのチームとの契約において、日本法が適用されるとは限りませんが、日本法が適用されることにします（以下同じ）。

民法 99 条（代理行為の要件及び効果）

1　代理人がその権限内において本人のためにすることを示してした意思表示は、本人に対して直接にその効力を生ずる。

2　前項の規定は、第三者が代理人に対してした意思表示について準用する。

民法 99 条 1 項が「能動代理」（代理人が本人のために意思表示をすること）、民法 99 条 2 項が「受動代理」（代理人が本人のために意思表示を受けること）を規定しています。

用語解説 ──「準用する」

　民法99条2項に「準用する」との文言があります。「準用する」とは、ある規定を別の事項においても使うということです。民法99条2項でいえば、第三者が代理人に対してした意思表示も、民法99条1項同様、本人に対して直接にその効力を生じることになります。

　これは、立法技術の1つです。同じ規定を何度も繰り返し記載すると法令が長くなりすぎてしまうため、一方については「準用する」とだけ定めることがあります。

　代理が有効に成立するには、民法99条1項に書かれている、「権限」（下記①）、「本人のためにすることを示して」（下記②）、「意思表示」（下記③）の3つの要件を充たす必要があります。上記 Case の場合も、以下の3つの要件が必要です。

①代理権の存在
②顕名（本人のためにすることを示すこと）
③代理行為（代理人と相手方との間の有効な法律行為）

　図で示すと、以下の3点です。

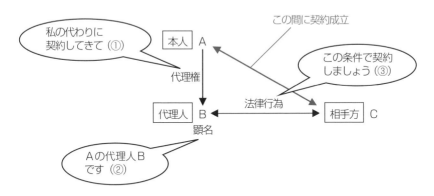

　上記 Case では、まず、プロ野球選手AがBに代理権を授与します（要件①。具体的には、AとBが委任契約などを締結します）。

　そして、BがメジャーリーグのチームCと交渉をするわけですが、その際にBは、「プロ野球選手Aの代理人です」と言わないといけません（要件②）。そう言わないと、CはBが契約相手だと誤解してしまうかもしれません。

　そして、BがAの代わりにCと契約をすることで（要件③）、AC間に契約が成立します。

　なお、代理において、上記 Case のAを「本人」、Bを「代理人」、Cを「相手方」といいます。

2 効果

　代理行為の効果は、すべて本人に帰属します。上記 Case でいえば、AとCとの間に契約が成立し、Cでプレーする義務が生じるのはAであり、Aに年俸を支払う必要があるのはCです。

　このような契約成立の効果以外にも、契約の当事者としての地位（取消権、解除権など）もすべて本人に帰属します。

　「代理人は使っているけど、契約成立後は通常の契約と同じ」ということです。

3 代理制度に共通する趣旨

　これから、代理の様々な制度をみていきますが、代理制度に共通する趣旨があるので、それを意識してください。代理制度に共通する趣旨は、「**代理制度の堅持**」です。これは、「代理」という制度自体を守るということです。

　代理制度は、現実社会の様々なところで使われているため、その信用性が揺らぐ、つまり、安心して使えないと思われては困るわけです。そこで、代理制度には、以下の2点の特徴があります。

①**多少厳しい扱いでも、代理制度を堅持し、代理行為が成立する方向**にいきます。「代理制度は安心ですよ〜」とする必要があるのです。

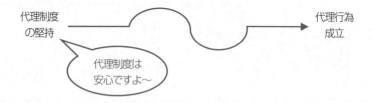

②代理制度を堅持するため、**みんなに厳しい責任・要件**が課せられます。けっこう厳しいです……。

4　種類

代理は、下記1.または下記2.の視点で分けることができます（別の視点からの分類です）。

1．代理権の発生原因による分類
（1）分類
代理権の発生原因によって、以下の2つに分類されます。

①任意代理

　これは、漢字の意味から考えてみましょう。「任意代理」は、"任意"に定める"代理"です。任意代理は、本人の代理権を与える行為があって初めて代理人となります。
ex. 日本のプロ野球選手がメジャーリーグのチームとの交渉を代理人に任せることは、この任意代理です。プロ野球選手が代理権を与える行為（委任契約など）をして初めて、代理人はプロ野球選手の代理人となります。

― Realistic 6　任意代理が生じるのは委任契約のみ？ ―

　任意代理については、「委任による代理」などと規定している条文が多いです（民法104条、111条2項など）。しかし、任意代理が委任に基づくものしかないわけではなく、他の契約（請負、組合など）に基づくものもありますし、代理権のない委任もあります。民法の起草者は、委任を想定していたので「委任による代理」などと規定されているのですが、時代とともに委任に基づかない代理も登場してきましたし、代理権のない委任も登場してきました。
＊委任、請負、組合などの各契約については、Ⅲのテキスト第7編で説明します。

---

②法定代理

　これも、漢字の意味から考えてみましょう。「法定代理」は、その名のとおり"法"によって"定"まっている"代理"です。これは、本人の代理権を与える行為なしに代理人となります。
ex1. 親権者が未成年者について有する代理権（P68②。民法824条本文）は、法定代理です。子が親権者を代理人にすると選んだわけではありませんが、法律上当然に代理人となります。
ex2. 成年後見人が成年被後見人について有する代理権（P77（1）。民法859条1項）は、法定代理です。成年被後見人が成年後見人を代理人として選んだわけではありませんが、成年後見人が家庭裁判所によって選任されると、成年後見人が法律上当然に代理人となります。

— Realistic 7 基本イメージを1つに統一する —

ある制度を学習するときは、できる限りイメージに使う具体例は統一してください。そうしたほうが、理解しやすくなりますし、記憶にも残りやすくなります。

このテキストも、1つの制度で使う具体例はできる限り統一しています。代理では、基本的に任意代理は「日本のプロ野球選手が、メジャーリーグのチームと交渉をするにあたって代理人を使うこと」、法定代理は「親権者が未成年者の法定代理人であること」で統一しています。

（2）趣旨

任意代理と法定代理には、以下の異なる趣旨があります。

①任意代理

任意代理の趣旨は、「私的自治の拡張」です。これは、人間は、自分一人では限界があるということです。

ex. 日本のプロ野球選手は、メジャーリーグのチームと交渉するときに、通常は代理人を立てて交渉します。プロ野球選手は、野球は上手くても、お金の交渉には慣れていないため、その道のプロを代理人にするわけです。

このように、野球からお金の交渉まで何でもかんでも上手い人はほとんどいませんし、たとえいたとしても、体は1つしかないわけですから、一人では限界があります。野球の練習をしつつアメリカに行って交渉することはできません。そこでやはり代理人が必要となるのです。

②法定代理

法定代理の趣旨は、「私的自治の補充」です。一人前でない者の能力を補うための制度が法定代理です。

ex. 未成年者は、行為能力が制限され、自分だけでは完全に有効な法律行為を行うことができません。しかし、未成年者でも、契約などをする必要があるときがあります。携帯電話の契約がその例です。そのため、親権者または未成年後見人が"法"によって"定"まっている"代理人"とされています。

上記①②をイメージ図にすると、以下のようになります。

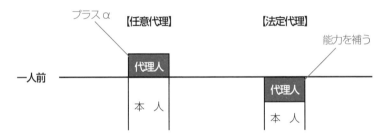

　任意代理の本人は一人前ですが、代理人によってさらに拡張されます。

　それに対して、法定代理の本人は一人前ではないため、代理人によって一人前になるのです。

2．代理権の有無による分類

　代理の要件である代理権（P145①）が有るか無いかによって、以下の2つに分類されます。

①有権代理

　代理権のある通常の代理です。

②無権代理

　代理権のない場合です。「代理権がないなら、本人は関係なく、代理のハナシにならないのでは？」と思われるかもしれません。しかし、代理権がない場合でも、本人が関係してくることがあります。どのように本人が関係してくるかは、第3節で説明します。

　なお、無権代理は、さらに以下の2つに分かれます。

・狭義の無権代理

・表見代理

　以上をまとめると、以下のとおりです。

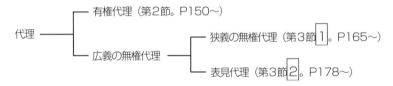

＊以下、この有権代理と無権代理に分けて説明していきます。

第2節　有権代理

P145で説明したとおり、代理の要件は以下の3つでした。

①代理権の存在
②顕名（本人のためにすることを示すこと）
③代理行為（代理人と相手方との間の有効な法律行為）

この第2節では、上記①の代理権が存在する「有権代理」をみていきます。
上記3つの要件1つ1つを詳しくみていきましょう。

1 代理権の存在（要件①）── 本人と代理人の関係

1. 代理権の発生原因

代理権の発生原因に以下の2つがあることは、P147～149の1.で説明したとおりです。

①任意代理
②法定代理

2. 代理権の範囲

（1）任意代理人と法定代理人

（a）任意代理人の代理権の範囲

任意代理人は本人が代理権を与えますので、任意代理人の代理権の範囲は代理権を授与する契約（委任契約など）によって決まるのが原則です。

ex. 日本のプロ野球選手がメジャーリーグのチームと契約をする代理権を代理人に与える場合、代理人の代理権は契約内容によって変わります。たとえば、「ヤンキースとレッドソックスと契約する代理権を与える」など、交渉相手の球団を限定することも可能です。この場合は、代理人は、ヤンキースとレッドソックス以外とは契約ができません。

（b）法定代理人の代理権の範囲

法定代理人は本人が代理権を与えるわけではありませんから、代理権の範囲も法律の規定（民法28条、824条など）によって定まります。

試験に必要なものは、このテキストで扱います。すでに学習したものとしては、成

年後見人の代理権があります。P77（1）で学習したとおり、成年被後見人は同意を
得て法律行為をすることさえできないため、成年後見人には財産に関するあらゆる法
律行為の代理権が付与されます（民法859条1項）。

（2）権限の定めのない代理人

　上記（1）のように、通常は代理権の範囲が決まっているのですが、「権限の定め
のない代理人」もいます。これは、以下の①または②のいずれかの場合のハナシです。

①代理人に代理権があることは明らかであるが、その範囲が不明である
②代理人に代理権があることは明らかであるが、特に範囲を決めていない
ex. 外国に長期出張する者が、家族に「留守を頼む」とだけ言い残して出かけた場合、
　　家族が代理人であることは明らかですが、代理権の範囲が決まっていません。

　上記①または②の場合、代理権の範囲が明らかではありません。ですが、代理人で
はあります。そこで、権限の定めのない代理人が何ができるか民法が規定しています。
上記①または②の場合に備えた規定です。権限の定めのない代理人は、以下の3つの
行為をすることができるとされています。

①保存行為（民法103条1号）
　財産を維持する行為です。
ex. 家屋の修繕、消滅時効の更新（P236〜246 7 で扱います）
②利用行為（物や権利の性質を変えない範囲で許されます。民法103条2号）
　財産を基に収益を得る行為です。
ex. 物の賃貸、現金の預貯金　　　　　　　　　　　　　　　　　　　　　　　=P45
③改良行為（物や権利の性質を変えない範囲で許されます。民法103条2号）
　財産の価値を増加する行為です。
ex. 家屋に電気・ガスの設備を施す。無利息の貸金を利息付にする。
※処分行為（ex. 売却、抵当権の設定）は含まれません。財産がなくなることにつな
　がるからです。

　P45（6）でみた「不在者の財産管理人の権限」と同様です。この民法103条が民
法28条で不在者の財産管理人に準用（P145）されているからです。

3.自己契約・双方代理・利益相反行為

　代理権があり、代理権の範囲内でも、契約形態によって無権代理となってしまう場合があります。これを以下のCaseで考えてみましょう。

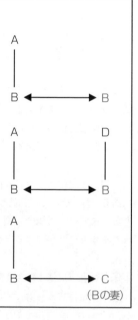

Case

（1）日本のプロ野球選手Aは、Bに、自分の代わりにメジャーリーグのチームと契約する代理権を与えた。しかし、実は、Bは自分自身がメジャーリーグのチームのオーナーであった。BはAの代理人として、自身のチームと契約を締結できるか？

（2）日本のプロ野球選手Aは、Bに、自分の代わりにメジャーリーグのチームと契約する代理権を与えた。この場合、BはAの代理人として、メジャーリーグのチームDの代理人にもなり、契約を締結できるか？

（3）日本のプロ野球選手Aは、Bに、自分の代わりにメジャーリーグのチームと契約する代理権を与えた。この場合、BはAの代理人として、自分の妻Cがオーナーであるチームと契約を締結できるか？

(Bの妻)

（1）意義

自己契約　　：上記 Case（1）のように、代理人が法律行為（契約など）の相手方となること（民法108条1項本文）

双方代理　　：上記 Case（2）のように、同じ代理人が法律行為（契約など）の当事者双方の代理人となること（民法108条1項本文）

利益相反行為：上記 Case（3）のように、自己契約にも双方代理にも当たらないが、代理人と本人との利益が相反する行為（民法108条2項本文）

ex. 利益相反行為の他の例を挙げると、アパートの大家と借り手がモメている場合に、借り手が代理人の選任を大家に委任しているときが当たります（大判昭7.6.6）。自己契約または双方代理ではありませんが、大家に有利な代理人が選任されるでしょうから、借り手を害します。

（2）趣旨

　代理人は、本人のために全力を尽くさないといけません。上記 Case であれば、B はAのために全力をつくす、たとえば、年俸が1円でも高くなるように頑張らないといけません。にもかかわらず、上記 Case（1）のようにB自身が契約の相手方であれば、Bはメジャーリーグのチームのオーナーとしては、Aとできる限り安く契約したいと考えてしまいます。上記 Case（2）においても、Bが、対立するAとDの双方の代理人であれば、「Aのために全力をつくす」「Dのために全力をつくす」は矛盾する行為になります。上記 Case（3）では、経済的基盤を同じくする妻Cの利益を考えてしまいます。

私益のため

　このようにAやDのための規定ですので、自己契約・双方代理・利益相反行為は、私益を保護するための規定です。公益を保護するための規定ではありません。

（3）効果
（a）原則

　自己契約・双方代理・利益相反行為をしてしまった場合は、無権代理（P165〜）となります（民法108条1項本文、2項本文）。上記 Case（1）（2）（3）は、いずれも無権代理となります。

　無権代理ですので、本人が追認することは可能です（P168〜170（2）で説明します）。上記 Case（1）（3）ではAが、Case（2）ではAとDが、「別にその契約でいいよ」と言えば、Bが契約を締結してしまっても、A（とD）に効力が生じます。自己契約・双方代理・利益相反行為を禁止しているのはAやDの私益を保護するためですので（上記の「私益のため」）、AやDがOK なら構わないんです。

（b）例外

　自己契約と双方代理は以下の①または②の場合、利益相反行為は以下の②の場合、無権代理とはならず、代理人は有効に本人を代理できます。

①債務を履行する場合（民法108条1項ただし書）
ex. 司法書士は、不動産の売買があった際、通常は売主と買主の双方から登記申請の代理を依頼されます（不動産登記法を学習すると当たり前になります）。これはOK です（最判昭43.3.8参照）。

　「債務の履行」とは、上記 ex.の登記の申請、代金の支払などのことですが、これらはすでに確定している内容を履行するだけなので、本人を害することにはならないからです。代金をいくらにするかなどのかけ引きはすでに終わっているのです。

用語解説 ──「弁済」「履行」

　法律書では、代金の支払などを「弁済」と記載することもあれば、「履行」と記載することもあります。同じ意味と考えても間違いではありませんが、以下のように微妙にニュアンスが異なります。
・弁済：債務の消滅という"結果"を重視した用語
・履行：支払など"実現過程"を重視した用語

---

②本人があらかじめ許諾している場合（民法 108 条 1 項ただし書、2 項ただし書）
　自己契約・双方代理・利益相反行為は本人の私益を保護するための規定ですので（上記の「私益のため」）、本人が OK と言っているのなら構わないのです。

4．代理権の濫用

　代理権を与えられた代理人が代理権を濫用してしまった場合、本人は保護されるでしょうか。これは、以下の Case のような場合です。

Case

　日本のプロ野球選手AはBに、メジャーリーグのチームCと契約する代理権を与えた。Bは、その代理権に基づいてCと契約を締結した。しかし、Bは、契約締結後に、契約金を着服して姿を消した。Cは、Bが契約金を着服するつもりであることを知っていた。この場合、AはCでプレーしなければならなくなるか？

民法 107 条（代理権の濫用）

　代理人が自己又は第三者の利益を図る目的で代理権の範囲内の行為をした場合において、相手方がその目的を知り、又は知ることができたときは、その行為は、代理権を有しない者がした行為とみなす。

　上記 Case の場合、Bには"代理権はあります"。よって、契約締結後にBが契約金を持って逃げようが、そのような代理人を選んだAの責任であり、AはCとの契約を履行（Cでプレー）しなければならないのが原則です。CがBの思惑について善意無過失なら、この結論で問題がないでしょう。

　しかし、上記 Case のようにCがBの思惑を知っていたり、または、知ることができた場合には、Aに契約の履行を強いるのは酷です。よって、Cが、Bが代理権を濫用しようとしていることを知っていた、または、知ることができたときは、Bの行為は無権代理（P165〜）となり、Aに効力が生じないとされています（民法107条）。

5. 代理権の消滅

　代理権の最後は、代理権が消滅する事由をみます。

　代理権は、本人または代理人について、以下の事由が生じることによって消滅します。任意代理と法定代理で少しだけ違いがあります。

任意代理	本人	死亡 （民法111条1項1号）	破産手続開始の決定 （民法653条2号） ※委任による任意代理の場合	
	代理人	死亡 （民法111条1項2号）	破産手続開始の決定 （民法111条1項2号）	後見開始の審判 （民法111条1項2号）
法定代理	本人	死亡 （民法111条1項1号）		
	代理人	死亡 （民法111条1項2号）	破産手続開始の決定 （民法111条1項2号）	後見開始の審判 （民法111条1項2号）

・死亡

　代理権は、本人と代理人の関係をつないでいるものですので、片方が死亡すれば、死亡したのが本人でも代理人でも、代理権は消滅します。これは、任意代理でも法定代理でも同じです。

・破産手続開始の決定

　任意代理の本人（委任による任意代理の場合）または代理人の破産手続開始の決定の場合に代理権の消滅事由となるのは、本人と代理人の関係が信頼関係で成り立っているからです。破産によって信頼関係が失われます。破産が終了事由となることは他

の法律でもよくありますが、それは、**破産すると経済的信用を失うからです**。

　法定代理の本人が破産しても代理権が消滅しないのは、未成年者で考えてください。未成年者が破産したからといって、親権者の代理権がなくなるのはおかしいでしょう。それに対して、法定代理でも、代理人が破産すると代理権が消滅します。法定代理人は本人の財産の管理などをしますが、破産した者が財産の管理をすることは適当ではないからです。

・後見開始の審判

　これは、任意代理も法定代理も同じ理由です。代理において、法律行為（代理行為）をするのは代理人です（P145③）。本人が成年被後見人となっても、本人は法律行為をしないので問題ありませんが、代理人が成年被後見人となると、法律行為をする者なので問題があります。よって、代理人が成年被後見人となった場合のみ、代理権が消滅するとされているのです。

2 　顕名（要件②）

　次は、代理の2つ目の要件である「顕名」をみていきましょう。

1．意義

　顕名：代理人がその行為の法律効果を本人に帰属させようとする意思（代理意思）
　　　　を有していることを相手方に知らせること

　口頭で、「私はプロ野球選手Aの代理人です」などと言っても構いませんが、契約書を作成するときは、たとえば、右のように記載します（Aが本人、Bが代理人、Cが相手方です）。代理人が本人の代わりに相手方と契約をする場合、契約書を作成する（押印する）のは代理人と相手方になります。その際、代理人を表示するときに「上記代理人」と記載すれば、契約の効果が本人と相手方に及ぶことになります。

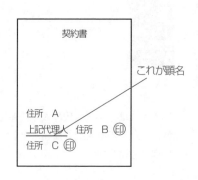

2．顕名をしなかったとき

　顕名は代理の要件なわけですが、では顕名をしなかったときはどうなるでしょうか。以下のCaseで考えてみましょう。

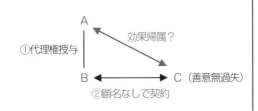

Case

（1）日本のプロ野球選手Aの
代理人Bは、メジャーリーグ
のチームCと、Aのためにす
ることを示さないで、契約を
締結した。この場合、AC間
に契約が成立するか？
なお、Cは、BがAの代理人であることを過失なく知らなかった。
（2）上記（1）の Case において、Cが、BがAのためにすることを知ること
ができたときは、どうか？

（1）原則

　代理人が顕名をしなかった場合、相手方が、代理人が本人のためにすることを注意
しても知ることができなかったとき、つまり、相手方が善意無過失であるときは、代
理人が自分のためにした意思表示とみなされます（民法 100 条本文）。よって、上記
Case（1）の場合、代理人BとCとの間に契約が成立します。

　上記 Case（1）で、代理人Bが「私はプロ野球選手Aの代理人です」と言わなけ
れば、Cは、Bが契約の相手方だと思います。よって、BとCとの間に契約が成立す
るのです。Bが野球ができそうもない年齢や体だったら、Cは、Bが契約の相手方だ
と思いませんが、たとえば、Bもプロ野球選手であった場合は勘違いする可能性があ
ります。

（2）例外

　代理人が顕名をしなかった場合でも、相手方が、代理人が本人のためにすることを
知り、または、知ることができたとき、つまり、相手方が悪意または有過失であると
きは、本人に対して直接に効力が生じます（民法 100 条ただし書）。よって、上記 Case
（2）の場合、AとCとの間に契約が成立します。

　顕名がなくても、Cが契約の相手方がAだと知っていれば問題ありません。また、
たとえば、代理人Bが 60 歳で、どうみてもメジャーリーグで野球ができそうにない
者であった場合は、Cが、契約の相手方がAだと知らなくても、それはCの落ち度で
すので、保護する必要はなくなります。

3．代理人が直接本人の名だけを示した場合

顕名の最後に、少し変わった事例をみましょう。

代理人が直接本人の名だけを示した場合は、顕名があるとされるでしょうか。以下のような場合です。

ex. 日本のプロ野球選手Aから代理権を与えられたBが、契約書に直接「A」と表示してメジャーリーグのチームCと契約を締結しました。

この事例は条文には明記されていませんが、代理人が直接本人の名だけを示した場合も顕名があるとされます（大判大4.10.30、大判大9.4.27、最判昭39.9.15参照）。

顕名の趣旨は「効果帰属主体を明らかにすること」なので、直接本人の名だけを示した場合もこの趣旨は充たされるからです。効果帰属主体の「A」は、契約書に表示されていますから。

3　代理行為（要件③）── 代理人と相手方の関係

代理の3つ目の要件は「代理行為」です。代理人が、相手方と法律行為（契約など）をすることです。

1．代理人の能力

代理人は、制限行為能力者でもなることができるでしょうか。

「法律行為をするから、ダメなのでは？」と思われたかもしれませんが、代理人は、制限行為能力者でも（成年被後見人や未成年者でも）構いません（民法102条本文）。

ex. 日本のプロ野球選手Aが、未成年である
Bに、自分の代わりにメジャーリーグのチームCと契約する代理権を与えることもできます。この場合は、Bが交渉することになります。Bが、IQ200の超天才児で交渉にもってこいの人物なら、未成年でも依頼するプロ野球選手がいるかもしれません。

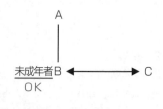

「Bが不利益を受けないの？　制限行為能力者って保護しないといけなかったんじゃ？」と思われたかもしれませんが、代理行為の効果は本人Aに帰属しますので（民法99条）、代理人となったBが不利益を受けることはありません。未成年であるBの交渉によって、利益を受けるのも不利益を受けるのもAです。そのAが未成年者が代理人で構わないと判断したのなら、それで構わないのです。

よって、Bが代理行為をしたら、Bが制限行為能力者であること（代理行為に保護者の同意がないこと）を理由に代理行為を取り消すことはできません（民法102条本文）。

※本人と代理人との間の契約を制限行為能力を理由に取り消すことができるか？

　それに対して、AとBとの間の代理権を発生させる委任契約などは、未成年者Bがこの委任契約などを締結するにあたって法定代理人の同意または代理によっていなかったのならば、B側から取り消すことができます（民法5条1項本文、2項など）。本人と制限行為能力者との間の契約は、制限行為能力を理由に取り消せるのです。

　AB間の契約の効力は未成年者Bに及ぶので、Bの保護を考える必要があるからです。

── Realistic 8　代理権の消滅事由（民法111条1項2号）との関係 ──

　「代理人は、制限行為能力者でも（成年被後見人や未成年者でも）構いません」と説明しましたが、後見開始の審判を受けることは代理権の消滅事由でした（民法111条1項2号。P155）。「これらは矛盾しているのでは？」というご質問をよく受けます。

　これは、「成年被後見人を代理人とすることはできるが（民法102条本文）、元々は成年被後見人でなかった代理人が成年被後見人となった場合は代理権が消滅する（民法111条1項2号）」ということです。

　つまり、「成年被後見人でも、本人がそれでも構わないなら問題ないが、成年被後見人でない者を代理人としたのに、成年被後見人となったのなら、代理権を消滅させるべきである」ということです。

※制限行為能力者が他の制限行為能力者の法定代理人としてした行為

　上記のとおり、代理人が制限行為能力者であることを理由に代理行為を取り消せないのが原則です。しかし、制限行為能力者が他の制限行為能力者の法定代理人としてした行為については、取り消せます（民法102条ただし書）。以下のようなハナシです。

ex. 未成年者Aの法定代理人Bが成年被後見人である場合に、BがAを代理してCと売買契約を締結したときは、この代理行為を取り消すことができます。

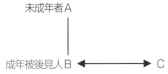

　この場合も、P158のex.と同じく、制限行為能力者が代理人となっています。しかし、法定代理人ですので、P158のex.と異なり、本人が選んだわけではありません。よって、「制限行為能力者（B）が代理人で構わないと判断して代理人にしたのはお前（A）なんだから、後でそれを理由に取り消すな！」という理由が当たらないんです。そこで、本人を保護するため、この場合は取り消すことができるとされました。

2. 代理行為の瑕疵

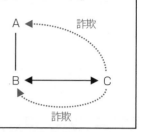

Case

　日本のプロ野球選手Aの代理人としてBがメジャーリーグのチームCと契約を締結した。しかし、Cが詐欺をしていた。この場合にAが契約を取り消すことができるのは、Cが欺いたのがAであった場合か？　それとも、Bであった場合か？

　代理人が相手方との間で代理行為（法律行為）をするのが代理ですが、この代理行為に瑕疵があった場合には、通常の法律行為のように、契約が無効になったり取り消すことができるものになったりします。「瑕疵」とは、意思の不存在、錯誤、詐欺、強迫による意思表示、過失があるなどです（民法 101 条 1 項、2 項）。

　では、代理行為に瑕疵があるかは、本人を基準に考えるのでしょうか。それとも、代理人を基準に考えるのでしょうか。

（1）原則

　代理行為の瑕疵は、実際に代理行為をする代理人を基準に、瑕疵ある意思表示にあたるかを考えます（民法 101 条 1 項、2 項）。代理人は、（代理権の範囲内という制限はつきますが）自分の判断で意思決定をするからです。

　よって、上記 Case において、Aが契約を取り消すことができるのは、Cが欺いたのがBであった場合です。Cが欺いたのがAであった場合は、取り消せません。

※代理人が相手方に対して詐欺または強迫をした場合

　上記 Case とは逆に、代理人Bが相手方Cに対して詐欺または強迫をした場合、Cは契約を取り消すことができます（大判明 39.3.31、大判昭 7.3.5）。ただ、これは民法 101 条ではなく、民法 96 条 1 項の当事者間の詐欺（P133（1））・強迫としての取消しです。民法 101 条は"代理人Bの意思表示に"問題がある場合のハナシです。しかし、代理人Bが詐欺または強迫をした場合に問題があるのは、相手方Cの意思表示です。詐欺または強迫によって動機に問題が生じているのは、相手方Cだからです。

（2）例外

　上記（1）のとおり、代理行為に瑕疵があるかは、代理人を基準に代理人の意思表示に瑕疵があるかを考えれば構わないのが原則です。「代理人が知っていたか」などを考えればいいのです。

　しかし、以下の①および②に該当する場合には、本人は、自ら知っていた事情および過失によって知らなかった事情について「代理人が知らなかった」と主張できません（民法101条3項）。

①本人が代理人に特定の法律行為をすることを委託した
②代理人が上記①の法律行為をした

ex1. 日本のプロ野球選手AはBに、「ヤンキースと年俸25億円で契約しろ」と限定した代理権を与え、Bがそれに従ってヤンキースと年俸25億円で契約したとします。この場合、Aは、自ら知っていた事情および過失によって知らなかった事情について、「Bはこの事情を知らなかったんだ！」とは言えません。たとえば、ヤンキースに契約をする意思がなかった場合（心裡留保）、そのことを、Bが知らなかったとしても、Aが知っていれば、Aは契約が有効であると主張することができません（P107）。

ex2. AがBに、特定の不動産や動産を購入する代理権を与え、Bがそれに従ってその特定の不動産や動産を購入する契約をしたとします。この場合、Aは、自ら知っていた事情および過失によって知らなかった事情について、「Bはこの事情を知らなかったんだ！」とは言えません。たとえば、BがAの代理人としてAが指定した土地を購入した場合に、その土地は建物を建てられない土地であることを、Bが知らなかったとしても、Aが知っていれば、Aは錯誤による取消しを主張することができません（P126の1.）。

　これらの場合には、実質的にAが意思決定をし、Bはそれに従って代わりに法律行為をしているにすぎません。その場合に、Aに、「Bはこの事情を知らなかったんだ！」という主張を許してしまうのは、おかしいですよね。

4　復代理

1. 意義

　　復代理：代理人が、自分の権限内の行為について、自分の名でさ
　　　　　　らに代理人（復代理人）を選任して、復代理人に代理行
　　　　　　為を行わせること

ex.　Aの代理人であるBが、「今はちょっと忙しいので、別の者に
　　お願いしよう」と考え、Dを代理人に選任し、Dに代理行為を
　　行わせることが復代理です。

　　この場合のDを「復代理人」といいます。

A 本人
｜
B 代理人
｜
D 復代理人

2. 復代理人の選任の可否

　　では、代理人は復代理人を自由に選任し、復代理人に代理行為を任せることができ
るのでしょうか。ここは、任意代理と法定代理で違いがあります。

	任意代理	法定代理
可否	代理人は、以下の①または②の要件を充たした場合のみ、復代理人を選任できます（民法104条）。 ①本人の許諾を得た ②やむを得ない事由（ex. 急病）がある	代理人は、特別な理由がなくてもいつでも、復代理人を選任できます（民法105条前段）。
理由	プロ野球選手Aが、Bを代理人としたのであれば、それはBが名高いエージェントだったからでしょう。つまり、"そいつだから"任せたわけです。にもかかわらず、Bが、たとえば、「今はちょっと忙しいから、松本を復代理人にしたから」と言ったら、Aは激怒するでしょう。私は英語は話せませんので、Aにものすごく不利な契約を結んでしまいます……。 よって、上記①または②の場合しか復代理人を選任できないとされたのです。	未成年者と親権者の関係でいうと、未成年者が本人、親権者が代理人です。たとえば、未成年者が裁判の当事者となったときには、親権者が代理人として裁判をするのが原則ですが、法律に詳しくない親権者がほとんどです。よって、親権者が弁護士（復代理人）を選任するのが普通です。この場合に、本人である未成年者の許諾は不要でしょう（未成年者が3歳とかだったら、何のことかわからないでしょうし……）。

3．代理人の責任

　代理人が復代理人を選任した場合（任意代理の場合は上記2.の表の①または②の要件を充たした場合に可能です）、代理人は「復代理人に任せたから、私は関係ない」とはなりません。責任があります。責任とは、復代理人の行為によって本人に損害が生じた場合の損害賠償責任などです。ここでも、任意代理と法定代理で、責任を負う場合に違いがあります。

Realistic rule

　以下すべて、「代理人が責任を負う可能性がない」となることはありません（＝どの場合も、責任を負う可能性があります）。

　代理は、厳しい責任が課せられているからです（P146②）。

任意代理	法定代理
復代理人の行為に問題があった場合、それは本人と代理人との間の代理権授与契約の債務不履行（Ⅲのテキスト第5編第3章第2節）に当たり、代理人は本人に債務不履行責任を負います。 代理人は本人から任されたわけなので、復代理人が問題のある行為をした場合には、それは代理人が本人から任されたことをきちんと行わなかったということになり、債務不履行になるのです。	【原則】 代理人は、代理人に過失がなくても責任を負います（無過失責任。民法105条前段）。 法定代理人は自由に復代理人を選任できるので（上記2.）、その代わりすべての責任を負うのです。また、法定代理人は親権者などですしね。 【例外】 代理人がやむを得ない事由（ex. 急病）で復代理人を選任したときは、代理人は、復代理人の選任と監督について過失があった場合のみ責任を負います（過失責任。民法105条後段）。 やむを得ない事由がある場合にまで無過失責任を負わされるのは、酷だからです。

4．復代理の法律関係

　復代理人が選任された後の法律関係は、どうなるでしょうか。本人、代理人、復代理人と3者が出てきますので、下記（1）〜（3）の法律関係が問題となります。

復代理の法律関係を考える視点

　復代理の法律関係を考えるときは、以下の2つの視点で考えてください。この2つの視点で、ほとんどの結論を導き出せます。
　復代理人は、
①代理人の下にいる（復代理人は代理人に選任されます）
　しかし、
②本人のための代理人である（本人に効果が帰属するからです）

（1）復代理人と代理人の間

　復代理人は、代理人に選任され、代理人の監督に服し、復代理人の権限は代理人の権限内に限られます（民法106条2項。上記①の視点）。

（2）復代理人と本人の間

　復代理人は、代理人の代理人ではなく、本人の代理人です（民法106条1項。上記②の視点）。よって、本人の名において代理行為をし（上記②の視点）、その代理行為の効果は直接本人に帰属します（上記②の視点）。復代理人は、復代理人の権限の範囲内において、本人に対して代理人と同一の権利義務を有し、第三者に対しても代理人と同様の関係に立ちます（民法106条2項）。
　このように効果は直接本人に帰属するのですが、復代理人の代理権は、代理人の代理権が消滅すると消滅します。代理人の下にいるので（上記①の視点）、間の代理人がいなくなると、復代理人の存在の前提がなくなるからです。

　復代理人は、代理行為をする中で受領した物がある場合、本人に対してその物を引き渡す義務を負います（最判昭51.4.9）。本人のための代理人だからです（上記②の視点）。また、この場合、代理人に対しても受領した物を引き渡す義務を負います。代理人の下にいるからです（上記①の視点）。
　「本人にも代理人にも渡すの？」と思われたかもしれませんが、2人には渡せませんので、一方に渡せば他方への引渡義務は消滅します（最判昭51.4.9）。

（3）代理人と本人の間

　復代理人が選任されても、代理人と本人の間の関係は変わりません。よって、復代理人が選任された後も、代理人は代理権を失わず、代理人も本人を代理できます。

第3節　無権代理

　次は、無権代理です。無権代理には、「狭義の無権代理」（下記 1 ）と「表見代理」（下記 2 ）があります。無権代理ですので、いずれも、代理人が代理権がないにもかかわらず本人の代理人として代理行為をした場合のハナシです。

　「代理権がないなら、本人は関係ないのでは？」と思われると思います。

　「狭義の無権代理」は、本人にまったく関係のないハナシなので、原則として本人は関係ありません。ただし、例外的に関係してくる場合があります。

　「表見代理」は、代理権はないのですが、本人にも責任がある場合のハナシです。よって、本人に効果が帰属します。

1 　狭義の無権代理

1．効力

> **Case**
>
> 　Bは、日本のプロ野球界で圧倒的な成績を収めたAがメジャーリーグに移籍したいと考えていることを知り、「Aをメジャーリーグに高く売れるのは私しかいない！」と思い、Aから代理権を与
>
>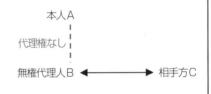
>
> えられていないにもかかわらず、Aの代理人としてメジャーリーグのチームCと契約を締結した。この契約の効果は、Aに帰属するか？

> **民法113条（無権代理）**
> 1　代理権を有しない者が他人の代理人としてした契約は、本人がその追認をしなければ、本人に対してその効力を生じない。

（1）原則

（a）効果の帰属

　無権代理は、代理権がありませんので、本人に効果が帰属しないのが原則です（民法113条1項）。よって、上記Caseにおいて、Aに効果は帰属しません。

代理権がある場合に代理人がした代理行為の効果が本人に帰属するのは、**本人の納得**があるからです。よって、代理権がない（＝本人が納得していない）場合には、本人に効果が帰属しないのが原則なのです。

（b）無権代理人の責任

ⅰ　意義

上記 Case では、Cは、Aがプレーしてくれると思っていました。しかし、Aに効果が帰属しません。このとき、Cは、怒りの矛先をBに向けることができます。これが、「無権代理人の責任」です。CはBに、無権代理人の責任を追及できるのです。

ⅱ　趣旨

代理制度は堅持すべきものでした（P146）。しかし、無権代理は代理制度の信用を壊しかねないものです。よって、無権代理人には厳しい責任が課せられるのです。

ⅲ　要件

相手方が無権代理人の責任を追及するには、以下の①～⑤の要件を充たす必要があります。要件が5つと多いですが、①②は当たり前の要件なので、③～⑤を重点的に記憶してください。

①代理権の存在を証明できなかったこと（民法117条1項）

　代理権の存在を証明できれば、無権代理にはなりません。これは当たり前ですね。

②本人の追認がないこと（民法117条1項）

　P168～170（2）で説明しますが、本人が無権代理行為を追認することができます。追認すると、無権代理行為は契約の時にさかのぼって本人に効果が生じますので（民法116条本文）、無権代理でなくなります。よって、これも当たり前の要件です。

③相手方が取消権（民法115条）を行使していないこと（通説）

　P171～172（b）で説明しますが、相手方は契約を取り消すことができます（民法115条本文）。相手方が契約を取り消したのであれば、相手方は、自ら契約を切ったので、無権代理人の責任を追及する意思はないということになります。

④相手方が無権代理であることにつき、善意無過失であること（民法117条2項1号、2号本文）

　下記※で説明しますが、無権代理人には無過失責任という非常に厳しい責任が負わされています。それとのバランスを取るため、相手方が責任追及するには善意無過失が要求されるんです（P146②）。

　ただし、相手方に過失があっても、無権代理人が自分に代理権がないことを知っていたときは、相手方は無権代理人の責任を追及することができます（民法117条2項2号ただし書）。相手方に過失がありますが、無権代理人が自分に代理権がないことを知っているのならば、無権代理人を保護する必要がないからです。

⑤無権代理人が制限行為能力者でないこと（民法117条2項3号）

　無権代理人が制限行為能力者であれば、責任を負いません。無権代理人が無過失責任を負い（下記※）、相手方に善意無過失が要求されているにもかかわらず（上記④）、制限行為能力者は制限行為能力者というだけで責任を負いません。やはりここでも、制限行為能力者は過度に保護されているのです（P62の「過度にひいき」）。

　以上の5つの要件を図で表すとこうなります。

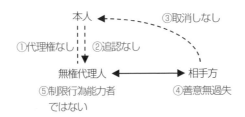

※上記①〜⑤に「無権代理人が悪意または有過失であること」という要件がないとおり、上記①〜⑤の要件を充たした場合には、善意無過失の無権代理人も責任を負います（無過失責任）。無権代理人は代理制度の信用を揺るがした者ですので、非常に厳しい責任を負わされているのです（P146②）。

iv　責任の内容

　上記iiiの①〜⑤の要件を充たした場合、相手方は無権代理人に、以下の①または②のどちらかを選択して請求することができます（民法117条1項）。

①履行

　金銭の支払など、無権代理人でも履行できる債務であれば、相手方は履行を求めればいいでしょう。

②損害賠償責任

　P165 の Case の野球のプレーなど、無権代理人に履行してもらっても意味がない場合は、相手方は損害賠償を請求することになります。

　賠償の内容は、信頼利益の賠償に限られるわけではなく、履行利益の賠償も含みます（最判昭 32.12.5）。

用語解説 ── 「信頼利益」「履行利益」

　「信頼利益」とは、実損害（実際に生じたマイナス）のことです。

ex. P165 の Case において、C が契約のためにかけた人件費など、C が実際に被った損害が信頼利益になります。

　「履行利益」とは、逸失利益（入らなかったプラス）のことです。

ex. 転売利益が典型例です。（野球選手なので、「転売」という表現はふさわしくないですが）P165 の Case において、C が A を獲得し、すぐに A を他の球団に移籍させて移籍金を得るつもりであったのならば、その移籍金によって得られたであろう利益が履行利益になります。

（2）例外 ── 追認

（a）意義

追認：無権代理人が代理行為をした場合に、代理権があったのと同じに扱うという本人の意思表示（民法 113 条）

　無権代理人が代理行為をしても、本人は関係ありません。しかし、本人が「その契約内容で構わないよ」などと追認をすると、本人に効果が帰属します。

※黙示の追認

　この「追認」は、黙示の追認でも構いません（P132 の「沈黙・黙示についてのテクニック」）。

ex. 無権代理人の締結した契約について、本人が相手方に履行を請求した場合、追認を明示していませんが、履行を請求する行為が黙示の追認に当たり、本人に効果が帰属します（大判大 3.10.3）。

＊以下の2段落の説明は、P206 までお読みいただいた後にお読みください。

　それに対して、民法 125 条は類推適用されませんので、民法 125 条各号に当たる行為（P205①〜206⑥）をしたからといって、無権代理を追認したことにはなりません（最判昭 54.12.14）。
　なお、「上記 ex.は P205②なのでは？」と思われたかもしれませんが、上記 ex.は民法 125 条が類推適用されたわけではなく、黙示の追認に該当しただけです。

※本人に相続が生じている場合の追認の方法
　本人に相続が生じている場合には、相続人の全員が追認をする必要があります。

※代理行為が錯誤によって取り消すことができる場合の追認の可否
　無権代理人が締結した契約が錯誤によって取り消すことができる場合でも、本人は追認できます。追認によって本人に効果が帰属した後、P160〜161 の 2.の代理行為の瑕疵（民法 101 条）の問題となります。

（b）趣旨
　たとえば、P165 の Case において、たしかに B は勝手に契約を締結しましたが、実は B は交渉のプロであり、「年俸 100 億円」という破格の契約を成立させた場合、A はどう思うでしょうか。それなら「その契約内容で C でプレーしたい」と思うかもしれません。そのようなこともあるため、「追認」という制度があるのです。
　また、代理行為の効果が本人に帰属するのは、本人の納得があるからでした（P166 の「効果が本人に帰属する根拠」）。追認は本人が納得したということですので、本人に効果を帰属させても問題ないのです。

（c）効果
　本人が追認をすると、特約のない限り、代理行為の効果は契約の時にさかのぼって本人に効果が生じます（民法 116 条本文）。

さかのぼって効力が生じるかどうかの判断基準
　さかのぼって効力が生じるかが問題となったときは、以下の判断基準で考えてください。
・もともと何もなかった　→　さかのぼらない
・もともと何かあった　　→　さかのぼる
　無権代理の場合、無権代理人に代理権がないとはいえ、無権代理人と相手方が契約をしているので、もともと何もなかったわけではありません。よって、さかのぼるのです。

　ただし、さかのぼるといっても、第三者の権利を害することはできません（民法116条ただし書）。ただ、この民法116条ただし書が適用されることはほとんどありません。以下のex.のように、普通は対抗要件（民法177条など）の問題となるからです。

ex.　Bが、代理権がないにもかかわらず、Aの代理人と称して、Cとの間でAが所有している建物を売却する契約を締結しました。その後、Aが、その建物をDに売却しました。そして、Aは、ＢＣ間の契約を追認しました。この場合、ＣＤ間の優劣は、登記（民法177条）によって決まります。

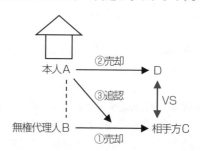

（d）追認拒絶

　本人は、追認を拒絶することもできます（民法113条2項本文参照）。追認拒絶をすると、代理行為の効果は本人に帰属しないことに確定します。

　無権代理は本人とは関係ないので、わざわざ追認拒絶をする必要はありません。しかし、追認して本人に効果が帰属する可能性は残っていますので、その可能性をゼロにするために追認拒絶をしても構わないのです。

（e）追認・追認拒絶の方法

　追認または追認拒絶は、相手方に対する意思表示によってします（民法113条2項本文）。

　無権代理人に対してした場合、それを相手方が知るまでは、その効力を相手方に主張できません（民法113条2項ただし書）。ただし、相手方から主張することはできます（大判大14.12.24）。

　本人に効果が帰属するのかしないのかを最も知りたいのは相手方ですから、相手方に対してするのが原則とされており、無権代理人にした場合には相手方がそれを知らなければ相手方に主張できないとされているのです。

（3）相手方の採り得る手段

　上記（2）の「追認」は、本人がするものです。無権代理の相手方からできることではありません。そこで、相手方の採り得る手段として用意されているのが、「催告権」（下記（a））と「取消権」（下記（b））です。

（a）催告権

　無権代理人が代理行為をした場合、相手方は本人に対し、相当の期間を定めて、その期間内に追認をするかどうかを確答すべき旨の催告をすることができます（民法114条前段）。相手方は本人に、「追認するの？　しないの？」と催告ができるのです。そして、その期間内に本人が確答をしないときは、本人が追認を拒絶したものとみなされ、本人はそれ以後は追認できなくなります（民法114条後段）。

ex. P165のCaseにおいて、CはAに対し、相当
　　の期間を定めて、Bが勝手に締結した契約を
　　追認するかどうか催告することができます。
　　この期間内にAが答えないと、追認を拒絶し
　　たとみなされ、Aはそれ以後は追認できなく
　　なります。

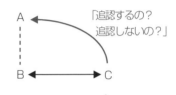

　　Aが答えない場合の効果が、「追認」ではなく「追認拒絶」となっているのは、無権代理において本人は関係ないので、何も答えないからといって「追認」になるのはおかしいからです。たとえば、私がみなさんの無権代理人として勝手に契約をしまくったとします。このとき、その相手方からみなさんのところに何通も「追認するの？しないの？」という催告がきて、みなさんが無視していたら追認になってしまうのは、どう考えてもおかしいですよね。

　なお、この催告は、無権代理であることについてCが悪意である場合もできます。追認するかしないかの選択権がAにあるので、悪意でも認められているのです。

（b）取消権

　無権代理人が代理行為をした場合、本人が追認しない間は、相手方は契約を取り消すことができます（民法115条本文）。本人が追認したら取り消せなくなるので、相手方が取り消したい場合は、本人の追認と早い者勝ちになります。

ex. P165のCaseにおいて、Aが追認をする前であれ
　　ば、Cは契約を取り消すことができます。
　　「取消し」ですから、初めから何もなかったことに
　　なり、無権代理行為の効果が本人に帰属しないことが

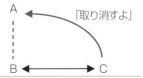

確定します。よって、無権代理人の責任も生じません（P166③）。取消権を行使することは、相手方が完全に関係を切ることなのです。

　Cがこの取消権を行使するには、Cは無権代理について善意である必要があります（民法 115 条ただし書）。上記（a）の催告権と異なり、悪意ではダメなのは、取消権の場合は選択権がCにあるからです。催告のようにAが追認をするかどうかを待たず、「無効で確定」にすることができてしまうので、悪意者にはそこまでの権利が認められていないのです。

　ただし、悪意でなければ、Cに過失があるのは OK です。取消しは無権代理行為の効果が本人に帰属しないことを確定させることであり、本人に効果を生じさせる方向ではありませんので、過失がある場合までは認められているのです。

2．無権代理と相続

　無権代理には、相続が絡む問題があります。無権代理人が代理行為をした後、以下のいずれかのことが起きた場合のハナシです。

①本人が死亡し、無権代理人が本人を相続した（下記（1））
②無権代理人が死亡し、本人が無権代理人を相続した（下記（2））

　これらの場合に、無権代理人または本人が、無権代理行為の追認を拒絶できるかという問題です。

追認を拒絶できるかを考える視点

　無権代理と相続の論点は、「色んなパターンがあって複雑だな〜」と感じてしまうところです。しかし、実は追認を拒絶できるかは、かなり簡単な視点から考えることができます。以下の考え方です。

【原則】
無権代理行為をした者　　　→　追認を拒絶できません
無権代理行為をしていない者　→　追認を拒絶できます

　無権代理行為をした者は、無権代理行為をした張本人ですから、追認を拒絶できません。それに対して、無権代理行為をしていない者は、無権代理行為をした張本人ではありませんから、追認を拒絶できます。

　「無権代理行為をした張本人か、張本人でないか」という実は単純なハナシなのです。

【例外】

無権代理人を相続した者がさらに本人を相続した場合（下記（2）（b））

　これだけ、上記の原則の考え方ではうまく結論が出ません。これを例外にしない説明方法もあるのですが、例外にしたほうが記憶しやすいでしょう。

（1）本人の死亡

（a）無権代理人が本人を単独で相続した場合

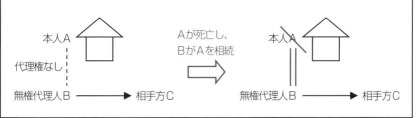

Case

　Aの子Bは、親であるAから代理権を与えられていないにもかかわらず、Aの代理人としてAが所有している建物をCに売り渡した。その後、Aが死亡して、BがAを相続した。この場合、Bは本人Aの地位を承継したので、追認を拒絶できるか？

本人A　代理権なし　無権代理人B　→　相手方C

Aが死亡し、BがAを相続

本人A　無権代理人B　→　相手方C

　上記 Case のように、無権代理人Bが本人Aを単独で相続した場合、Bの無権代理行為は当然に有効となり、Bは追認を拒絶できません（最判昭 40.6.18）。

　Aは、本人ですので、追認を拒絶できました。そのため、本人の地位を承継したBも追認を拒絶できそうにも思えます。しかし、Bは無権代理行為をした張本人ですから、追認を拒絶できないのです（上記の「追認を拒絶できるかを考える視点」）。

（b）無権代理人が本人を他の相続人と共同で相続した場合

Case

　Aの子Bは、親であるAから代理権を与えられていないにもかかわらず、Aの代理人としてAが所有している建物をCに売り渡した。その後、Aが死亡して、B、D、EがAを相続した。この場合、Bの無権代理行為は当然に有効となるか？

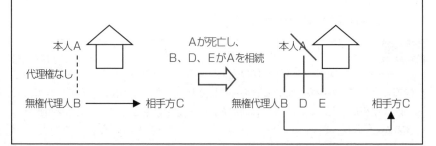

　まず、誰が追認を拒絶できるかを考えましょう。

　Aは、本人ですので、追認を拒絶できました。そして、その本人の地位がB、D、Eに承継されました。しかし、Bは無権代理行為をした張本人ですから、追認を拒絶できません。それに対して、D、Eは無権代理行為をした張本人ではありませんから、追認を拒絶できます（上記の「追認を拒絶できるかを考える視点」）。

ⅰ　DとEが追認した場合

　DとEは、本人の地位を承継していますので、追認することもできます。DとEが追認すると、Bは信義則上、追認を拒絶できません。Bは無権代理行為をした張本人だからです。よって、有効で確定します（最判平5.1.21）。

ⅱ　DとEが追認を拒絶した場合

　DとEが追認を拒絶した場合、無権代理行為はBの相続分においても有効となりません（最判平5.1.21）。よって、上記 Case において、Bの無権代理行為は、当然には有効となりません。

　追認権は、相続人全員に不可分的に帰属するからです。「不可分的」とは、分けることができず、全員で行使しなければならないということです。共同相続人全員が共同して行使しない限り、無権代理行為は有効とならないのです。なお、これは上記の「追認を拒絶できるかを考える視点」に反していません。追認を拒絶しているのは、

張本人であるBではなく、張本人ではないDとEです。「張本人ではないDとEは追認拒絶可→追認権は不可分的なのでBだけでは追認不可→無権代理行為はBの相続分においても有効とはならない」という論理です。

　なお、この結論は、金銭債務であっても同じです（最判平5.1.21）。上記 Case は不動産の売買なので、Cに対しての不動産引渡債務が問題となっています。これと異なり、Bがした無権代理行為がたとえば金銭消費貸借契約であり、貸金返還債務を負うかが問題となった場合でも、DとEが追認を拒絶したときは、Bの相続分においても有効となりません。「金銭債務なら分けられるので、Bの相続分だけ有効にできるのでは？」と思われたかもしれませんが、債務を分けることができるかではなく、追認権が分けられるかが問題となっているからです。

　ただし、Bは、P166①〜167⑤の要件を充たせば、Cから無権代理人の責任を追及される可能性はあります。Bは無権代理人だからです。

　この（b）をまとめると、「DとEに選択権があり、BはDとEの選択に引っ張られる」となります。

（c）本人が生前に追認を拒絶した後に無権代理人が本人を単独で相続した場合

> **Case**
>
> 　Aの子Bは、親であるAから代理権を与えられていないにもかかわらず、Aの代理人としてAが所有している建物をCに売り渡した。Aは、売るつもりはなかったので、Cに対して追認を拒絶した。その後、Aが死亡して、BがAを相続した。この場合、Bの無権代理行為は当然に有効となるか？
>
>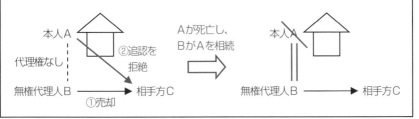

　上記 Case のように、本人Aが追認を拒絶した後に、無権代理人BがAを単独で相続した場合、Bの無権代理行為は有効とはなりません（最判平10.7.17）。

　Aは無権代理行為をした張本人ではありませんから、追認を拒絶できます（上記の「追認を拒絶できるかを考える視点」）。張本人であるBが追認を拒絶したわけではありません。そして、Aが追認を拒絶したことにより、無権代理行為の効果が本人に及ばないことが確定します。よって、その後にBがAを相続しても、本人に及ばないことに変わりはないのです。

　ただし、Bは、P166①〜167⑤の要件を充たせば、Cから無権代理人の責任を追及される可能性はあります。Bは無権代理人だからです。

（2）無権代理人の死亡
（a）本人が無権代理人を相続した場合

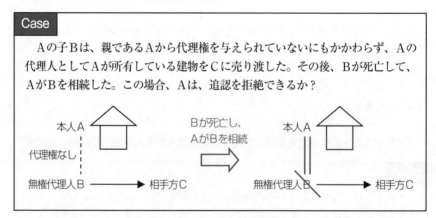

Case

　Aの子Bは、親であるAから代理権を与えられていないにもかかわらず、Aの代理人としてAが所有している建物をCに売り渡した。その後、Bが死亡して、AがBを相続した。この場合、Aは、追認を拒絶できるか？

本人A　代理権なし　無権代理人B　→　相手方C

Bが死亡し、AがBを相続

本人A　無権代理人B　→　相手方C

　上記 Case のように、本人Aが無権代理人Bを相続した場合、Bの無権代理行為は当然に有効とはならず、Aは追認を拒絶できます（最判昭37.4.20）。

　Aは、無権代理人の地位を承継しました。しかし、Aは無権代理行為をした張本人ではありませんから、追認を拒絶できるのです（上記の「追認を拒絶できるかを考える視点」）。

　ただし、Aは、P166①〜167⑤の要件を充たせば、Cから無権代理人の責任を追及される可能性はあります（最判昭48.7.3）。Aは無権代理人Bの責任を相続しているからです。

（b）無権代理人を相続した者がさらに本人を相続した場合

> **Case**
>
> 　Aの子Bは、親であるAから代理権を与えられていないにもかかわらず、Aの代理人としてAが所有している建物をCに売り渡した。その後、Bが死亡して、Bの父Aと母DがBを相続した。さらにその後、Aが死亡して、DがAを相続した。この場合、Dは追認を拒絶できるか？

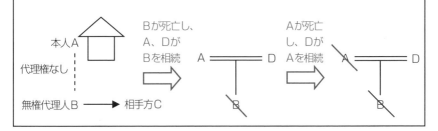

　上記 Case のDのように、本人Aとともに無権代理人Bを相続した後に、本人Aを相続した者は、追認を拒絶できません（最判昭63.3.1）。

　Dは、無権代理行為をした張本人ではありませんが、追認を拒絶できないので、これは上記の「追認を拒絶できるかを考える視点」の例外です。

　Dが追認を拒絶できないのは、Bを相続した時点で無権代理人の地位を承継しており、その後に本人Aを相続しているので、上記（1）（a）の「無権代理人が本人を相続した場合」に当たるからです。つまり、「DはBを相続した時点で無権代理人になっているから、その後に本人Aを相続することは、無権代理人が本人を相続するのと同じだよ」ということです。

　Dは無権代理行為をした張本人ではありませんので、「追認を拒絶できない」という結論に対して、学者からの批判は強いです。しかし、判例は、「Dは、Bを相続した時点で無権代理人になっている」という論理で、上記の結論としました。

2　表見代理

1．表見代理とは？

（1）意義

　「表見代理」も代理人に代理権がないのですが、上記 1 の「狭義の無権代理」と異なり、本人に帰責性があるので、無権代理行為の効果が本人に帰属します。

　表見代理には、以下の3種類があります。

①代理権授与の表示による表見代理（民法109条。下記2.）
②権限外の行為の表見代理（民法110条。下記3.）
③代理権消滅後の表見代理（民法112条。下記4.）

（2）趣旨

　表見代理の制度が存在するのは、以下の2つの理由によります。

①権利外観法理

　本人の帰責性により、代理権があるような外観が生じ、相手方が代理権があると信じてしまった場合が表見代理です。この場合には、その外観を信頼した相手方を保護する必要があります。

②代理制度に対する信頼の保護

　代理は制度自体の信頼を保護する必要があります（P146）。代理権がなかった場合でも、代理権があるような外観があったときは、その外観を信頼した相手方のために、代理権があったのと同じに扱う必要があるのです。

（3）要件

　3種類の表見代理に共通する要件は、以下の3点です。

①代理権があるような外観の存在

P124≒　②本人の帰責性

　本人に見る目がなかったということです。

③相手方の善意無過失

　代理は厳しい要件が課せられるので（P146②）、相手方は無過失まで要求されます。

　本人の帰責性（②）により、代理権があるような外観が生じ（①）、それを相手方

が無過失で信頼した（③）場合に、代理権があったのと同じに扱うということです。

　上記（2）①にありますとおり、権利外観法理（P124）が趣旨なので、趣旨を同じくする民法94条2項類推適用と同じような要件が要求されています。

2. 代理権授与の表示による表見代理（民法109条）

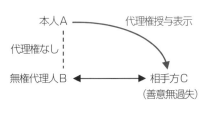

> **Case**
>
> 　日本のプロ野球選手Aは、Bに代理権を与えていないにもかかわらず、メジャーリーグのチームCに、Bに代理権を与えた旨を伝えたので、CはBがAの代理人だと過失なく信じた。そして、BはAの代理人としてCと契約をした。この場合、AはCでプレーしなければならないか？

民法109条（代理権授与の表示による表見代理等）

1　第三者に対して他人に代理権を与えた旨を表示した者は、その代理権の範囲内においてその他人が第三者との間でした行為について、その責任を負う。ただし、第三者が、その他人が代理権を与えられていないことを知り、又は過失によって知らなかったときは、この限りでない。

　上記Caseのように、本人Aが相手方Cに、Bに代理権を与えた旨を表示した場合、CはBが代理人だと思ってしまいます。そこで、Cが善意無過失でBが代理人だと信じた場合、P178の①～③の要件を充たすことになるので、Cを保護するため、効果を本人に帰属させるとしたのが、この代理権授与の表示による表見代理です。

　以上の要件を整理すると、以下の①～③のとおりです。

①代理権を与えた旨の表示（民法109条1項本文。P178の要件①）

　上記Caseのように、代理権を与えていないにもかかわらず代理権を与えた旨を伝えることはあまりありません。ただし、たとえば、新人を一人前に見せるために、本当は代理権を与えていないにもかかわらず、「この者に代理権を与えていますのでご安心ください」と言ってしまう、白紙委任状を与えるなど、実際にないわけではありません。

②本人の帰責性（P178 の要件②）

　代理権を与えた旨を表示した点に、Aに帰責性があるといえます。

③相手方の善意無過失（民法 109 条 1 項ただし書。P178 の要件③）

　上記 Case は上記①～③の要件をすべて充たしますので、AはCでプレーしなければなりません。

3．権限外の行為の表見代理（民法 110 条）

Case

　日本のプロ野球選手AはBに、「契約期間を 2 年」とする契約をする代理権を与えたが、BはAを代理して、メジャーリーグのチームCと「契約期間を 5 年」とする契約を締結した。Cは、

本人A
2 年契約
の代理権

無権代理人B ◄──────► 相手方C
　　　　　　　5 年契約　（善意無過失）

Bが「5 年契約」を締結できる代理権があると過失なく信じた。この場合、AはCで 5 年間プレーしなければならないか？

民法 110 条（権限外の行為の表見代理）

　前条第 1 項本文〔本人が責任を負う旨〕の規定は、代理人がその権限外の行為をした場合において、第三者が代理人の権限があると信ずべき正当な理由があるときについて準用する。

（1）意義・趣旨

　上記 Case のように、本人Aから何らかの代理権（「基本代理権」といいます）を与えられた代理人Bが、その代理権の範囲を超えて代理行為をした場合、基本代理権はあるので、相手方Cは代理権の範囲を超えている部分についても代理権があると思ってしまいます。そこで、Cを保護するため、効果を本人に帰属させるとしたのが、この権限外の行為の表見代理です。

（2）要件

（a）原則

要件は、やはり P178 の①〜③です。

①基本代理権があり、その代理権の範囲を超えて代理行為をしたこと（民法 110 条。
　P178 の要件①）

　代理行為は、基本代理権と同質のものである必要はありません。

ex. 借金の返済の代理権を与えられた者が借金の申込みの代理をした場合でも、民法
　　110 条の適用があります。

②本人の帰責性（P178 の要件②）

　基本代理権を与えた点に、Aに帰責性があるといえます。権限の範囲を超えて代理
行為をするような奴を選んだAが悪いということです。

③相手方の善意無過失（民法 110 条。P178 の要件③）

　民法 110 条の「正当な理由」とは、善意無過失のことです（最判昭 35.12.27）。

　上記 Case は上記①〜③の要件をすべて充たしますので、AはCで5年間プレーし
なければなりません。

（b）「基本代理権」とは？（上記①）

　上記①の要件について、「基本代理権に当たるのか」問題になるものがありますの
で、上記①の要件のみ詳しくみていきます。

ｉ　事実行為

　上記 Case の契約のように、私法上の法律行為が基本代理権になることは明らかで
す。では、事実行為（P97 の 2.）は基本代理権となるでしょうか。

　事実行為は、基本代理権とはなりません（最判昭 35.2.19）。

ex. AがBに借入金勧誘行為（事実行為です）を任せていた場合に、BがAを代理し
　　てCと保証契約を締結しても、Aは保証人にはなりません（最判昭 35.2.19）。

　民法 110 条は取引の安全を図るための規定なので、取引そのものではない事実行為
は基本代理権とはならないんです。

ii　公法上の行為

　公法上の行為は基本代理権となるでしょうか。「公法上の行為」とは、私人間の契約などではなく、役所で印鑑証明書を取得することや役所に戸籍の届けを出すことなどです。

（ i ）原則

　公法上の行為は、基本代理権となりません。たとえば、役所で印鑑証明書を取得することや役所に戸籍上の届けを出すことを任された者が、本人の代理人として売買などをしても、表見代理とはならず、本人に効果が帰属しません（最判昭39.4.2）。
　本人は、公法上の行為を任せたわけですから、さすがに私法上の法律行為（売買など）をするとは考えられないからです。

（ ii ）例外

　公法上の行為であっても、それが特定の私法上の取引行為の一環としてなされるものであるときは、基本代理権となります（最判昭46.6.3）。この判例で基本代理権として認められたのは、「所有権の移転の登記の申請の代理権」です。登記の申請の代理権を与えられた代理人が、権限を超えて連帯保証契約を締結した事案です。
　（不動産登記法で詳しく学習しますが）所有権の移転の登記の申請は、法務局（法務省の出先機関）に対してしますので、公法上の行為です。しかし、売買や贈与など私法上の法律行為と関連してするものです。私法上の取引行為の一環として行うものなので、基本代理権として認められたのです。

iii　夫婦間の日常家事債務（民法761条）と民法110条

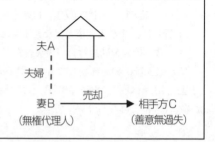

Case

　妻Bが、夫Aから代理権を与えられているわけではないのにAの代理人として、Aの所有する建物を無断でCに売却した。CはBに代理権がないことを過失なく知らなかった。この場合、CはAに対して、建物の引渡しを請求できるか？

　夫婦間の日常家事債務について、配偶者に代理権が認められ（下記（ i ））、それが基本代理権となるか（下記（ ii ））という問題があります。

まず、夫婦間の日常家事債務について、以下の条文があります。

> ### 民法761条（日常の家事に関する債務の連帯責任）
> 夫婦の一方が日常の家事に関して第三者と法律行為をしたときは、他の一方は、これによって生じた債務について、連帯してその責任を負う。ただし、第三者に対し責任を負わない旨を予告した場合は、この限りでない。

　夫または妻が日常の家事に関して第三者と法律行為をしたときは、他の一方は、これによって生じた債務について、連帯してその責任を負います（民法761条本文）。
ex. 夫が出前を注文し、出前が届いた時に夫がトイレに入っていた場合、妻が代わりに出前の料金を支払う必要があります。

（ i ）民法761条を根拠に夫婦相互の代理権が認められるか？
　民法761条には、夫婦間に「代理権」があるとは規定されていません。よって、まず、民法761条を根拠に夫婦の間に代理権が認められるかが問題となります。判例は、民法761条を根拠に夫婦の間に日常家事債務について代理権が認められるとしました（最判昭44.12.18）。

（ii）基本代理権（民法110条）となるか？
　次に、上記（ i ）で認められた日常家事債務についての代理権が、民法110条の基本代理権となるかが問題となります。判例は、民法110条の趣旨が類推適用されるとしました（最判昭44.12.18）。よって、夫婦の一方が他方から代理権を与えられていない行為について無権代理行為をした場合でも、相手方がその行為がその夫婦の日常家事の範囲内と信ずるにつき正当な理由があれば、本人（勝手に代理された夫婦の他方）に効果が帰属します（最判昭44.12.18）。

　では、上記 Case も A に効果が帰属するのかということですが、判例は、上記 Case の場合は、民法110条の趣旨が類推適用されない（A に効果が帰属しない）としました（最判昭44.12.18）。上記 Case は不動産の売買ですから、C が不動産の売買を日常家事の範囲内と考えたことに正当な理由があるとはいえないからです。日常家事として不動産を売る人はいないですよね……。

4. 代理権消滅後の表見代理（民法112条）

> **Case**
>
> 　日本のプロ野球選手AはBに、メジャーリーグのチームCと契約をする代理権を与えた。しかし、Cとの契約締結前にAB間の契約が切れ、Bの代理権が消滅した。にもかかわらず、BはAの代理人としてCと契約を締結した。Cは、BがまだAの代理人であると過失なく信じた。この場合、AはCでプレーしなければならないか？
>
>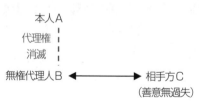
>
> 本人A
> 代理権
> 消滅
> 無権代理人B　⟷　相手方C
> （善意無過失）

民法112条（代理権消滅後の表見代理等）

1　他人に代理権を与えた者は、代理権の消滅後にその代理権の範囲内においてその他人が第三者との間でした行為について、代理権の消滅の事実を知らなかった第三者に対してその責任を負う。ただし、第三者が過失によってその事実を知らなかったときは、この限りでない。

　上記 Case のように、代理人Bが、代理権消滅後に代理人として代理行為を行った場合、かつては代理権があったので、相手方Cは現在でも代理権があると思ってしまいます。そこで、Cが善意無過失でBが代理人だと信じた場合、P178 の①～③の要件を充たすことになるので、Cを保護するため、効果を本人に帰属させるとしたのが、この代理権消滅後の表見代理です。

　以上の要件を整理すると、以下の①～③のとおりです。

①代理人として代理行為をした者がかつて代理権を有していたこと（民法 112 条 1 項本文。P178 の要件①）

　代理権が消滅する前に実際に取引をしたかは、関係ありません（最判昭 44.7.25）。代理権が消滅する前に実際に取引をしたかは、下記③の善意無過失の認定において考慮されます（最判昭 44.7.25）。

②本人の帰責性（P178 の要件②）

　Aに帰責性があります。まず、代理権が消滅した後に代理行為をするような奴を選んだのはAです。また、代理権が消滅したのであれば、それをCに通知するなり、Bから委任状を回収するなりするべきでした。

③相手方の善意無過失（民法 112 条 1 項。P178 の要件③）

上記 Case は上記①～③の要件をすべて充たしますので、AはCでプレーしなければなりません。

5. 表見代理規定の重畳適用

以上、3種類の表見代理をみてきましたが、表見代理の規定が合わせて適用されることがあるでしょうか。合わせて適用することを「重畳適用」といいます。

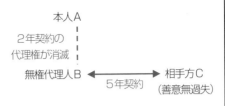

Case

日本のプロ野球選手AはBに、メジャーリーグのチームCと「契約期間を2年」とする契約をする代理権を与えた。しかし、Cとの契約締結前にAB間の契約が切れ、Bの代理権が消滅した。にもかかわらず、BはAの代理人としてCと「契約期間を5年」とする契約を締結した。Cは、BがまだAの代理人であり、「5年契約」を締結できる代理権があると過失なく信じた。この場合、AはCで5年間プレーしなければならないか？

上記 Case の場合、民法110条の「権限外の行為の表見代理」、民法112条1項の「代理権消滅後の表見代理」のいずれかだけでは、表見代理を成立させられません。

- 民法110条　　→　権限外の行為（5年契約）ですが、代理権消滅後なので、適用できません。
- 民法112条1項　→　代理権消滅後ですが、権限外の行為（5年契約）なので、適用できません。

しかし、民法110条と民法112条1項が重畳適用され、表見代理となります（民法112条2項）。よって、AはCで5年間プレーしなければなりません。
なお、民法109条1項と民法110条の重畳適用も OK です（民法109条2項）。

このように表見代理の成立する範囲を広くするのは、やはり相手方を保護して代理制度を堅持するため（P146①）です。
＊なお、厳密にいうと、「重畳適用」という用語は少しおかしいです。どういうことかというと、民法110条と民法112条1項が重畳適用されるのではなく、民法112条2項が"適用"されます。民法109条1項と民法110条も重畳適用されるのではなく、民法109条2項が"適用"されます。

3 表見代理と無権代理人の責任追及の関係

　上記 1 で「狭義の無権代理」、上記 2 で「表見代理」と2つの無権代理をみてきました。最後に、この2つの関係をみます。

> **Case**
>
> 　Bは、代理権がないにもかかわらず、プロ野球選手Aの代理人として、プロ野球チームCと契約を締結した。この代理行為が表見代理に当たる場合、Cから無権代理人の責任を追及されたBは、「表見代理が成立するので、Aに責任追及をしろ！」と言って、無権代理人の責任追及を免れることができるか？
>
>

　これは、表見代理が成立するときにも、相手方Cが無権代理人の責任を追及できるかという問題です。無権代理人Bからすると、「表見代理が成立するんだから、私には責任追及できないよ！Aにいけ！」と言いたいのです。
　以下の表のとおり対立がありますが、判例は C が B の責任追及をすることも認める肯定説です。

	肯定説（最判昭62.7.7） ⟶ ←	否定説
ダレの味方か	相手方（C）↗ 無権代理人（B）↘	無権代理人（B）↗ 相手方（C）↘
結論	表見代理が成立する場合でも、Cは、表見代理の主張をするか無権代理人Bの責任を追及するか選ぶことができます。	表見代理が成立する場合には、Cは、表見代理の主張しかできず、無権代理人Bの責任を追及することはできません。
理由	①表見代理は、Cを保護するための制度です。よって、Cが表見代理ではなく無権代理人Bの責任を追及するほうを選ぶのならば、それを認めるべきです。 ②Bは、自ら代理権なく代理行為をした者です。よって、「私じゃなくAにいけよ！」との主張を認めるべきではありません。 ③表見代理が成立するかは不確実です。また、表見代理の立証は一般的に困難です。Cにこのような過大な負担を課すべきではありません。	①無権代理人の責任は、表見代理によっては保護されないCを救済するための補充的責任（表見代理が成立しないときに出てくる責任）です。 ②表見代理が成立すれば、Cは有権代理の場合と同様の効果を得ることができます。それに加え、無権代理人Bの責任を追及できるとなると、有権代理の場合以上にCを保護することになります（有権代理の場合は、Aに履行を請求できるだけです）。
この説への批判		Cが表見代理の主張しかできないとなると、CがAに履行を請求する訴えを提起し、AがBに責任を追及する訴えを提起しなければならなくなります。これは、紛争の解決方法として迂遠（まわりくどい）です。 A ②訴え↓　↖①訴え B　　　C

第4節　代理と類似の制度

　代理の最後に、代理と類似する2つの制度をみます。「使者」（下記1）と「代表」（下記2）です。いずれも、代理と類似している点はありますが、代理ではありません。

1　使者

1．意義

　　使者：書面を届けるなど本人の意思表示をそのまま伝達する者（伝達機関としての
　　　　　使者）や、口頭で伝えるなど本人の決定した意思を示してその意思表示を完
　　　　　成させる者（表示機関としての使者）

ex. 本人に頼まれて契約の申込書を相手方に届けに行く者は、使者です。

2．代理との違い

　代理人は、代理権の範囲内で自分の考えで行動します。それに対して、使者は、自分の考えで行動するわけではなく、完全に本人の道具として行動します。

　使者のイメージのポイント

　使者の問題が出題された場合には、以下のイメージで解いてください。

　「道具として『使』われるだけの『者』」
　道具として使われるだけですから、犬で
もできることをします。

（1）意思能力・行為能力の要否

　代理の本人・代理人、使者の本人・使者に、意思能力および行為能力が必要かどうかは、以下のとおりです。

	代 理	使 者
意思能力 行為能力	代理人　→　意思能力は必要 　　　　　　行為能力は不要 （P158〜159の1.。民法102条） 代理人が意思決定（契約の締結など）をします。よって、代理人に売買代金の額の決定権限を付与したりすることもできます。	使 者　→　不要 使われるだけの者ですから、意思能力も行為能力も不要です。 本人が意思決定（契約の締結など）をします。よって、使者に売買代金の額の決定権限を付与したりすることはできません。
	本 人　→　不要	本 人　→　必要

（2）法律行為の要件

　法律行為の要件を本人と代理人（使者）のどちらで判断するかは、以下のとおりです。これは、たとえば、詐欺によって意思表示を取り消す場合、本人と代理人（使者）のどちらが欺罔された場合に取り消すことができるかという問題です。

	代 理	使 者
法律行為 の要件	主として代理人について決します （P160〜161の2.。民法101条）	本人について決します 使者は道具として使われるだけの者ですから、本人を基準とします。

（3）復任

　代理でいえば復代理ですが、代理人または使者が仕事を他人に任せるのに制限があるかは、以下のとおりです。

	代 理	使 者
復 任	任意代理には制限があります （P162の2.。民法104条）	広く認められます 使者は自分の考えで行動するわけではなく、道具として決まったことをするだけです。よって、他人に任せてもあまり変わりがないからです。

2　代表

1．意義

　代表：代表者のした行為が法人自体の行為とみなされる関係
ex. 株式会社と代表取締役との関係

　詳しくは会社法で学習することですが、法人（代理でいえば本人）と代表者（代理でいえば代理人）の関係は「代表」です。法人はP37~38②で説明したとおり、「法で認められた人」ですが、実際に「法人」（株式会社など）という人がいるわけではありません。そこで、基本的に代表者のした行為が法人の行為とみなされるのです。

2．代理と同じである点

　法人は代表者の行為によって、直接に権利義務を取得します。たとえば、法人が契約をする場合、代理と同じように、契約書には以下のように記載します。
＊Cは、契約の相手方です。

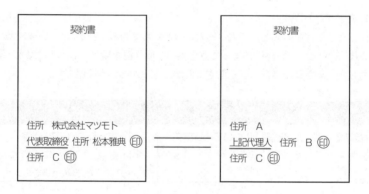

　これで効果が、法人（代理でいえば本人）に帰属します。

3．代理との違い

　代表者の行為はそのまま法人の行為とみられている点で、代理と異なります。イメージでいうと、右の図のように、法人と代表者との関係のほうが本人と代理人との関係よりも近いのです。
＊関係性が同じであるという考えもあります。

　ただ、司法書士試験でこの違いがポイントになる問題が出る確率は低いので、あまり気にされる必要はありません。

第7章　　　　**無効と取消し**

「通謀虚偽表示は無効」（P110）、「詐欺による意思表示は取り消せる」（P131）など、法律行為が無効となる、取り消すことができるものとなるというハナシがありました。この第7章では、この「無効」「取消し」とは何なのかをみていきます。まず第1節で、無効と取消しとは何なのかイメージをつかんでください。

第1節　無効とは？　取消しとは？

1　意義

無効：法律行為の効力が初めから生じないこと

ex. 意思無能力（民法3条の2）、公序良俗違反（民法90条）、心裡留保（相手方が悪意または有過失である場合。民法93条1項ただし書）、通謀虚偽表示（民法94条1項）

取消し：取消権者の意思によって、いったん発生した効果を遡及的に無効にすること（民法121条）

ex. 制限行為能力（民法5条2項、9条本文、13条4項、17条4項）、錯誤（民法95条1項）、詐欺・強迫（民法96条1項）

用語解説 ―― 「遡及」

「遡及（そきゅう）」とは、さかのぼるということです。

無効は、「初めから何もなかった」ということです。

それに対して、取消しは、「取り消すことによって、初めから何もなかったことになる」（「取消しの遡及効」といいます）ということです。

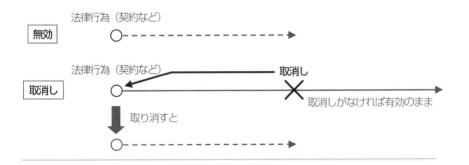

まだ無効と取消しが同じに思えるかもしれません。同じに思える原因は、「取消しは、取り消されると無効とほとんど変わらなくなる」ということにあります。しかし、取り消すまでは無効と違いがあるのです。

【取り消すまでの違い】

	無効	取消し
何もしなかった場合	無効のまま	有効
主張期間の制限	なし （いつでも主張可）	あり (P207⑥)
主張できる者	誰でも主張できる	特定の者のみ主張できる (P201～202④)

記憶の補強

無効が、何もしなくても無効のままで、主張期間の制限もなく、主張権者の限定もないのは、瑕疵の程度が重大、つまり、**とんでもない**問題があるからです。

それに対して、取消しが、何もしなければ有効となり、主張期間の制限があり、主張権者の限定があるのは、瑕疵の程度が軽微、つまり、**問題が少し軽い**からです。

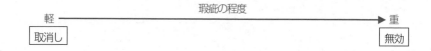

── **用語解説** ──「瑕疵」──────────────

「瑕疵（かし）」とは、何かしらの欠点・欠陥があるということです。

────────────────────────

未成年者の例で考えてみましょう。3歳の子が自分で契約をした場合、意思能力がないということで無効となります（民法3条の2）。それに対して、17歳の未成年者が法定代理人の関与なく契約をした場合、取り消すことができるものとなります（民法5条2項）。3歳の子には意思能力がない、つまり、とんでもない問題があるので、「無効」となるのです。それに対して、17歳の未成年者は、行為能力は制限されていますが、意思能力はある、つまり、問題が少し軽いので、「取り消すことができるもの」となるのです。

2 効果 ── 原状回復義務（返還義務）

　無効と取消しの効果のうち、原状回復義務（返還義務）は基本的に同じなので、合わせてみていきます。以下のCaseで考えてみましょう。

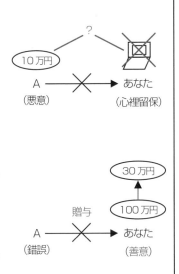

Case

（1）Aがあなたに、Aが所有しているパソコンを売り渡す旨の契約が締結され、代金10万円の支払とパソコンの引渡しがされた。その後、パソコンが火事で焼失してしまった。しかし、実はあなたは元々そのパソコンを購入する気はなく、Aもそのことを知っていた。この場合、Aとあなたは代金10万円とパソコンをどうするべきか？

（2）Aがあなたに、100万円を贈与した。あなたは、受け取った代金のうち70万円をギャンブルに遣った。しかし、Aが錯誤に陥っており、Aはその贈与契約を取り消した。この場合、あなたはAに100万円を返還しなければならないか？　なお、あなたはAが錯誤に陥っていることを知らなかった。

　無効である場合は初めから何もなく、取消しの場合はさかのぼって初めからなかったことになりますので、いずれも、受け取った物がある場合、それは不当利得（P20（2））となります。

（1）原則

> **民法121条の2（原状回復の義務）**
>
> 1　無効な行為に基づく債務の履行として給付を受けた者は、相手方を原状に復させる義務を負う。

　無効（取消しによって無効となった場合も含みます）の効果として当事者は、相手方を原状に復させる義務（原状回復義務）を負います（民法 121 条の 2 第 1 項）。この原状回復義務は、受け取った現物を返還するのが原則です。もし現物返還ができないのであれば、その物の価額を返す必要があります。上記 Case（1）の売買契約は心裡留保によって無効ですので、A は 10 万円を、あなたはパソコンを返還する必要があります。しかし、パソコンは焼失して返せないので、あなたはパソコンの価額を返す必要があります。

　この規定がないと、不当利得についての規定である民法 703 条（P20（2））、704 条がそのまま適用され、悪意が立証されない者は、現存利益（下記※）の返還で済んでしまいかねません。上記 Case（1）だと、パソコンが焼失していますので、あなたは何も返さなくてよくなりかねないんです。それはおかしいですよね。

（2）例外
　ただし、以下の 3 者は、現存利益の返還で済みます。

①無償行為に基づく債務の履行として給付を受け、無効または取り消すことができるものであることを知らなかった者（民法 121 条の 2 第 2 項）
　無効または取り消すことができるものであることを知らないと、自分の物になったと思って浪費してしまうからです。「無償行為」とは、上記 Case（2）の贈与のように一方のみにマイナスがあり、それに対する対価がない行為です。よって、上記 Case（2）のあなたは現存利益の返還で済みます。
　無償行為に限定されるので、対価のある有償行為は当たりません。たとえば、上記 Case（2）が売買であり、あなたが自動車を A に引き渡していた場合、対価がありますので有償行為となります。この場合は、あなたは A から自動車を返還してもらえるのに（民法 121 条の 2 第 1 項）、あなただけ現存利益の返還で済むのは不公平です。よって、現存利益の返還で済むのは無償行為のみとされているんです。

②意思無能力者（民法 121 条の 2 第 3 項前段）
③制限行為能力者（民法 121 条の 2 第 3 項後段）
　②③は、意思無能力者や制限行為能力者を保護するためです（P62 の「過度にひいき」）。

※「現存利益」とは？

　現存利益とは、受けた利益がそのまま、または、形を変えて残っている場合をいいます。簡単にいうと、「残っているもの」ということです。

　たとえば、浪費（ギャンブルなど）してしまった場合には現存利益はないとされます。よって、上記 Case（2）のあなたは、ギャンブルに遣った 70 万円を返還する必要はなく、残っている 30 万円を返還すれば OK です。

　それに対して、生活費や他の債務の弁済（ex. 学費）に充てた場合には、現存利益はあるとされます（大判昭 7.10.26）。上記 Case（2）において、仮にあなたが 70 万円を生活費に充てていた場合には、70 万円も返す必要があります。

　「ギャンブルだと返さなくてよくて、生活費だと返すの？」と思われたかもしれません。しかし、ギャンブルなどは臨時収入がなければしなかったことです。必要な支出ではなかったのです。そのようなことに遣った場合、現存利益はないといえます。それに対して、生活費などは臨時収入がなくても必要だったものです。生活費などはどちらにしても減少するものです。その支出が臨時収入によって免れられたので、利益（減少するはずだった生活費）が現存しているといえるのです。

＊第2節以降は、無効と取消しを分けてみていきます。

第2節　無効

1　意義

無効：法律行為の効力が初めから生じないこと

無効主張は、「何年以内に主張しなければならない」など、主張期間の制限はありません。また、誰でも主張できます。

2　無効行為の追認

無効な行為を有効にすることができます。「無効は初めから何もないのに、そんなことができるの？」と思われるかもしれませんが、実は以下の条文があります。

> **民法119条（無効な行為の追認）**
>
> 　無効な行為は、追認によっても、その効力を生じない。ただし、当事者がその行為の無効であることを知って追認をしたときは、新たな行為をしたものとみなす。

1．意義

無効行為の追認：無効な法律行為を有効にする意思表示

ex. 通謀虚偽表示による売買契約は無効ですが、通謀虚偽表示の当事者双方が追認する（売買契約を仮装するのではなく真に売買契約を望み有効とする）ことができます。

2．趣旨

無効行為は初めからまったく何もないので、追認によってその行為を有効とすることはできないのが原則です（民法119条本文）。

しかし、どうでしょう。もし当事者が望んでいるのならば、それは有効にしてもよいのではないでしょうか。また、当事者双方が納得しているのであれば、新たに契約をすることもできます。よって、当事者が無効であることを知って追認したのならば、効果が発生するとされているのです（民法119条ただし書）。

3．要件

要件は、当事者が無効であることを知って追認をすることです（民法119条ただし書）。

※追認が認められない場合

強行規定違反や公序良俗違反（民法90条）による無効は、追認することはできません。これは当たり前です。

強行規定は、法がそれと異なる契約をすることを許していません（P91）。

公序良俗違反は、たとえば、麻薬の売買契約や殺人請負契約などです。これらが当事者が望んだからといって、有効となるわけがありません。

4．効果
（1）原則

民法119条ただし書に「新たな行為をしたものとみなす」とありますとおり、遡及効は認められません（さかのぼりません）。

無効な行為は、初めから何もないため、さかのぼらないのです（P169の「さかのぼって効力が生じるかどうかの判断基準」）。

（2）例外

当事者間の関係だけで、さかのぼって無効行為の時から有効だったように扱うことは認められています。

第3節　取消し

1　意義

取消し：取消権者の意思によって、いったん発生した効果を遡及的に無効にすること

財産法で規定されている取消しは、以下の4つのみです。すべて、すでに学習したものですね。

①制限行為能力を理由とする取消し（民法5条2項、9条本文、13条4項、17条4項）
②錯誤を理由とする取消し（民法95条1項）
③詐欺を理由とする取消し（民法96条1項）
④強迫を理由とする取消し（民法96条1項）

2　方法

取消しは、相手方への一方的意思表示によって行います（民法123条）。単独行為（P96②）です。

書面でしないといけないとする規定はありませんので、相手方に「取り消します」と、口頭で伝えたり電話で伝えたりすることでOKです。ただし、後日、裁判で争いになる可能性もありますので、証拠を残すために、配達証明付き内容証明郵便で取消しの通知をしたほうがよいでしょう。

用語解説 ―― 「配達証明」「内容証明郵便」

「配達証明」とは、書留などに数百円プラスすることで郵便局が配達したことを証明してくれるサービスです。配達後、郵便局が差出人に配達した証明書（ハガキ）を送ってくれます。裁判で相手方が「届いていない」と主張しても、配達証明があれば届いていることを証明できます。

「内容証明郵便」とは、数百円プラスすることで郵便局が、いつ、どのような内容の文書を誰から誰に出したかを証明してくれるサービスです。同じ内容の文書を3通郵便局に持参し、1通は差出人が所持、1通は郵便局が保存、1通は相手方に送ります。裁判で「このような内容の文書を送った」という証明になります。

---

3 取消し前に登場した第三者（制限行為能力を理由とする取消し）

「制限行為能力」「錯誤」「詐欺」「強迫」を理由とする取消しがありますが、「錯誤、詐欺、強迫を理由として取り消した場合の取消し前に登場した第三者との関係」は、P130（1）、P136～137ⅰ、P141～142（2）でみました。また、「取消し後の第三者との関係」は、P137～139ⅱで4つまとめてみました。よって、残っているのは、「制限行為能力を理由として取り消した場合の取消し前に登場した第三者との関係」ですので（＊）、それをここでみます。以下のCaseで考えてみましょう。

＊P200の表をご覧いただくと、これが残っていることがわかると思います。

Case

　未成年者であるあなたはAに、法定代理人の同意を得ることなく、所有している建物を売却した。その後、Aは、あなたが法定代理人の同意

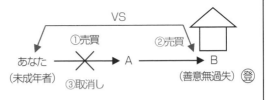

を得ていないことを過失なく知らなかったBにその建物を売却した。なお、Bは登記を得ている。そして、あなたが未成年者であることを理由にあなたとAとの間の売買契約を取り消した。この場合、あなたはBに対して、その建物を返還するよう請求できるか？

　上記Caseにおいて、Bは、善意無過失であり、さらに登記も得ています。当然「建物は私の物だ」と言いたいでしょう。しかし、この場合、あなたはあなたとAとの間の売買契約を取り消すことができ、Bに建物の返還を請求できます（大判昭10.11.14）。Bが善意無過失であることも登記を得ていることも、結論を左右しません。

　取消しは、絶対的取消しであって、錯誤や詐欺のように第三者の保護の規定（民法95条4項、96条3項）がない場合は、すべての第三者に取消しの効果を主張できるのです。

　なお、第三者が登記を得ていても保護されない理由ですが、P139で説明したとおり、民法177条を適用する（登記で決着をつける）には「登記できたのに、しなかっただろ！」と責めることのできる状況があったことが必要だからです。上記Caseでは、あなたが取り消す前にBが買い受けていますので、あなたに「登記できた期間」はなく、登記のないあなたを責めることができません。

【「～前に登場した第三者・～後に登場した第三者」の処理方法のまとめ】

これで、「制限行為能力」「錯誤」「詐欺」「強迫」の４つの取消しについて、「～前に登場した第三者」「～後に登場した第三者」が出そろいました。ここで、処理方法をまとめておきます。ついでに「解除」（＊）についても記載しておきます。

＊「解除」はまだ扱っていません。Ⅲのテキスト第6編第4章で扱います。

	～前に登場した第三者	～後に登場した第三者
制限行為能力を理由とする取消し	第三者は善意無過失でも登記を備えていても保護されません P199	登記（民法177条） P139※
錯誤を理由とする取消し	第三者は登記がなくても（＊）善意無過失なら保護されます（民法95条4項） ＊条文上は登記は要求されていません。 P130（1）	登記（民法177条） P139※
詐欺を理由とする取消し	第三者は登記がなくても善意無過失なら保護されます（民法96条3項） P136～137 i	登記（民法177条） P137～139 ii
強迫を理由とする取消し	第三者は善意無過失でも登記を備えていても保護されません P141～142（2）	登記（民法177条） P139※
解除（直接効果説）	第三者は悪意でも権利保護資格要件として登記があれば保護されます（民法545条1項ただし書。通説） Ⅲのテキスト第6編第4章第4節2 1.	登記（民法177条） Ⅲのテキスト第6編第4章第4節2 2.

「～後に登場した第三者」の場合、すべて、取り消した者・解除した者について「登記できたのに、しなかっただろ！」と責めることのできる状況があるので、すべて民法177条で処理することになります（P139の「民法177条を適用できるかを考える視点」）。

4 取り消すことができる者

　取消しは瑕疵の程度が軽微なので、取り消すことができる者が限定されています（P192）。取消しの理由には、「制限行為能力」「錯誤」「詐欺」「強迫」がありますが、「制限行為能力」と「錯誤」「詐欺」「強迫」で分かれています。

　取り消すことができるのは、以下の者です。

1. 制限行為能力を理由とする取消しの場合（民法120条1項）

①制限行為能力者

　保護者の関与なく、制限行為能力者だけで取り消すことができます。取消しは効果を失わせることですので、制限行為能力者に取消権を認めても構わないのです。「制限行為能力者だからダメなのでは？」と思わせるひっかけが多いので、ご注意ください。

　この「制限行為能力者」には、制限行為能力者が他の制限行為能力者の法定代理人としてした行為についての「他の制限行為能力者」も含みます（民法120条1項かっこ書）。これはP159※の規定に合わせて設けられた規定です。……といわれても，わかりにくいですよね。ex.で確認しましょう。

ex. P159※と同じ法律関係です。未成年者Aの法定代理人Bが成年被後見人です。B（制限行為能力者）がA（他の制限行為能力者）の法定代理人としてCと売買契約をした場合、A（他の制限行為能力者）は、この売買契約を取り消すことができます。法定代理人であるBが制限行為能力者ですので、売買契約に取消事由があるからです。

②代理人

　未成年者の代理人である親権者または未成年後見人と、成年被後見人の代理人である成年後見人のことです。

③承継人

　制限行為能力者の相続人などのことです。

④同意権者

　保佐人と同意権付与の審判を受けた補助人のことです。保佐人や補助人には代理権があるとは限らないので、上記②に加えこの④があることにより、保佐人や同意権付与の審判を受けた補助人が取り消すことができることが明らかになっています。

2．錯誤・詐欺・強迫を理由とする取消しの場合（民法120条2項）

①錯誤に陥った者、詐欺・強迫の被害者

　これは当たり前ですね。

②代理人

　錯誤に陥った者または詐欺・強迫の被害者が制限行為能力者である場合の法定代理人や、取消権を行使する権限を与えられた任意代理人のことです。

③承継人

　錯誤に陥った者または詐欺・強迫の被害者の相続人などのことです。

5　追認

Case

　成年被後見人であるあなたが、成年後見人Bの代理によらずに、所有している建物をAに売却した。その後、あなたは、まだ成年被後見人である間に、その売買契約を追認した。この場合、あなたは売買契約を取り消すことができなくなってしまうか？

民法122条（取り消すことができる行為の追認）

　取り消すことができる行為は、第120条に規定する者が追認したときは、以後、取り消すことができない。

1．意義

　追認：一応有効に成立している法律行為を確定的に有効とする（取り消せないものとする）意思表示

　取り消すことができる状態は、取消しによってさかのぼって無効となるか、そのまま取り消されずに取消しが可能な期間（下記6）が経過して確定的に有効になるか、不安定な状態です。そこで追認をすることにより、確定的に有効にする（もう取り消せなくする）ことができます。

　追認できるのは、上記4でみた「取り消すことができる者」です（民法122条）。取り消すことができる者が追認したのであれば、「もう取り消すつもりはないんだね」ということで確定的に有効にできるのです。

　追認の意思表示は、相手方に対してします（民法123条）。相手方が契約から生じた債権を譲渡したりしていても、相手方に対してします（大判大14.3.3）。

※相手方が採り得る手段

　では、制限行為能力者などと法律行為をした相手方は、何もできないのでしょうか。そんなことはありません。制限行為能力者の相手方は、追認するかどうか催告することができました（民法20条。P80〜84の2.）。

　ただし、詐欺・強迫の相手方には、催告権はありません。詐欺・強迫をした者ですから、催告権を与えて保護する必要はないでしょう。

2. 要件

　ただし、上記 4 の「取り消すことができる者」の追認が常に認められる（追認によって取り消せなくなる）わけではありません。以下の①②の要件を充たす必要があります。

視点

　以下のハナシは、要は「自由で正常な判断でないとダメ」ということです。追認すると取り消せなくなりますので、なんでもかんでも追認が認められると、制限行為能力者、錯誤に陥った者、詐欺・強迫の被害者を保護した意味がなくなってしまうからです。

①取消しの原因である状況が消滅した後に追認したこと（民法124条1項）
ex1. 未成年者であれば、18歳になった後である必要があります（大判大5.9.20）。ただし、未成年者は、18歳になる前でも、法定代理人の同意を得れば有効に追認できます（民法124条2項2号）。法定代理人の同意があるならば、「自由で正常な判断」といえるからです（上記の「視点」）。
ex2. 成年被後見人・被保佐人・被補助人であれば、後見開始・保佐開始・補助開始の審判が取り消された後である必要があります。よって、上記Caseのあなたはまだ成年被後見人ですので、追認は有効ではなく、売買契約を取り消すことができます。ただし、被保佐人・被補助人は、保佐開始・補助開始の審判が取り消される前でも、保佐人・補助人の同意を得れば有効に追認できます（民法124条2項2号）。保佐人・補助人の同意があるならば、「自由で正常な判断」といえるからです（上記の「視点」）。それに対して、成年被後見人は成年後見人の同意を得ても追認できません（民法124条2項2号かっこ書）。成年被後見人は、成年後見人の同意を得ても法律行為をすることができないからです（P73）。
ex3. 錯誤であれば、錯誤に気づいた後である必要があります。
ex4. 詐欺であれば、詐欺に気づいた後である必要があります。
ex5. 強迫であれば、強迫されている状態を脱した後である必要があります。

※法定代理人（P82＊）・保佐人・補助人が追認する場合、この①の要件は関係ありません（民法124条2項1号）。これらの者は制限行為能力者ではありませんから、「自由で正常な判断」ができるからです（上記の「視点」）。

ex. 未成年者が18歳になる前でも、親権者は追認できます。

②取消権を有することを知った後であること（民法124条1項）

　この②は、取り消すこともできることをわかったうえで、あえて追認を選んだ場合でなければならないということです。

3．法定追認

Case

　未成年者であるあなたは、親権者Bの同意も得ずBの代理にもよらずに、所有している建物をAに売却した。その後、あなたは成年に達した。

（1）あなたがAに売買代金の支払を請求した場合、あなたは追認したものとみなされるか？

（2）Aがあなたに建物の引渡しと登記の移転を請求した場合、あなたは追認したものとみなされるか？

（1）意義

　明確に追認の意思を表示しなくても、法律上当然に追認したとみなされる（取り消せなくなる）ことがあります（民法125条柱書本文）。

（2）趣旨

　法律上当然に追認したとみなされる（取り消せなくなる）のは、下記（3）の行為が「追認したんでしょ！」と言われても仕方ないような行為だからです。

（3）要件

　上記2.の①（上記2.の②まで必要かは争いがあります）の追認をすることができる時以後に以下の①〜⑥のいずれかの事実があった場合、追認したとみなされます（民法125条柱書本文）。

法定追認に当たるかどうかの判断基準

・取消権者の行為を要する　　→　　法定追認に当たる
・取消権者の行為を要しない　→　　法定追認に当たらない

　取消権者の行為があるならば、「追認したんでしょ！」と言われても仕方ないです。しかし、取消権者の行為がない場合に「追認したんでしょ！」と言われるのはおかしいです。

①全部または一部の履行（民法 125 条 1 号）

　取消権者が債務者として履行する場合だけでなく、取消権者が債権者として受領する場合も法定追認になります（大判昭 8.4.28）。受領する場合にも「受け取る」という取消権者の行為を要するからです（上記の「法定追認に当たるかどうかの判断基準」）。

②履行の請求（民法 125 条 2 号）

　取消権者が請求した場合だけ法定追認となり、相手方から請求を受けた場合は法定追認になりません（大判明 39.5.17）。取消権者が請求した場合は取消権者の行為を要しますが、請求を受ける場合は取消権者の行為を要しないから（取消権者は家にいるだけだから）です（上記の「法定追認に当たるかどうかの判断基準」）。

　上記 Case（1）は、取消権者であるあなたが履行を請求していますので、追認したものとみなされます。それに対して、上記 Case（2）は、取消権者であるあなたが履行の請求を受けただけですので、追認したものとみなされません。

③更改（民法 125 条 3 号）

　「更改」とは、契約の重要部分を変更することで、新債務を成立させるとともに旧債務を消滅させる契約のことです（民法 513 条）。

　取消権者が債権者であっても債務者であっても、法定追認になります。契約ですから、債権者と債務者の意思の合致が必要ですので、どちらであっても取消権者の行為を要するからです（上記の「法定追認に当たるかどうかの判断基準」）。

④担保の供与（民法 125 条 4 号）

　取消権者が債務者として担保を出した場合だけでなく、債権者として担保を受けた場合も法定追認になります。担保を出すとは、たとえば、債務者が所有している不動産に債権者の抵当権を設定することが当たりますが、取消権者が債務者であっても債権者であっても取消権者の行為（抵当権の設定行為）を要するからです（上記の「法定追認に当たるかどうかの判断基準」）。

⑤取り消すことができる行為によって取得した権利の全部または一部の譲渡（民法
　125条5号）
　　取消権者が譲渡した場合だけが法定追認となり、相手方が譲渡した場合は法定追認
になりません。取消権者が譲渡した場合は取消権者の行為を要しますが、相手方が譲
渡した場合は取消権者の行為を要しないから（取消権者は家にいるだけだから）です
（P205の「法定追認に当たるかどうかの判断基準」）。

⑥強制執行（民法125条6号）
　　取消権者が債権者として執行した場合だけ法定追認となり、相手方が債権者として
執行した場合は法定追認になりません（大判昭4.11.22）。取消権者が債権者として執
行した場合は取消権者の行為を要しますが、相手方が債権者として執行した場合は取
消権者の行為を要しないから（取消権者は家にいるだけだから）です（P205の「法
定追認に当たるかどうかの判断基準」）。強制執行の典型例は競売ですが、「強制」執
行というくらいですから、強制執行は、債務者の関与なく債権者と裁判所だけで手続
を進めていけます。

※ただし、上記①〜⑥の法定追認に当たる行為をした場合であっても、その際に取消
　権者が異議をとどめた場合には追認したものとみなされません（民法125条柱書た
　だし書）。たとえば、取消権者である債務者が、自身の財産の競売を恐れて仕方な
　く弁済する（上記①）ことがあります。取り消せるか争いがあり、すぐには争いが
　解決しない場合、とりあえず弁済をしないと競売手続はドンドン進んでいってしま
　います。このとき、「弁済するけど、それは取り消すつもりがないと認めたわけで
　はなく、競売を恐れて仕方なく弁済しているだけだよ」などと言うことができるよ
　うにされているのです。

6 期間制限

> **民法126条（取消権の期間の制限）**
> 取消権は、追認をすることができる時から5年間行使しないときは、時効によって消滅する。行為の時から20年を経過したときも、同様とする。

　取消権は、P203～204の2.の追認をすることができる時（ex. 詐欺に気づいた時）から5年間行使しないときは、時効によって消滅します（民法126条前段）。追認をすることができる時から5年経過しなくても（ex. 詐欺に気づかなくても）、行為の時から20年を経過すると消滅します（民法126条後段）。

　取消しによってさかのぼって無効となるか、そのまま確定的に有効になるかがわからない不安定な状態が長期間にわたって続くのは好ましくないので、取消権には期間制限があり、5年または20年の期間内に取消権を行使しないと、確定的に有効となる（取り消せなくなる）とされているのです。

<table>
<tr><td>第8章</td><td>条件と期限</td></tr>
</table>

第1節　条件とは？　期限とは？

　法律行為（契約など）に少し変わった特約を付けることができます。それがこの第8章でみていく「条件」「期限」です。日常用語の「条件」や「期限」（労働「条件」や仕事の「期限」）とは意味が少し違います。法律でいう「条件」「期限」は、法律行為の効力が生じたりなくなったりする"転換点"となるものです。転換点がくると、たとえば、契約の効力が発生したり、消滅したりするのです。

　条件と期限はどちらも法律行為の転換点ですが、違いは以下のとおりです。

条件：転換点がくることが確実でない場合
期限：転換点がくることが確実である場合

ex1.　あなたが「私が総理大臣になったら100万円あげるよ」と友人と約束をした場合、「私が総理大臣になったら」は条件です（停止条件付贈与契約）。総理大臣になれるかは、確実ではないからです。

ex2.　あなたが今総理大臣だったとして「私が総理大臣を辞めたら100万円あげるよ」と友人と約束をした場合、「私が総理大臣を辞めたら」は「期限」です（不確定期限付贈与契約）。必ず総理大臣を辞める日が訪れるからです（人間はいつか死にますし）。

　このように、転換点がくることが確実でないか確実であるかで区別します。
　なお、条件は「停止条件」と「解除条件」に、期限は「確定期限」と「不確定期限」に分けられます。これらの意味は、P209～210 1 と P220 1 で説明します。

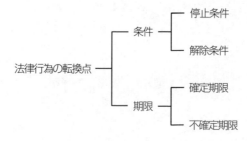

第2節　条件

1　意義

条件は、転換点がくることが確実でないものですが、以下の2つに分かれます。

①停止条件：法律行為の効力の発生に関する条件（民法127条1項）
　成就することにより法律行為の効力が発生する条件が、停止条件です。

ex. 予備校の講座で、「試験に合格したら、受講料の半額を渡すよ」というものがよくありますが、これは停止条件付贈与契約です。まず、合格するかは確実ではありませんので、「試験に合格したら」は条件となります。そして、合格という条件が成就することにより贈与契約の効力が発生しますので、この条件は停止条件です。

②解除条件：法律行為の効力の消滅に関する条件（民法127条2項）
　停止条件と反対に、成就することにより法律行為の効力が消滅する条件が、解除条件です。

ex. 「勉強のためにこのマンションの1室をあげるよ。ただし、試験に合格したら、返してね。」という親切な親戚のおじさんがいたとします。これは解除条件付贈与契約です。上記 ex.に記載したとおり、「試験に合格したら」は条件です。そして、合格という条件が成就することにより贈与契約の効力が消滅しますので、この条件は解除条件です。

　なお、停止条件も解除条件も、成就しても、成就の効果が法律行為（契約など）をした時にさかのぼるわけではありません。ただ、さかのぼらせる特約をすることはできます（民法127条3項）。この特約があれば、さかのぼります。

P220

条件は、上記 ex.のように「試験に合格したら」など、ある事実が発生することを条件とするのが通常です。しかし、ある事実が発生しないこと（ex.「試験に合格しなかったら」）を条件とすることもできます。これを「消極条件」といいます。

2　認められない条件

条件は、どのような行為についても、また、どのような条件でも付けることができるわけではありません。

1．条件に親しまない行為

条件に親しまない以下の①②の行為には、条件を付けることができません。

①身分行為

--- **用語解説** ――「身分行為」 ---

　財産法の法律行為（売買契約など）と区別して、身分上の法律効果に向けられた法律行為を「身分行為」といいます。要は「婚姻」や「養子縁組」など、家族法で規定されている身分変動に関する行為のことです。
ex1. 婚姻・離婚は、夫婦関係を生じさせたり消滅させたりする身分行為です。
ex2. 養子縁組・離縁は、親子関係を生じさせたり消滅させたりする身分行為です。

　身分行為に条件を付けるとは、たとえば、「子供ができたら離婚する」などです。これは認められません。夫婦関係や親子関係などの身分変動に条件を付けるのは好ましくないからです。

②単独行為

　単独行為とは、取消し、相殺、解除などですが（P96②）、単独行為に条件を付けるとは、たとえば、「融資を受けることができたら相殺する」などです。これは認められません（民法506条1項後段）。単独行為は一方の意思表示だけでできるものです。そうすると、一方が勝手に条件を付けることになり、相手方からすると「いつ相殺されるかわからない」ということになってしまうからです。
　なお、「相殺」（民法505条1項）とは、今は「チャラね」くらいの認識を持っていただければ結構です。たとえば、みなさんが友人にお昼代1000円を貸し、次の日には、みなさんがその友人からお昼代1000円を借りたとします。そういうときは、「チャラね」で終わらせますよね。この「チャラね」が相殺です。

※例外 —— 単独行為でも条件を付けることができる場合

「1週間以内に履行しなければ、契約を解除する」という通知（停止条件付の解除の意思表示）は実務でよくありますが、これは許されます（大判明43.12.9）。たしかに、単独行為ですが、相手方も1週間以内に履行しなければ解除されることがわかりますので、「いつ解除されるかわからない」とはならないからです。

2. 不法条件

> **民法132条（不法条件）**
> 不法な条件を付した法律行為は、無効とする。不法な行為をしないことを条件とするものも、同様とする。

（1）原則

不法な条件を付した法律行為とは、「Aを殺したら3000万円贈与する契約」などですが、条件が不法ですから、もちろん許されません。不法な条件を付けた法律行為は、その条件だけでなく、法律行為（契約など）自体も無効となります（民法132条前段）。

また、不法な行為をしないことを条件とする法律行為とは、「Aの息子を誘拐しなかったら3000万円贈与する契約」などですが、これも同様に許されません（民法132条後段）。「誘拐しないならいいんじゃないの？」と思うかもしれませんが、このような条件があると、「3000万円が不要だと思ったら誘拐してもいいのか！」と考える者が現れ、不法な行為を助長する可能性があるため、許されないのです。

（2）例外

不法な条件を付けた法律行為であっても、契約全体としては不法性を帯びないときは、その法律行為は無効とはなりません。

ex. 「保険の加入者が事故を起こし第三者に対して不法行為に基づく損害賠償責任を負ったときは、保険会社がその損害を補償する」という契約は有効です（これが自動車の自動車保険です）。

このような契約は不法な行為を助長することにはなりませんし、事故の被害者のためにも必要な契約であるため、認められています。

3. 不能条件

<u>記憶せずに論理的に考える</u>

　この 3.の不能条件についての論点は、P209〜210 1 の「停止条件」「解除条件」の意味を記憶しており、「不能条件」がどのようなものかわかれば、あとは論理的に考えれば結論を導けます。私も「停止条件」「解除条件」しか記憶していません。

（1）停止条件の場合

> **民法 133 条 (不能条件)**
> 1　不能の停止条件を付した法律行為は、無効とする。

　不能の停止条件付法律行為とは、「死んだ人が生き返ったらお礼に 1000 万円贈与する契約」など、条件が成就することがないものです。不能の停止条件を付した法律行為は無効です（民法 133 条 1 項）。
　停止条件付法律行為は、条件が成就すれば法律行為の効力が発生するものです。そこで、条件が不能である（成就することはない）場合、法律行為の効力が発生することは永遠になく、意味のない法律行為（契約など）となるのです。

（2）解除条件の場合

　それでは、解除条件の場合はどうでしょう。

> **民法 133 条 (不能条件)**
> 2　不能の解除条件を付した法律行為は、無条件とする。

　不能の解除条件付法律行為とは、「1000 万円を贈与するが、死んだ人が生き返ったらお金を返してもらう契約」など、条件が成就することがないものです。不能の解除

条件を付した法律行為は無条件です（民法133条2項）。「無条件」とは、条件なしの普通の契約などのことです。

　解除条件付法律行為は、条件が成就すれば法律行為の効力が消滅するものです。そこで、条件が不能である（成就することはない）場合、条件成就により法律行為の効力が消滅することは永遠になく、条件なしの普通の法律行為（契約など）となるのです。

　この3.は、記憶しなくても、このように論理的に考えれば結論がわかります。

4. 純粋随意条件

> **民法134条（随意条件）**
> 停止条件付法律行為は、その条件が単に債務者の意思のみに係るときは、無効とする。

　純粋随意条件付法律行為とは、「債務者Aの気が向いたときに、Aは借金100万円を返済する義務を負う金銭消費貸借契約」など、停止条件が成就するかが債務者の意思だけにかかるものです。純粋随意条件付法律行為は無効です（民法134条）。

　債務者が返済したいと思わない限り債務が発生しないわけですが、債務者は普通は債務を発生させないですよね。そうすると、債務者の意思だけにかかる停止条件（純粋随意条件）付法律行為は、P94~95で説明した国家権力（裁判所）による強制的な権利の実現を望んでいる法律行為（契約など）とは考えられず、法律的な効果を与える必要がないのです。

　それに対して、「債権者Bの気が向いたときに、Aは借金100万円を返済する義務を負う金銭消費貸借契約」など、債権者の意思だけにかかる停止条件付法律行為は有効です。

　これならば、債権者は債権を発生させるでしょうから、国家権力（裁判所）による強制的な権利の実現を望んでいる法律行為（契約など）と考えられます。

3 イレギュラーな条件の成就・不成就

この3では、少し変わった条件の成就・不成就をみていきます。

1．条件成就の成否が行為時にすでに確定している場合

記憶せずに論理的に考える

この1.についての論点も、P209〜210 1 の「停止条件」「解除条件」の意味を記憶していれば、あとは論理的に考えれば結論を導けます。私も「停止条件」「解除条件」しか記憶していません。

なお、この1.では、考えやすくするために、以下の基本事例を基に説明します。

基本事例

①停止条件：「日本のプロ野球チームＡが優勝したら、おごってあげるよ」（停止条件付贈与契約）

②解除条件：「日本のプロ野球チームＡが優勝したら、あげたパソコンを返してね」（解除条件付贈与契約）

＊ややこしくなるので、クライマックスシリーズと日本シリーズのことは考えず、ペナントレースのことだけを考えてください。

（1）条件がすでに成就していた場合

民法 131 条（既成条件）

1　条件が法律行為の時に既に成就していた場合において、その条件が停止条件であるときはその法律行為は無条件とし、その条件が解除条件であるときはその法律行為は無効とする。

条件が法律行為の時にすでに成就していた場合とは、「贈与契約の時に、プロ野球チームＡは2位以下に大きなゲーム差をつけており、すでに優勝が確定している場合」です。

（a）停止条件の場合

その条件が停止条件の場合、無条件の契約となります（民法 131 条1項）。停止条件付法律行為は、本来は停止条件の成就により効力が発生しますが、この場合、最初から成就していますので、最初から効力が発生しているのです。

（b）解除条件の場合

　これに対して、その条件が解除条件の場合、無効の契約となります（民法 131 条 1 項）。解除条件付法律行為は、本来は解除条件の成就により効力が消滅しますが、この場合、最初から成就していますので、最初から消滅しているのです。つまり、最初からないので、それは無効となります。

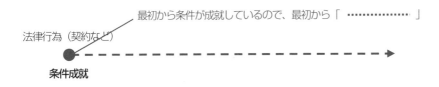

（2）条件が成就しないことがすでに確定していた場合

> **民法 131 条 （既成条件）**
> 2　条件が成就しないことが法律行為の時に既に確定していた場合において、その条件が停止条件であるときはその法律行為は無効とし、その条件が解除条件であるときはその法律行為は無条件とする。

　条件が成就しないことが法律行為の時にすでに確定していた場合とは、「贈与契約の時に、プロ野球チームAは1位のチームと大きなゲーム差をつけられており2位以下が確定している場合」です。

（a）停止条件の場合

　その条件が停止条件の場合、無効の契約となります（民法 131 条2項）。停止条件付法律行為は、本来は停止条件の成就により効力が発生しますが、この場合、条件が成就することがないのです。つまり、効力が発生することがない契約なので、それは無効となります。

（b）解除条件の場合

　これに対して、その条件が解除条件の場合、無条件の契約となります（民法131条2項）。解除条件付法律行為は、本来は解除条件の成就により効力が消滅しますが、この場合、条件が成就することがないので、条件成就により法律行為の効力が消滅することは永遠になく、条件なしの普通の契約となるのです。

　この1.は、記憶しなくても、このように論理的に考えればわかります。

2．故意の条件不成就・不正の条件成就
（1）故意に条件成就を妨害した場合

　契約当事者の一方が、故意に条件成就を妨害した場合、どうなるでしょうか。以下のCaseで考えてみましょう。

Case

　Aは、不動産を購入しようと考え、不動産業を営むあなたに手頃な不動産購入の斡旋を依頼し、成功した場合には仲介料を支払う約束をした。そこで、あなたは不動産の所有者Bを見つけ、Aに紹介した。しかし、Aは、あなたに仲介料を支払うのがもったいなくなり、Bから直接不動産を購入した。あなたは、Aに仲介料を請求できないか？

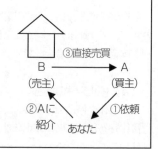

民法130条（条件の成就の妨害等）

1　条件が成就することによって不利益を受ける当事者が故意にその条件の成就を妨げたときは、相手方は、その条件が成就したものとみなすことができる。

　上記 Case のAがしたようなことを考える人はいます。不動産業者に不動産購入の斡旋を依頼した場合、契約が成立したときには、不動産業者に仲介料として売買価格の3〜5％程度を支払う必要があります。それがもったいないと思い、不動産業者が見つけてきた者と直接交渉をしてしまうのです。しかし、これはどう考えてもAがズルイです（法律的にいうと信義則に反します）。

　そこで、このように、条件が成就することによって不利益を受ける当事者（上記 Case では仲介料を支払う必要が生じるA）が故意にその条件の成就を妨げたときは、相手方（上記 Case では不動産業者であるあなた）は、その条件が成就したものとみなすことができます（民法130条1項）。よって、上記 Case の場合、あなたはAに仲介料を請求できます。

※条件成就を妨げても民法130条1項が適用されない場合

　故意に条件成就を妨げたとしても、それが信義則に反する（ズルイ）とはいえない場合には、民法130条1項は適用されません。

ex.　Aは、あなたとの間で、「Aが交際中のBと婚姻したら、A所有の自動車をあなたに贈与する契約」をしました。その後、Aは、Bから婚姻の申込みを受けましたが、仕事の都合から回答を保留し、これがきっかけとなりAとBとの関係が破綻し、AがBと婚姻する見込みはなくなりました。この場合でも、あなたはAに対し、自動車の引渡しを請求できません。たしかに、Aは故意に条件成就（婚姻）を妨げていますが、婚姻は身分行為であり、婚姻をするかしないかは本人が自由に決めるべきことです。身分関係（誰と婚姻するか親子となるかなど）は生活の根幹に関わるので、財産法以上に意思が重視されます。よって、それが相手方の不利益となっても信義則に反しないのです。

（2）不正に条件を成就させた場合

上記（1）とは逆に、不正に条件を成就させた場合のハナシです。以下の Case で考えてみましょう。

Case

　A社とB社との間で、「B社は、A社の櫛歯ピン付き部分かつらを製造販売しない。もし製造販売した場合には、違約金を支払う。」旨の和解が成立した。しかし、A社がおとりを使いB社に櫛歯ピン付き部分かつらを製造販売させた。この場合、B社はA社に違約金を支払わなければならないか？

民法130条（条件の成就の妨害等）

2　条件が成就することによって利益を受ける当事者が不正にその条件を成就させたときは、相手方は、その条件が成就しなかったものとみなすことができる。

　上記 Case は実際の判例（最判平 6.5.31）の事案です。上記 Case のように、条件の成就によって利益を受けるA社が不正に条件を成就させた場合、相手方であるB社は、その条件が成就しなかったものとみなすことができます（民法130条2項）。

　A社は違約金目的でおとりまで使って不正に条件を成就させていますので、この場合にA社の違約金の請求を認めるのは明らかに不当でしょう。

4 条件が成就する前の期待権

1. 意義

期待権：条件が成就していない段階における、条件が成就した場合に利益を受ける
　　　　当事者の期待

条件付法律行為をした場合は、条件が成就するかどうかわからない段階でも、その
条件成就について期待が生じます。この期待も法律で保護されます。

民法 128 条（条件の成否未定の間における相手方の利益の侵害の禁止）

条件付法律行為の各当事者は、条件の成否が未定である間は、条件が成就した場合にそ
の法律行為から生ずべき相手方の利益を害することができない。

よって、契約当事者の一方が、条件成就前に、目的物を故意に壊したりして条件成
就の際の履行を不可能にした場合などには、期待権を有する相手方に対し、債務不履
行（民法415条）または不法行為（民法709条）による損害賠償責任を負うことにな
ります。

2. 期待権の処分等

民法 129 条（条件の成否未定の間における権利の処分等）

条件の成否が未定である間における当事者の権利義務は、一般の規定に従い、処分し、
相続し、若しくは保存し、又はそのために担保を供することができる。

条件が成就していない段階でも、その期待権は、処分する（ex. 売却したりする）
こともできますし、相続の対象ともなりますし、担保を供することもできます（民法
129条）。条件が成就していない段階でも、期待権は財産権として認められているので
す。

不動産登記法で「仮登記」というものを学習しますが、そこでこの民法129条が登
場します。今の時点では、「条件が成就していない段階でも、期待権は財産権として
認められ、売ることができたり相続したりすることができるんだな」という程度の認
識で結構です。

第3節　期限

1 意義

　期限は、転換点がくることが確実であるものですが、以下の2つに分かれます。

①確定期限：到来するのが確実であり、かつ、いつ到来するかも確実なもの
ex.「令和5年7月2日になったら、このマンションをあげるよ」と友人に約束した
　　場合、「令和5年7月2日になったら」は確定期限です（確定期限付贈与契約）。
　　令和5年7月2日は必ず訪れ、いつ訪れるかも決まっているからです。

②不確定期限：到来するのは確実であるが、いつ到来するか不明なもの
　　到来することは確実である点で、条件と異なります。
ex.「私が総理大臣を辞めたら、このマンションをあげるよ」と友人に約束した場合、
　　「私が総理大臣を辞めたら」は不確定期限です（不確定期限付贈与契約）。総理大
　　臣は必ず辞めますが、いつ辞めるかは決まっていないからです。

P209
└

　なお、確定期限も不確定期限も、到来しても、到来の効果が法律行為（契約など）
をした時にさかのぼるわけではありません。さかのぼらせる特約をすることもできま
せん。

※期限に親しまない行為

　身分行為（P210①）には、期限を付けられません。
　身分行為は、効果が直ちに確定的に発生することを必要とするからです。たとえば、
婚姻届を役所に出したら、婚姻届が受理された時に婚姻の効力が発生しないとおかし
いですよね。

2　期限の利益

　期限は、上記 1 の確定期限と不確定期限に分かれること以外に、「期限の利益」という論点を押さえてください。以下の Case で、期限の利益について考えてみましょう。

Case

　あなたは、Aから、弁済期を令和5年12月31日として100万円を借りている。あなたは、令和5年6月30日に返済することができるか？

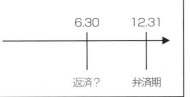

民法 136 条（期限の利益及びその放棄）

1　期限は、債務者の利益のために定めたものと推定する。

2　期限の利益は、放棄することができる。ただし、これによって相手方の利益を害することはできない。

1．意義

　期限の利益：期限が付されていること（つまり、期限が到来しないこと）によって、その間に当事者が受ける利益

　たとえば、借金（法律的には金銭消費貸借契約）をした債務者は、弁済期まで借りた金を返す必要はなく、使うことができます。このような利益を「期限の利益」といいます。

2．期限は誰のためにある？

　上記1.の例のように、期限があることにより債務者は「期限まで弁済しなくてよい」という利益を受けるので、期限は一般的には債務者の利益になります。そこで、期限は、債務者の利益のために定めたものと推定するという推定規定が設けられています（民法 136 条1項）。

┌─ 用語解説 ── 「推定する」 ─────────────

　「推定する」とは、当事者間の特別の定めや反証のない限り、あることについて法が「一応こうであろう」とすることです。P81 の「みなす」と異なり、反証があれば覆ります。

　ただし、利息が発生する旨の約定のある借金であれば、貸した債権者のほうにも弁済期までの利息をもらえるという期限の利益があります。

3. 期限の利益の放棄
　期限の利益は放棄することができます（民法 136 条 2 項本文）。

ex.　借金をした債務者は、弁済期の前に返済することもできます（民法 591 条 2 項）。
　　　よって、上記 Case の場合、あなたは令和 5 年 6 月 30 日に借金を返済することができます。

　しかし、相手方の利益を害してはならないとされています（民法 136 条 2 項ただし書）。

ex.　利息が発生する旨の約定のある金銭消費貸借をした債権者は、残りの期間の利息を放棄しても、弁済期の前に返済を要求することはできません。利息を放棄するだけでは、債務者の「弁済期まで返さなくてよい」という利益の埋め合わせをすることができないからです。

第4節　条件か期限か微妙な事案

　条件と期限をみてきました。その違いは、この第8章冒頭（P208）で、「転換点がくることが確実でないか、確実であるか」と説明しました。これだけ聞くと簡単に分けられそうに思えますが、実際には微妙な事案があります。最後にそれをみます。

1 出世払

　出世払は、条件でしょうか、それとも期限でしょうか。出世払とは、たとえば、「100万円貸してやる。返済は、お前が出世したときでいいよ。」という契約です。

　出世するかどうかは確実ではありませんから、「条件だ」と思われたと思います。しかし、判例は、期限（不確定期限）としました（大判大4.3.24）。よって、出世しないことが確定した時点（ex. 会社を退職した時点）で、期限が到来します。

　その理由は、「出世しなければ弁済しなくてよい」とするのは当事者の通常の意思に合致しないからです。このように、契約の内容（当事者の意思）を解釈して決めるのです。

2 「結婚する時」

　たとえば、弁済期を「Aが結婚する時」と定めた場合、それは条件でしょうか、それとも期限でしょうか。

　これも、結婚するかどうかは確実ではありませんから、「条件だ」と思われたと思います。しかし、判例は、期限（不確定期限）としました（大判大4.2.19）。よって、結婚しないことが確定した時点（ex. 死亡したことにより結婚が不可能になった時点）で、期限が到来します。

思い出し方

　納得できなかった方も多いと思います。そこで、以下の**フレーズ**で記憶してしまってください。

　人生の　「出世」と「結婚」は　不確定（不確定期限）

　人生訓みたいですが……。

期　間

　民法や他の法令で「1か月以内に」「2週間経過したときは」など、期間が出てきますが、いつまでが「1か月以内」であり、いつの時点が「2週間経過」なのでしょうか。単純に「1か月以内は720時間（24時間×30日）以内」「2週間経過は336時間（24時間×14日）後」と考えてよいわけではありません。

　民法に期間の計算方法が定められており、この計算方法は原則として他の法令にも適用されます（民法138条）。試験では、不動産登記（記述）や商業登記（記述）で、この期間の計算方法の知識が必要となることが多いです。

1 日・週・月・年を単位とする場合の起算点

　日未満の「時間」の計算方法もありますが（民法139条）、試験的にはここで説明する「日・週・月・年」の計算方法がわかればOKです。

1．原則

　初日は算入しません（民法140条本文）。これを「初日不算入の原則」といいます。初日は完全な1日ではないからです。

ex. 令和5年6月4日の13時に、「1か月以内に返してね」と金を貸した場合、令和5年6月4日は算入しません。令和5年6月4日は、あと11時間しかなく、完全な1日ではないからです。

2．例外

　初日が完全な1日であるとき、つまり、初日が午前0時から始まるときには初日を算入します（民法140条ただし書）。この場合、初日は完全な1日だからです。

ex. 令和5年6月3日に、「令和5年6月4日から1か月以内に返してね」と金を貸した場合、令和5年6月4日も算入します。令和5年6月4日は、完全な1日だからです。

2 満了点

　期間の末日の終了により（末日の24時に）満了します（民法141条、143条）。

ex. 令和5年6月4日の13時に、「1か月以内に返してね」と金を貸した場合、令和5年6月5日から起算します。期間の末日は令和5年7月4日となりますので、令和5年7月4日の24時が返済の期限となります。

　上記 $\boxed{1}$ と $\boxed{2}$ の考え方は 0 時から始まる日を起算日として末日の 24 時を終了時点とするものですので、0 時から 24 時までの日が丸◯日（丸◯か月・丸◯年）あるかどうかということです。これを記憶し、「0 時から 24 時までの日が丸◯日（丸◯か月・丸◯年）あるか」を考えてください。

ex. 令和 5 年 6 月 4 日の 13 時に、「1 か月以内に返してね」と金を貸した場合、令和 5 年 6 月 5 日が起算日、期間の末日は令和 5 年 7 月 4 日となります。これは、0 時から 24 時までの日が丸 1 か月あります（令和 5 年 6 月 5 日から令和 5 年 7 月 4 日）。

※「経過した日」は？

　経過の場合も計算方法は同じなのですが、経過とは「すぎる」という意味なので、経過した日は「期間の末日の翌日」となります。

ex. 令和 5 年 6 月 4 日の 13 時から 2 週間経過した日は、令和 5 年 6 月 5 日が起算日となり、期間の末日は令和 5 年 6 月 18 日となりますので、その翌日の「令和 5 年 6 月 19 日」が「経過した日」となります。

テクニック

　「経過した日」は、初日に「◯◯（法令で定められた期間）＋ 1 日」を加算した日となります。

ex. 上記の ex. では初日が令和 5 年 6 月 4 日ですが、それに「14 日＋ 1 日」を加算すると、令和 5 年 6 月 19 日となります。

第10章　時　効

　総則の最後の山場である「時効」をみていきましょう。

第 1 節　取得時効と消滅時効に共通するハナシ

1　意義

　「時効」と聞くと、犯罪をしても、何年か逃げ切れば捕まらなくなるというハナシを思い浮かべる方が多いでしょうが、それは刑事事件の公訴時効です。ここで学習するのは民法の時効です。民法の時効には、以下の 2 つの時効があります。

* 他の要件もありますが、まずは取得時効と消滅時効のイメージをつかんでいただくため、この 1 では基本的なことのみを記載します。

・取得時効：他人の物を 10 年間または 20 年間占有し続けると自分の物になる制度
・消滅時効：債務（借金など）があっても 5 年などが経過すれば債務が消滅する制度

　この 10 年、20 年、5 年などの期間の経過後、時効の利益を受ける者が援用することによって、時効の効果が確定します。

> **用語解説 ——「援用」**
>
> 　「援用」とは、ある制度を自分の利益のために使うことです。

2　時効の存在理由（制度趣旨）

　「他人の物が自分の物になったり返していないのに借金が消えたりするのは、おかしくない？」と思われたかもしれません。なぜこのような制度があるのでしょうか。時効制度が存在するのは、以下の 3 つの理由によります。

①永続した事実状態の尊重

　「永続した事実状態」とは、たとえば、所有者でないにもかかわらず、土地を占有していることによりその土地の所有者のように見える状態のことです。所有者のように見えると、その事実状態を基に利害関係人がどんどん出現してくるので、現在の事実状態どおりの法律関係にしたほうがよいということです。

②立証の困難性の救済

　田舎の土地では、登記をしていないことが割とよくあります。登記で所有者を確定できないと、所有者であっても、所有者であることの立証が困難となります。数十年前の売買契約書などは見つからないことも多いです。そこで、取得時効の制度を使うことにより、所有者であると主張することができるのです。

　振込みの記録が残っていたり、債権者から領収証を受け取ったりしていれば弁済を証明できます。しかし、金銭を手渡しし、領収証も受け取っていなければ、債権者に「弁済してもらっていないよ」と言われたらどうしようもなくなってしまいます。このように、債務を履行した証明が困難なこともあるんです。そこで、消滅時効の制度を使うことにより、債務が消えたと主張することができるのです。

③権利の上に眠る者は保護しない

　所有者なら「自分の土地だ！」、債権者なら「弁済しろ！」と言えということです。

　時効の存在理由はこれらの理由によりますが、それでも納得できない方もいるかもしれません。刑事事件の公訴時効と同じく、時効制度は廃止したほうがよいという考え方もあります。しかし、制度としては存在し、P10 の Realistic 2 でも説明したとおり、それがこの国の立法の 1 つの選択なのです。

3　時効とは何なのか？

　時効については、「そもそも時効って何？」という根本的なレベルで対立があります。対立がある原因は、以下の条文が矛盾しているように思えるからです。

・取得時効と消滅時効について定めた条文

　P247 の民法 162 条と P253 の民法 166 条をご覧ください。「取得する」「消滅する」と、実体上権利が変動する（新たに所有権が発生する、債務が消える）と規定しています。

・取得時効と消滅時効には援用が必要であることを定めた条文

　次のページの民法 145 条をご覧ください。「裁判をすることができない」と、裁判上の証拠制度のように規定しています。

　この規定の違いを受けて、時効とはそもそも何なのか、以下の 2 説の対立があります。判例は、実体法説を採っているのではないかといわれています。

	実体法説　　　　➡◀	訴訟法説
時効 とは	時効は、実体上権利が変動する（新たに権利が発生する、債務が消える）制度です。事実と権利が一致していないときに、権利を事実に一致させるのが時効です。	時効は、裁判上の証拠です。裁判で他の要件を証明できなくても、時効によって権利の取得・債務の消滅を認めてもらえます。事実と権利が一致しているときに、権利者の立証の困難を救済するのが時効なのです。
	よって、取得時効と消滅時効は、以下の制度となります。	よって、取得時効と消滅時効は、以下の制度となります。
	取得時効：真の権利者でなくても権利を取得できる	取得時効：真の権利者の立証の困難さを救済する
	消滅時効：真の弁済者でなくても債務が消滅する	消滅時効：真の弁済者の立証の困難さを救済する
理由	民法 162 条と民法 166 条に、「取得する」「消滅する」と規定されているからです。	民法 145 条に、「裁判をすることができない」と規定されているからです。

　実体法説は上記2の時効の存在理由①③になじむ説で、訴訟法説は存在理由②になじむ説です。上記2では、①③は実体法説から、②は訴訟法説から説明する書き方をしておいたので、再度読んでみてください。
　なお、上記1の取得時効と消滅時効の定義は、実体法説から書いています。

4　援用

民法 145 条（時効の援用）
　時効は、当事者（消滅時効にあっては、保証人、物上保証人、第三取得者その他権利の消滅について正当な利益を有する者を含む。）が援用しなければ、裁判所がこれによって裁判をすることができない。

1. 意義

　時効は、時効期間の経過に加え、時効の利益を受ける者が援用することによって効果が確定します。

2．趣旨

　援用が必要とされたのは、時効の利益を得ることを潔しとしない人もいるからです。たとえば、「他人の物が自分の物になるなんておかしい」「借りた金は絶対に返すべきだ」と考える人もいます。よって、この民法145条は「良心規定」ともいわれています。

3．援用の法的性質

＊下記の確定効果説（攻撃防御方法説）を理解するには民事訴訟法の知識が必要となりますので、この説は現時点では難易度が高いです。

　援用についても、「援用って何？」と援用の位置づけで対立があります。上記 3 の時効の捉え方についての実体法説と訴訟法説の違いが基にあり、実体法説がさらに分かれます。判例は停止条件説です。

実体法説			訴訟法説 （法定証拠説）
確定効果説 （攻撃防御方法説）	不確定効果説		
	解除条件説	停止条件説 （最判昭61.3.17）	
時効期間の経過により権利の変動は確定的に生じています（そのため、「確定効果説」といいます）。援用は、裁判で裁判所に採用してもらうための攻撃防御方法にすぎません。	時効期間が経過しても、権利の変動は確定的には生じません（そのため、「不確定効果説」といいます）。		時効は、権利の変動を生じさせるものではなく、裁判上の証拠です。よって、援用は時効という証拠を裁判所に提出することです。
	権利の変動は解除条件的に（P209②）生じます。援用を放棄すると（＝条件成就）、解除条件的に生じた効果が消滅します。	権利の変動は停止条件的に（P209①）生じます。援用すると（＝条件成就）、時効の効果が確定します。	

4. 援用権者

> **Case**
>
> 　Aは、Bから100万円を借りており、あなたはAの保証人となっている。Aの
> Bに対する債務が、弁済されないまま弁済期から5年が経過した場合、あなたは
> AのBに対する債務の消滅時効を援用できるか?

　取得時効の占有者や消滅時効の債務者が時効を援用できることは、問題ありません。
上記Caseでいえば、Aは問題なく消滅時効を援用できます。では、保証人であるあ
なたは援用できるでしょうか。こういったことが問題となります。

援用権者として認められるかの判断基準

　援用権者として認められるのは、**援用をしなければ自身の財産を失ってしまう者で
す。**
＊以下の表には、この後に学習する用語が多数出てきます。よって、いったん飛ばし、財産法の学習がひとと
おり終わった後(Ⅲのテキスト第8編までお読みになった後)にお読みください。

援用権者として認められる者	援用権者として認められない者
①**保証人**(民法145条かっこ書) ②**連帯保証人**(民法145条かっこ書) 　援用をしなければ債務の履行の責任を負いますので(民法446条1項)、自身の財産を失ってしまう者です。 　よって、上記Caseの保証人であるあなたは、AのBに対する債務の消滅時効を援用できます。	①**連帯債務者** 　Ⅲのテキスト第5編第4章第4節②3.(2)(b)※で説明しましたが、連帯債務における時効の効果は相対的効力です。他の連帯債務者の債務が時効によって消滅しても、連帯債務者の債務に変化が生じないので(民法441条本文)、連帯債務者は援用をしなければ自身の財産を失ってしまう者とはいえないわけです。
	②**一般債権者**(大判大8.7.4) 　これは、一般債権者が債務者の他の債権者に対する債務の消滅時効を援用できないということです。一般債権者は債務者の特定の財産を目的としていませんので、援用をしなければ自身の財産を失ってしまう者とはいえません。また、P115の「一般債権者が該当するかどうかの記憶のテクニック」もご確認ください。

援用権者として認められる者	援用権者として認められない者
③**物上保証人**（民法145条かっこ書） ④**抵当不動産の第三取得者**（民法145条かっこ書） 　援用をしなければ、担保になっている物を競売されますので、自身の財産を失ってしまう者です。	③**後順位抵当権者**（最判平11.10.21） 　先順位抵当権の被担保債権が消滅時効にかかっていても、後順位抵当権者はその消滅時効を援用できないということです。 　元から後順位ですので、援用をしなければ自身の財産を失ってしまう者とはいえません。
⑤**詐害行為の受益者**（最判平10.6.22） 　これは、たとえば、B（債務者）がA（債権者）に貸金債務を負っている場合に、Bがあなた（受益者）に所有している建物を贈与した行為が詐害行為に当たるときのハナシです。この場合、あなたはBのAに対する貸金債務の消滅時効を援用できます。 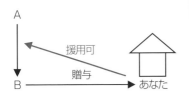 　援用をしなければ、あなたは、Aの詐害行為取消請求により建物を返還しなければならなくなりますので（民法424条の6第1項前段）、自身の財産を失ってしまう者に当たります。	④**建物の賃借人**（最判昭44.7.15） 　これは、たとえば、Bが土地上に建物を建て、その建物をあなたが賃借している場合に、Bがその土地をAから時効取得したものであったとき、BのAに対する取得時効をあなたが援用できるかというハナシです。この場合、あなたはBのAに対する取得時効を援用できません。 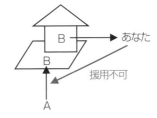 　これは、他と理由が異なります。たしかに、Bの土地の所有権が否定されれば、あなたは賃借権（財産）を失ってしまいます。しかし、関係が遠すぎます。また、賃借権の価値は高くはないので、財産を失っても影響は小さいです。

5. 援用の場所・方法

　裁判外で援用することもでき（大判昭10.12.24）、援用の方法は口頭で伝えたり電話で伝えたりすることでOKです。ただ、証拠が残るように配達証明付き内容証明郵便にしたほうがいいですが。

　判例の不確定効果説（停止条件説）は、援用を、証拠を裁判所に提出することであるとは考えないからです（上記3.）。

6．援用の効果の及ぶ範囲
（1）原則

P234＝
P244

　援用の効果は相対的です。「相対」とは、人ごとに考えるということです（P118）。援用権者が複数いる場合にそのうちの1人が援用しても、その効果は他の者には及びません。

ex. Xが所有している土地をAが20年間占有
　　した後、Aは時効を援用せずに死亡し、
　　長男であるあなたと二男であるBがAを
　　相続しました。この場合、相続人である
　　あなたとBが取得時効を援用することが
　　できますが、あなたが援用できるのは、
　　自分の相続分に対応する持分2分の1の
　　限度においてのみです（最判平13.7.10）。

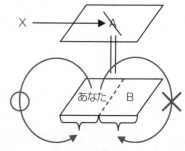

　時効の利益を得ることを潔しとしない人もいるので、援用が要求されています（上記2.）。よって、時効の利益を得るか放棄するかは、それぞれの良心で判断するべきなのです。上記 ex.で、Bは「他人の土地を時効取得するなんて私にはできない！」と考えているかもしれません。

（2）例外

　ただし、以下の例外があります。これは、Ⅲのテキスト第5編第4章第5節 1 2.
②で扱いますので、今は気にされないでください。

・主債務者の援用による主債務の消滅によって保証債務が消滅する場合（保証債務の付従性）

5　時効利益の放棄

Case

　あなたがAから100万円を借りた金銭消費貸借契約の契約書には、「債務者は消滅時効を援用できない」という条項があった。この条項は有効か？

民法146条（時効の利益の放棄）

　時効の利益は、あらかじめ放棄することができない。

---

1. 意義

　時効利益の放棄：時効の利益を受けることを放棄すること

2. 趣旨

　時効利益の放棄の趣旨は、援用の趣旨（P229の2.）と同じです。時効の利益を受けるかは、人それぞれの判断によります。よって、「借りた金は絶対に返すべきだ」と考える人は、時効の利益を放棄することもできるのです。

3. 要件

　時効利益の放棄の効果が生じるには、以下の①および②の要件を充たす必要があります。

①相手方に対する一方的な意思表示によること

　この意思表示は、黙示によるもの（ex. 債務の一部弁済をする）でも構いません（P132の「沈黙・黙示についてのテクニック」）。

②時効完成後であること

　時効完成前に、あらかじめ時効利益を放棄することはできません（民法146条）。よって、上記Caseの契約書の条項は無効です。お金を借りるときは、債務者が「貸してください〜」と土下座をして借りようとしているときですから、債務者は債権者が出す条件を何でも飲んでしまいがちです。時効完成前の時効利益の放棄を許すと、世の中の金銭消費貸借契約の契約書のすべてが「債務者は消滅時効を援用できない」という条項が入ったものになりかねません。

　それに対して、時効完成後に放棄することは自由です。時効完成後は債務者が「貸してください〜」と土下座をして借りようとしているときではありませんので、債権者から時効利益の放棄を強制される確率は低いからです。

※時効の完成を知らずに債務を承認（自認）した場合

> **Case**
>
> あなたはAから 100 万円を借りたが、弁済期から 5 年が経過した。その後にA から 100 万円の返還を求められたあなたは、時効が完成していることを知らずに、「来週には 100 万円用意できるので来週に支払います」と言った。この場合、あなたは消滅時効を援用できるか？

　上記 Case の「来週には 100 万円用意できるので来週に支払います」というあなたの発言は、100 万円の借金が存在することを認める行為ですので、債務を承認する行為になります。よって、あなたが、時効完成を知って債務を承認したのであれば、時効利益の放棄をしたと扱って何の問題もありません。しかし、上記 Case において、あなたは時効完成を知りません。この場合はどうでしょうか。

　まず、時効の完成を知らずに債務の承認に当たる行為をしても、時効利益の放棄には当たりません。あなたは時効の完成を知りませんので、「債務を承認しただろ！」と推定することができないからです。
　しかし、時効の完成を知らずに債務の承認に当たる行為をしたとしても、その後に時効を援用することは信義則（民法 1 条 2 項。P33〜34 2 ）に反し許されません（最大判昭 41.4.20）。よって、上記 Case のあなたは、消滅時効を援用できません。あなたが債務の承認に当たる行為をした場合、Aは「こいつはもう時効の援用をしないんだな」と考えるからです。

　「時効利益の放棄には当たらないが、援用できない」という論理構成まで把握していないと解けない問題が出題されていますので、この論理構成まで正確に記憶してください。

4. 効果
　時効利益の放棄をすると、時効を援用できなくなります。そして、またゼロから時効期間がスタートします。

P232＝
P244

　なお、時効利益の放棄の効果は相対的であり、他の者には関係ありません。

6　時効の効果

　時効期間が経過し、援用権者が時効を援用することによって、取得時効であれば他人の物が自分の物になり、消滅時効であれば債務が消滅します。では、この効果はいつから生じるのでしょうか。以下の Case で考えてみましょう。

> **Case**
>
> 　Aが所有している土地にBのための抵当権が設定された後、あなたがAの土地の占有を開始した。その後、AはCのために抵当権を設定した。あなたがその土地を20年間占有したため、取得時効を援用した場合、BとCの抵当権は存続するか？
>
> ```
>              Bの       あなた      Cの         あなた
>           抵当権設定  占有開始  抵当権設定   時効取得・援用
>  A所有 ──────┼──────┼──────┼──────┼──────▶
> ```

> **民法 144 条（時効の効力）**
> 　時効の効力は、その起算日にさかのぼる。

　時効の効果が発生する時期は、「時効期間が経過した時」や「援用した時」ではありません。「時効の効力は、その起算日にさかのぼる」という民法 144 条がありますので、起算日が効果が発生する時期となります。「起算日」とは、上記 Case でいえば、あなたが占有を開始した時です（最判昭 35.7.27）。消滅時効は、P255～259 ③ の時点などとなります。

　よって、取得時効と消滅時効で、それぞれ以下の効果が生じます。

・取得時効

　時効期間中の占有が、権原のある占有であったことになります。

　そのため、たとえば、時効期間中に生じた果実（民法 88 条。P91～92 ④）は、時効取得者の物となります（民法 89 条）。また、上記 Case でいえば、時効期間中の所有者はあなたであったことになりますので、Aが時効期間中にCに設定した抵当権は、所有者でないAが設定したものとなってしまい、Cの抵当権は消滅することになります。

・消滅時効

　時効期間中は債務がなかったことになります。そのため、債務者であった者は、遅延損害金を支払う必要がなくなります。

　起算日にさかのぼって時効の効果が発生するのは、時効は、事実と権利が一致していないときに、権利を永続した事実状態に合致させるものだからです（P228の実体法説）。取得時効であれば、10年間または20年間占有した事実状態に権利を合わせるので、10年前または20年前から権利者であったことになるのです。消滅時効であれば、5年間など債権者が権利を行使しなかった事実状態に権利を合わせるので、5年前などから債務がなかったことになるのです。

※取得時効は原始取得

　売買や相続は「承継取得」といい、前の権利者が負担していた権利（抵当権など）を引き継ぎます。

　それに対して、取得時効は「原始取得」といい、前の権利者が負担していた権利（抵当権など）を原則として引き継ぎません。原始取得すると、原則として、前の人が背負っていたものが消え、アダムとイブが生まれた時のようにサラの状態になりますので、原始取得はいわば「アダムとイブ取得」といえるでしょう。よって、上記Caseにおいて、あなたが占有を開始する前にAがBに設定した抵当権も、原則として消滅することになります。「原則として」としているのは、あなたがBの抵当権を認容して占有をしていた場合には、Bの抵当権は消滅しないからです（大判大9.7.16、大判昭13.2.12、最判平24.3.16参照）。

　なお、これは所有権の時効取得のハナシであり、「賃借権の時効取得」には当てはまりません（最判平23.1.21）。賃借権も時効取得できるのですが（P252 3）、賃借権と抵当権は内容が抵触しないので、賃借権が時効取得されても、賃借権者と抵当権者や抵当権に基づく競売の買受人との関係は対抗要件を備えた先後で決まります。

7 時効の完成猶予と更新

1．意義

　これまで、時効期間が満了し援用権者が援用すると、他人の物が自分の物になる（取得時効）、債務が消滅する（消滅時効）というハナシをみてきました。

　では、権利を失ってしまう者は、指をくわえてみているしかないのでしょうか。そんなことはありません。時効は完成が猶予されることがありますし、更新される（ゼロからスタートする）ことがあります。

・完成猶予：一定期間が経過するまで時効の完成
　　　　　　が猶予されること
・更新　　：そこまで進行していた時効期間が無
　　　　　　意味となり、新たにゼロから時効期
　　　　　　間が進行すること

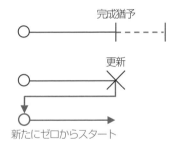

2．完成猶予事由と更新事由の整理の仕方

　これから完成猶予事由と更新事由をいくつもみていきますが、以下の視点で整理されています。

完成猶予事由と更新事由の整理の仕方

①権利者が権利行使の意思を明らかにした場合　→　完成猶予事由

　権利行使の意思を明らかにすることは、所有者や債権者が「権利の上に眠っていないよ！」（P227③）と言っているということです。

②権利の存在の確証が得られた場合　　　　　→　更新事由

　権利の存在の確証が得られれば、時効を成立させるべきではないからです。

　簡単にいうと、「権利行使の意思を明らかにしたら（権利者が動き出したら）時効の完成を止めてあげて、権利の存在の確証が得られるところまで行ったら新たにゼロからスタートさせてあげるよ」ってことです。

3．完成猶予事由・更新事由

　何が完成猶予事由に当たるのか更新事由に当たるのか、1つ1つみていきましょう。

＊以下、民事訴訟法・民事執行法・民事保全法で学習する用語が多数出てきます。民事訴訟法・民事執行法・民事保全法を学習すると当たり前になる用語ですので、今の時点であまりイメージが湧かないことは気にされないでください。

（1）裁判上の請求等
（a）完成猶予事由

　以下の①〜④の場合には、その事由が終了するまでの間は、時効は完成しません（完成猶予事由）。権利行使の意思を明らかにしたからです（上記の「完成猶予事由と更新事由の整理の仕方①」）。

①裁判上の請求（民法 147 条 1 項 1 号）

　これは、基本的には訴えの提起のことですが、自分が訴えを提起した場合に限られません。

ex. 所有権に基づく登記手続請求の訴えにおいて、被告が自分の所有権を主張して請求棄却判決（原告敗訴の判決）を求める場合も、裁判上の請求に準じます（最大判昭 43.11.13）。

※不動産の競売において抵当権者がする債権の届出

　これは裁判上の請求に当たりません（最判平元.10.13）。

　競売になると、競売される不動産に登記された抵当権者などは、「いくら債権があります」などと裁判所に届け出る必要があります（民執法 50 条）。これは、単に裁判所に債権額などを届け出ているだけで、債務者に債権を主張しているわけではないからです。

②支払督促（民法 147 条 1 項 2 号）

③訴え提起前の和解、民事調停または家事調停（民法 147 条 1 項 3 号）

④破産手続参加、再生手続参加または更生手続参加（民法 147 条 1 項 4 号）

　時効の完成が猶予されるのは、基本的には上記①～④の事由が終了するまでの間ですが、確定判決または確定判決と同一の効力を有するものによって権利が確定することなくその事由が終了した場合は、その終了の時から 6 か月を経過するまで時効の完成が猶予されます（民法 147 条 1 項柱書かっこ書）。これは以下のような場合です。

ex1. 訴えを提起しましたが、原告の請求が棄却されました。この場合、棄却の判決が確定した時から 6 か月を経過するまで時効の完成が猶予されます。

ex2. 訴えを提起しましたが、訴えが却下されました。この場合、却下の判決が確定した時から 6 か月を経過するまで時効の完成が猶予されます（訴状却下を除きます）。

ex3. 訴えを提起しましたが、訴訟の途中で訴えを取り下げました。この場合、訴えの取下げの時から 6 か月を経過するまで時効の完成が猶予されます。

　これは、訴訟での権利主張は催告（P241（4））に当たるとした判例（最判昭 45.9.10）を反映した規定です。

（b）更新事由

　上記（a）①～④の事由があり、確定判決または確定判決と同一の効力を有するものによって権利が確定したときは、時効は上記（a）①～④の事由が終了した時から

新たにゼロから進行します（更新事由。民法147条2項）。

　判決または判決と同一の効力を有するものによって権利が確定しましたからね。これは、権利の存在の確証が得られたといえるでしょう（P237の「完成猶予事由と更新事由の整理の仕方②」）。

（2）強制執行等
（a）完成猶予事由
　以下の①〜④の場合には、その事由が終了するまでの間は、時効は完成しません（完成猶予事由）。権利行使の意思を明らかにしたからです（P237の「完成猶予事由と更新事由の整理の仕方①」）。上記（1）との違いですが、すご〜くざっくりいうと、上記（1）が民事訴訟カンケー（裁判などで権利を認めてもらったりすること）なのに対して、この（2）は民事執行カンケー（強制的に債務者の財産を売っぱらったりすること）です。

①強制執行（民法148条1項1号）
②担保権の実行（民法148条1項2号）
③留置権による競売など（民法148条1項3号）
④財産開示手続または第三者からの情報取得手続（民法148条1項4号）

　完成が猶予されるのは、基本的には上記①〜④の事由が終了するまでの間ですが、申立ての取下げまたは取消しによって上記①〜④の手続が終了した場合は、その終了の時から6か月を経過するまで完成が猶予されます（民法148条1項柱書かっこ書）。これも、裁判手続での権利主張は催告（P241（4））に当たるとした判例（最判昭45.9.10）を反映した規定です。

（b）更新事由
　上記（a）①〜④が終了し、まだ権利が残っている場合には（＊）、時効は上記（a）①〜④の事由が終了した時から新たにゼロから進行します（更新事由。民法148条2項）。
＊たとえば、債権者が競売による配当を受けた場合でも、配当額が低かったために債権がまだ残っているときもあれば、配当額が高かったために債権が消滅しているときもあります。
　競売などをしましたからね。詳しくは民事執行法で学習しますが、権利の存在の確証がないと競売などはできません（P237の「完成猶予事由と更新事由の整理の仕方②」）。

（3）仮差押え・仮処分

　以下の①②の場合には、その事由が終了した時から 6 か月を経過するまでの間は、時効は完成しません（完成猶予事由）。権利行使の意思を明らかにしたからです（P237 の「完成猶予事由と更新事由の整理の仕方①」）。

①仮差押え（民法 149 条 1 号）
②仮処分（民法 149 条 2 号）

　「仮差押え」「仮処分」とは、訴訟前または訴訟中に、債務者が財産を友人に贈与するなどして財産を逃がしてしまうことを防ぐためにする手続です。債務者の財産を逃がさないように「財産を逮捕しておく」というイメージを持ってください。
　仮差押えと仮処分が完成猶予事由なのは、これらは、訴訟前または訴訟中の“仮”の手続ですので、権利の存在の確証が得られたとまではいえないからです。その後、訴訟が終了し確定判決がされることで権利の存在の確証が得られます。

※「その事由が終了した時」とは？

　不動産に対する仮差押え・仮処分について、問題となる点があります。
　不動産に対する仮差押え・仮処分は、不動産に仮差押えの登記・仮処分の登記をする方法によってされます（民保法 47 条 1 項、52 条 1 項、53 条 1 項、2 項）。仮差押え・仮処分は訴訟前または訴訟中にされるものですから、不動産にこの登記が何年もされていることもあります。
　仮差押え・仮処分が終了した時から 6 か月を経過するまでの間は、時効は完成しません（民法 149 条柱書）。そこで問題となるのは、「その事由が終了した時」とはいつかです。仮差押えの登記・仮処分の登記が抹消された時なのか、それとも、仮差押えの登記・仮処分の登記がされた時なのか、以下のとおり対立がありますが、判例は継続説です。

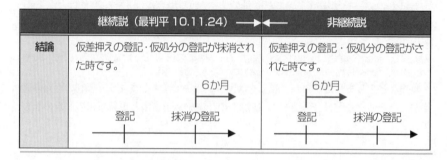

	継続説（最判平 10.11.24）　→　←　非継続説	
結論	仮差押えの登記・仮処分の登記が抹消された時です。 　　　　　　　　　　　6か月 登記　　　　抹消の登記	仮差押えの登記・仮処分の登記がされた時です。 　　　　　　　　　　　6か月 登記　　　　抹消の登記

理由	①仮差押えの登記・仮処分の登記がある間は、仮差押債権者・仮処分債権者の権利行使は継続しています。 ②仮差押えの登記・仮処分の登記には、債権者が権利を行使していることを公示する機能があります。 　①の理由も②の理由も、要は仮差押えの登記・仮処分の登記により、債権者が「権利の上に眠っていないよ！」と言っていることになるんです。	①仮差押え・仮処分は訴訟前または訴訟中にされるものですから、比較的簡易に発令されます。にもかかわらず、完成猶予の効力が長期にわたるのはおかしいです。 ②登記された抵当権であっても、被担保債権は消滅時効にかかります。つまり、登記には、債権者が権利を行使していることを公示する機能はないのです。
この説への批判	債権者が訴えを提起しない場合、仮差押え・仮処分による完成猶予の効力が永久的なものとなってしまいます。	
上記の批判に対する反論	債権者が訴えを提起しない場合、債務者は裁判所に、債権者に訴えを提起するよう命じてもらうことができます（民保法 37 条）。	

（4）催告

　上記（1）〜（3）はすべて裁判所における手続ですが、手紙や電話で催告をするだけでも、まったく効果がないわけではありません。催告をしてから6か月を経過するまでの間は、時効は完成しません（完成猶予事由。民法 150 条 1 項）。権利行使の意思を明らかにしたからです（P237 の「完成猶予事由と更新事由の整理の仕方①」）。

　この催告は、たとえば、時効期間が満了する直前に弁護士のところに「あと1週間で私の債権が時効で消えるんです！」と相談がきたときに、上記（1）〜（3）の手続をしていられない場合に役立ちます。催告により6か月間時効の満了を引き延ばせるので、上記（1）〜（3）の手続をする予備的措置となるわけです。

　このように「6か月間の猶予をくれ！」というだけのものですので、催告を繰り返しても最初の6か月間という猶予期間は延長されません（民法 150 条 2 項）。催告による猶予は1回しかダメってことです。

（5）協議を行う旨の合意

　これも裁判外でできることです。権利についての協議を行うという合意が書面または電磁的記録（要はデータ）でされたときは、以下の①～③のいずれか早い時までの間は、時効は完成しません（完成猶予事由。民法151条1項、4項）。権利行使の意思を明らかにしたといえるからです（P237の「完成猶予事由と更新事由の整理の仕方①」）。

①合意があった時から1年を経過した時（民法151条1項1号）
②その合意において当事者が協議を行う期間（1年に満たないものに限ります）を定めたときは、その期間を経過した時（民法151条1項2号）
③当事者の一方から相手方に対して協議の続行を拒絶する旨の通知が書面または電磁的記録（メールなどのデータ）でされたときは、その通知の時から6か月を経過した時（民法151条1項3号、5項）

　このような規定がないと、たとえば、借金の返済について債権者と債務者が協議を行っていても、債権者は債務者を訴えたりしなければなりません。しかし、協議中に訴えるのは違和感がありますよね。協議が破談になりそうです……。そこで、協議を行う合意をすることが完成猶予事由とされているんです。なお、書面または電磁的記録による合意が必要とされたのは、後に合意をしたかの争いが起きないようにするためです。電磁的記録による合意とは、たとえば、債権者が「協議をしましょう」とメールをし、債務者が「いいです」と返信のメールをするといった方法でできます。

　ただ、上記①～③のいずれか早い時までしか猶予されませんので、けっこう短いです。そこで、完成が猶予されている間に再度書面または電磁的記録（データ）で合意がされれば、さらに時効の完成が猶予されます（民法151条2項本文、4項）。
　ただし、その猶予期間は、時効の完成が猶予されなかったとすれば時効が完成すべき時から通じて5年を超えることができません（民法151条2項ただし書）。「猶予期間は延長されるけど、通算して5年を超えちゃダメ」ってことです。

※上記（4）と上記（5）

　上記（4）の催告と上記（5）の協議を行う旨の合意による時効の完成猶予は、先にされたいずれか一方しか認められません（民法151条3項）。

ex. 催告をして時効の完成が猶予されている間に協議を行う旨の合意をしても、協議を行う旨の合意に完成猶予の効果はありません（民法151条3項前段）。

（6）承認

　「承認」とは、時効の利益を受ける者が時効によって権利を失うべき者に対して、その権利を認めるような行為をすることです。

ex. 債務者が債務の一部の弁済をしたり、利息の支払をしたり、支払猶予の申入れをしたり、債務の分割弁済の約束をしたりすることが当たります。

　時効の利益を受ける者が承認をすると、承認の時から時効が新たにゼロから進行します（更新事由。民法152条1項）。債務者が自ら債務を認めたといったハナシですから、権利の存在の確証が得られたといえます（P237の「完成猶予事由と更新事由の整理の仕方②」）。自分で認めているわけですから。

― Realistic 9　「少しでいいので返してください」に注意 ―

　債務の一部の弁済をしたり、利息の支払をしたりするだけで時効が更新されますので、貸金業者によっては「少しでいいので返してください」と言い、少額の弁済をさせ、時効を更新させることがあります。

　また、支払猶予の申入れや債務の分割弁済の約束でも時効が更新されますので、「この支払猶予の申入書に記入してもらえれば弁済期を伸ばせますよ」「分割弁済に切り替えると返済が楽になりますよ」などと言い、時効を更新させる貸金業者もいます。

　こういった甘い言葉には注意する必要があります。

※銀行内の帳簿への利息の元金組入れの記載

　銀行が銀行内の帳簿に利息の元金組入れの記載をしただけでは、承認に当たりません（大判大5.10.13）。これは、機械的にすることであり、積極的に権利を認めたことにはならないからです。

※完全に有効な承認ができない者

　民法152条2項には「承認をするには、……行為能力の制限を受けていないこと……を要しない」とあり、制限行為能力者であっても、単独で完全に有効な承認ができるように読めます。しかし、成年被後見人および未成年者がした承認は取り消すこと

ができます。承認も財産の管理行為であるため、管理の能力は必要だからです（大判昭13.2.4）。

　それに対して、被保佐人および被補助人は、保佐人および補助人の同意なく単独で完全に有効な承認ができます（大判大7.10.9）。被保佐人および被補助人は、管理の能力を有するからです。

　ここでも、やはり未成年者と被保佐人との間に境界線が引かれています（P84の「記憶の仕方」）。

【完成猶予事由と更新事由のまとめ】

		完成猶予事由	更新事由
裁判上	裁判上の請求等（民法147条）上記（1）	手続の開始	確定判決などによって権利が確定
	強制執行等（民法148条）上記（2）	手続の開始	手続の終了＊取下げまたは取消しによる手続の終了を除く
	仮差押え・仮処分（民法149条）上記（3）	手続の開始	
裁判外	催告（民法150条）上記（4）	催告	
	協議を行う旨の合意（民法151条）上記（5）	協議を行う旨の合意	
	承認（民法152条）上記（6）		承認

4．完成猶予または更新の効力が及ぶ者の範囲
（1）原則

P232＝P234
　やはり時効の完成猶予または更新の効力も相対的であり、当事者とその承継人以外の者には関係ありません（民法153条）。

— Realistic 10　キャッチフレーズのようにリズムよく声に出す —

　時効に関する効果は原則として相対効ですので、「時効は相対効！」「時効は相対効！」とキャッチフレーズのようにリズムよく声に出しておいてください。キャッチフレーズのようにして声に出しておくと、記憶が定着します。

（2）例外

　ただし、以下の2つの例外があります。①は、Ⅲのテキスト第5編第4章第5節 4 2.（1）（a）で扱いますので、今は気にされないでください。また、②についても、Ⅱのテキスト第4編第1章第3節で担保物権の性質を学習した後でないとわかりにくいです。

①主債務の時効の完成猶予または更新の保証債務への影響（民法457条1項）
②債務者がした債務の承認による被担保債権の消滅時効の更新の物上保証人への影響（最判平7.3.10）
　物上保証人は、債務者がした債務の承認によって生じた被担保債権の消滅時効の更新の効力を否定できません。担保物権には付従性があるからです。

5．特則

　権利者が権利行使の意思を明らかにしたわけではありませんが、時効の完成が猶予される場合があります（民法158条～民法161条）。たとえば、以下の場合です。

①時効期間の満了前6か月以内の間に、成年被後見人または未成年者に法定代理人がいないときは、その成年被後見人または未成年者が行為能力者となった時（ex. 未成年者が18歳になった時）、あるいは、法定代理人が就職した時から6か月を経過するまでの間は、その成年被後見人または未成年者に対して時効は完成しません（民法158条1項）。
　成年後見人や親権者が死亡した場合などには、新たな成年後見人や未成年後見人が就職するまでの間、法定代理人がいない状態となります。法定代理人がいないと、成年被後見人や未成年者では時効を更新させる行為（訴えを提起して勝訴の確定判決を得るなど）ができません。そこで、時効の完成が猶予されるのです。
ex. 未成年者に時効期間の満了前6か月以内の間に法定代理人がいない場合

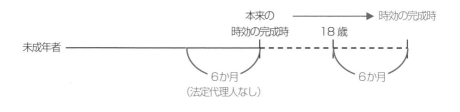

②夫婦の一方が他の一方に対して有する権利については、婚姻の解消（ex. 離婚）の時から 6 か月を経過するまでの間は、時効は完成しません（民法 159 条）。

　たとえば、夫が妻に金を貸し、貸金返還請求権を有していても、婚姻中は請求しづらいです（奥さんが怖い家庭が多いですから……というのは冗談ですが）。そこで、婚姻の解消の時から 6 か月を経過するまで時効の完成が猶予されるのです。

　他にも以下の特則がありますので、余裕がある方は以下の条文も押さえてください。

・民法 160 条（相続財産に関する時効の完成猶予）
・民法 161 条（天災等による時効の完成猶予）

cf　時効と類似の制度 ── 除斥期間

　時効と類似する制度に「除斥期間」というものがあります。時効ではありませんので、まずその点にご注意ください。時効と同じである点・異なる点は、以下のとおりです。

時効と同じである点	時効と異なる点
①一定の時の経過により権利が消滅します	①援用は不要です（民法 145 条参照）
	②効果がさかのぼりません（不遡及）
②期間の完成が猶予されることはあります（最判平 10.6.12）	③起算点は権利発生時です
	④更新がありません（民法 147 条 2 項、148 条 2 項本文、152 条参照）

　除斥期間は、権利関係の速やかな確定をはかるため、援用が不要とされており、起算点は権利発生時であり、更新はありません。

　「具体的に何が除斥期間なの？」と気になると思います。たとえば、P207 の民法 126 条の長期の「20 年」が除斥期間であると解されています。

　ただ、除斥期間かどうかは条文からはわかりづらく、解釈になります。何が除斥期間かまで正確に記憶するのはやりすぎですので、除斥期間については、上記の表の時効と同じである点・異なる点を記憶する程度にとどめてください。

＊ここまで取得時効と消滅時効を合わせてみてきましたが、第 2 節以降は取得時効と消滅時効を分けてみていきます。

第2節　取得時効

> **民法162条 (所有権の取得時効)**
> 1　20年間、所有の意思をもって、平穏に、かつ、公然と他人の物を占有した者は、その所
> 　有権を取得する。
> 2　10年間、所有の意思をもって、平穏に、かつ、公然と他人の物を占有した者は、その占
> 　有の開始の時に、善意であり、かつ、過失がなかったときは、その所有権を取得する。

取得時効の規定の方向性

　取得時効の規定は、占有者 (時効取得しようとしている者) に有利になる方向で規
定されています。

1　意義

　取得時効は、他人の物を占有し続けると自分の物になる制度です。田舎の誰が所有
者かはっきりしない土地などでは、他人の土地を何十年も使い続けているということ
があります。その場合、時効取得できることがあります。

　民法162条では、1項の場合には占有期間が20年間必要ですが、2項の場合には
10年間で構わないと規定されています。この違いは、占有の開始の時に善意無過失か
どうかです。善意無過失であれば10年間で構いませんが、善意無過失でなければ20
年間の占有が必要です。

「占有の開始の時」がキーフレーズ

　善意無過失かどうかで必要な占有期間が変わるわけですが、善意無過失かどうか判
断するのは民法162条2項にありますとおり、「占有の開始の時」です。この条文の
文言がキーフレーズになります。

2　要件

　民法162条には、「20年間」「10年間」「善意無過失」以外にも、「所有の意思」「平
穏」「公然」「他人の物」「占有」という要件が規定されています。これらの要件を1
つ1つみていきます。

1．民法162条1項と2項に共通する要件

　まず、民法162条1項と2項に共通する要件をみていきます。「所有の意思」「平穏・公然」「他人の物」「占有」が共通する要件です。これらは、占有開始の時に善意無過失であってもなくても要求される要件です。

（1）所有の意思（自主占有）

　占有の種類についてはⅡのテキスト第3編第2章第3節で詳しく説明しますが、所有の意思のある占有とは「自主占有」のことです。自主占有とは、簡単にいうと、「オレの物だぞ～」と占有しているということです。

ex. 家を購入した買主が、その家に住んでいる場合、「オレの物だぞ～」と占有していますので、買主の占有は自主占有です。よって、その後に売買が無効であることが判明した場合でも、時効取得できる可能性があります。

　自主占有とはならない（「他主占有」といいます）のは、たとえば、賃借人の占有です。賃貸マンションを借りて何十年も居住している人もいますが、残念ながら所有権を時効取得することはできません。できるなら、大家さんは時効取得が怖くて貸せなくなるでしょう……。

　自主占有か他主占有かは、占有取得の原因である事実によって客観的に決まります。つまり、気持ちの問題で決まるわけではないということです。

ex. 賃借人が気持ちのうえで「オレの物だぞ～」と思っていても、客観的な性質が賃借ですから、自主占有にはなりません。

　客観的に「オレの物だぞ～」と占有しているといえるか、ということです。

（2）平穏・公然

　「平穏」とは、暴行または強迫による占有ではないということです。

　「公然」とは、隠匿の（コソコソした）占有ではないということです。

　暴行、強迫、隠匿による占有はほとんどありませんので、この要件はあまり問題になりません。

※推定規定

　上記（1）および（2）の要件は、占有しているだけで推定するという規定があります（民法186条1項）。

> **民法186条（占有の態様等に関する推定）**
>
> 1　占有者は、所有の意思をもって、善意で、平穏に、かつ、公然と占有をするものと推定する。

占有している場合、通常は「所有の意思」があり、「平穏」「公然」とした占有だからです。

なお、「善意」も推定されます。

よって、「所有の意思」「平穏」「公然」「善意」については、占有者が立証する必要はなく、時効取得される者が立証し覆す必要があります。

占有者に有利になる方向で規定されているのです（P247の「取得時効の規定の方向性」）。

ただし、「無過失」は推定されないので、無過失については占有者が立証する必要があります。

（3）他人の物

「取得時効は、他人の物を占有し続けると自分の物になる制度です」と説明してきましたとおり、取得時効の対象は原則として他人の物です。

では、自分の物を時効取得することはできるでしょうか。実は、これも可能です（最判昭42.7.21）。「自分の物を時効取得する意味があるの？」と思われるかもしれませんが、この判例は以下のような事案でした。

あなたが、Aから建物の贈与を受け、建物を占有していました。しかし、Aからあなたに所有権の移転の登記をしていませんでした。Aは自分に登記があることを利用して、B名義の抵当権を設定しました。その後、Bの抵当権に基づいて

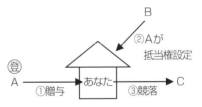

競売がされ、Cがその建物を買い受けました。Cは、あなたに「私が競落したから出ていけ！」と要求しました。このとき、あなたは建物の時効取得を主張できます。

あなたが贈与を受けたので、その建物はあなたの物ですが、このように登記を移転していないため所有権取得の立証が困難である場合や、所有権取得を第三者に対抗できない場合（最判昭36.7.20）などには、自分の物を時効取得する意味があるのです。

（4）占有

（a）占有の継続

20 年間または 10 年間と長期間継続して占有していることが要求されますが、占有者は 20 年間・10 年間のすべての占有を立証する必要があるでしょうか。

その必要はありません。ここでも、占有者に有利になる方向の規定があります（P247の「取得時効の規定の方向性」）。

20 年間・10 年間の占有の前後の両時点、つまり、占有の最初と最後において占有した証拠があれば、その間の 20 年間・10 年間は占有が継続したと推定されます（民法 186 条 2 項）。「5 年目はその土地から離れていたから、占有が継続していない！」と時効取得される者が主張したい場合は、時効取得される者のほうで立証し覆す必要があります。

（b）占有の承継

以下の Case のように占有の承継が生じた場合、占有期間や善意無過失かどうかは、どのように判断することになるでしょうか。

Case

Bは、自分が所有していないことをわかっていながら、Aが所有している土地を占有していた。その 18 年後、あなたがBからその土地を譲り受け占有を開始したが、あなたはその土地を自分が所有していると過失なく信じていた。その後、あなたが 2 年間その土地を占有した場合、あなたは自らの占有開始から 10 年経つのを待たず、Bの占有期間と併せた占有期間による時効取得を主張できるか？

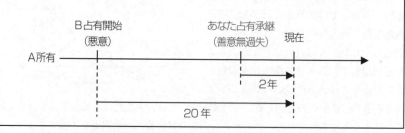

上記 Case のあなたのように、他人（B）から占有を承継した者は、以下の①または②のいずれかを選択できます（民法 187 条 1 項）。

①自分（あなた）の占有のみを主張する

　この場合、善意無過失かどうかは、あなたの占有開始時点を基準に考えます。善意無過失かどうか判断するのは、占有の開始の時だからです（P247の「『占有の開始の時』がキーフレーズ」）。この①は、あなたの占有のみを主張していますので、「占有の開始の時」はあなたが占有を開始した時となります。

②前主（B）の占有と自分（あなた）の占有を合算して主張する

　この場合、あなたはBの瑕疵も承継します（民法187条2項）。上記Caseのように、Bが悪意であれば、あなたの占有も悪意となります。善意無過失かどうか判断するのは、占有の開始の時だからです（P247の「『占有の開始の時』がキーフレーズ」）。

　なお、仮にBが善意無過失であった場合、あなたが悪意でも過失があっても、あなたの悪意または過失は問われず、Bの占有開始から10年間で時効取得できます（最判昭53.3.6・通説）。善意無過失かどうか判断するのは占有の開始の時だからです（P247の「『占有の開始の時』がキーフレーズ」）。

　この②は、Bの占有も併せて主張していますので、「占有の開始の時」はBが占有を開始した時となるのです。

　なお、Bの前にCが占有しており、BがCから占有を承継していた場合、あなたは、C・B・あなたの占有を合算して主張することもできます（大判大6.11.8）。その場合は、善意無過失かどうかは、Cの占有開始時点を基準に考えます（大判大6.11.8）。

　以上をまとめると、あなたは、自分の占有のみを主張することも、B（とC）の占有を併せて主張することもでき、自分の占有のみを主張する場合は自分の占有開始時に善意無過失であるかが問題となり、B（とC）の占有を併せて主張する場合にはB（C）の占有開始時に善意無過失であるかが問題となります。かなり、占有者であるあなたに都合のいい規定となっています（P247の「取得時効の規定の方向性」）。

　上記Caseでは、Bの占有開始時点は悪意ですが、あなたの占有と併せれば20年となりますので、あなたはBの占有と併せて主張し、時効取得を主張できます。

※権利能力なき社団が占有者である場合

　上記のハナシは、権利能力なき社団（P54〜58⑤）が法人化した場合にも当てはまります。権利能力なき社団が法人化する前から不動産を占有しており、その後に法人化した場合、法人化する前に占有を開始した時点と法人格を取得した時点とを選択して主張できます（最判平元.12.22）。

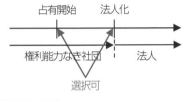

2．民法 162 条 1 項と 2 項で異なる要件

（1）時効期間の満了

占有開始時に悪意または有過失の場合は、必要な占有期間は 20 年間です。

占有開始時に善意無過失の場合は、必要な占有期間は 10 年間です。

（2）善意無過失

10 年間で時効取得を主張する場合には、占有開始時に善意無過失である必要があります。

なお、占有開始後に悪意となったり有過失となったりしても、10 年間で時効取得できます（大判明 44.4.7・通説）。善意無過失かどうか判断するのは占有の開始の時だからです（P247 の「『占有の開始の時』がキーフレーズ」）。

3 所有権以外の財産権の取得時効

これまでは、時効取得される権利が所有権である前提で説明をしてきました。しかし、所有権以外の物権である用益物権や質権も時効取得できます（民法 163 条）。

用益物権や質権は物権であるため、継続的に行使しているという状態があり得、時効取得を認めることは問題ありません。では、債権である不動産の賃借権を時効取得できるでしょうか。債権は通常 1 回の履行で消滅するため、継続的に行使しているという状態はありません。しかし、不動産の賃借権は時効取得できます（最判昭 43.10.8・通説）。

賃借権は、継続的に行使しているという状態があり得るからです。無権利者から土地を賃借し、賃借人として継続的に賃料を支払って使い続けていたなどということがあり得ます（最判昭 62.6.5）。

なお、所有権以外の権利の時効取得の場合、P248（1）の「所有の意思」という要件は、「自己のためにする意思」となります（民法 163 条）。地上権や賃借権を時効取得するハナシですので、所有の意思がないのは当たり前だからです。

所有権以外の権利の時効取得が認められるには、継続的な使用という外形的事実が存在するほかに、その使用が権利行使の意思に基づくものであることが客観的に表現されていることを要します（最判昭 45.5.28〔地上権について〕）。

第3節　消滅時効

> **民法166条（債権等の消滅時効）**
> 1　債権は、次に掲げる場合には、時効によって消滅する。
> 　　一　債権者が権利を行使することができることを知った時から5年間行使しないとき。
> 　　二　権利を行使することができる時から10年間行使しないとき。
> 2　債権又は所有権以外の財産権は、権利を行使することができる時から20年間行使しないときは、時効によって消滅する。
>
> **民法167条（人の生命又は身体の侵害による損害賠償請求権の消滅時効）**
> 　　人の生命又は身体の侵害による損害賠償請求権の消滅時効についての前条第1項第2号の規定の適用については、同号中「10年間」とあるのは、「20年間」とする。

1　意義

1．債権

（1）短期

　債権者が権利を行使することができることを知った時から5年間行使しないと、債権は消滅します（民法166条1項1号）。この「権利を行使することができることを知った」とは、債務者が誰であるかまで知る必要があります。

　「5年間」と短期の時効期間が短いのは、長くなると、弁済した後に領収証などを保存しておかなければならない期間も長くなってしまうからです。弁済した債務者の負担が大きくなってしまいます。また、Ⅲのテキスト第8編第3章第2節 3 5.で説明する不法行為による損害賠償請求権の時効期間の短期が3年間なのですが、それと近い期間にしたという理由もあります。

（2）長期

（a）原則

　債権者が権利を行使することができることを知らなくても、権利を行使することができる時から10年間行使しないと、債権は消滅します（民法166条1項2号）。

（b）人の生命または身体の侵害による損害賠償請求権

　人の生命または身体の侵害による損害賠償請求権の消滅時効期間は、上記（a）の「10年間」が「20年間」になります（民法167条）。

ex. 企業は雇っている従業員に対して、生命や身体の安全を確保しつつ労働することができるようにする「安全配慮義務」という義務を負います。企業がこの義務に違反して従業員が命を落としたりケガをした場合の従業員の企業に対する損害賠償請求権が、「人の生命又は身体の侵害による損害賠償請求権」に当たります。

　生命や身体という重要な法益（法によって保護される利益）であるため、できる限り損害賠償請求権が時効で消滅しないように長くしているのです。

2．債権または所有権以外の財産権

　権利を行使することができる時から 20 年間行使しないと、債権または所有権以外の財産権は消滅します（民法 166 条 2 項）。

2 消滅時効にかかる権利とかからない権利

　これまでは、消滅時効で消える権利は債権である前提で説明をしてきました。しかし、上記 1 2.で「債権または所有権以外の財産権」とありましたとおり、債権以外でも消滅時効で消える権利があります。ここで、消滅時効にかかる権利とかからない権利をまとめておきます。

＊以下の表には、Ⅱのテキストの物権総論・担保物権で学習する用語が多数出てきます。よって、いったん飛ばし、Ⅱのテキストをお読みになった後にお読みください。

消滅時効にかかる権利	消滅時効にかからない権利
①債権（民法 166 条 1 項） 　これは何度も出てきていますので、大丈夫でしょう。短期 5 年・長期 10 年（人の生命または身体の侵害による損害賠償請求権は 20 年）で時効消滅します。 **②用益物権（地上権、永小作権、地役権）** 　右の①の所有権と異なり、これらは他人の土地を使う権利ですので、権利を行使していないと 20 年で時効消滅することがあります。	**①所有権** 　左の②の用益物権と異なり、他人の物を使う権利ではなく、自分が所有している物に対する権利です。よって、権利を行使していなくても消えることはありません。たとえば、みなさんの家には何十年も使っていない物があるでしょうが、その所有権がなくなるわけがないですよね。 　なお、他人が時効取得したために、所有権を失うことはあります。しかし、これは取得時効の効果であって、消滅時効にかかったわけではありません。

③形成権（解除権〔大判大6.11.14〕など）	②占有権・留置権

③形成権（解除権〔大判大6.11.14〕など）

―― 用語解説 ―― 「形成権」

「形成権」とは、一方的な意思表示によって効果を発生させられる権利のことです。取消権、解除権などがあります。

債権に準じて（最判昭62.10.8）、原則として短期5年・長期10年で時効消滅します。ただ、期間については、取消権のように、独自の期間（民法126条。P207 6）がある形成権もあります。

②占有権・留置権

　占有していることが成立要件ですので、占有している限り時効消滅しません。逆にいうと、占有を失えばその瞬間に権利が消えます。

③一定の法律関係に当然に伴う権利

ex. 物権的請求権（大判大5.6.23）、登記請求権、共有物分割請求権（民法256条）、譲渡担保の設定者の受戻権（最判昭57.1.22）

　これらの権利は、物権があれば当然についてくる権利ですので、これらの権利だけが時効消滅することはありません。

3　債権の長期の消滅時効の起算点

　債権の長期（10年間・20年間）の消滅時効期間の起算点は、「権利を行使することができる時」です（民法166条1項2号、167条。P253〜254（2））。では、「権利を行使することができる時」とはいつでしょうか。

1.「権利を行使することができる時」とは？

　「権利を行使することができる時」とは、権利の行使について法律上の障害がなくなった時であると解されています（通説）。「法律上の障害」とは、たとえば、条件や期限のことです。条件や期限があっては権利を行使できませんので、法律上の障害があるといえます。

　法律上の障害がなく権利を行使することができるのに、10年間や20年間も放っておく者は、権利の上に眠る者として保護する必要がないので（P227③の趣旨）、権利の行使について法律上の障害がなくなった時が起算点とされているんです。

2.具体的な消滅時効の起算点と履行遅滞を生じる時点

　では、具体的に「権利の行使について法律上の障害がなくなった時」とはいつなのか、債権ごとにみていきます。

　なお、消滅時効の起算点は「履行遅滞を生じる時点」と比較して記憶すべきなので、以下の表には履行遅滞を生じる時点も記載しています。「履行遅滞」はⅢのテキスト第5編第3章第2節 1 で学習するハナシですが、履行遅滞を生じる時点とは、履行が

遅れたことにより、遅延損害金が発生する時点です。

*履行遅滞を生じる時点だけでなく、消滅時効の起算点についても、以下の表には、この後に学習する用語が多数出てきます。よって、いったん飛ばし、財産法の学習がひととおり終わった後（Ⅲのテキスト第8編までお読みになった後）にお読みください。

 **判断基準**

法律上権利を行使
できる時

遅延損害金を取られても
文句を言えない時

	消滅時効の起算点	履行遅滞を生じる時点
①確定期限（P220①）の定めのある債権 ex.「令和5年7月2日になったら」という期限の付いている債権	・**期限到来の時**（大判昭5.7.2）期限が到来すれば、法律上権利を行使できるからです。 なお、確定期限の定めがあると、通常、確定期限の到来時から民法166条1項1号（5年）の消滅時効が進行します。確定期限の定めがあれば通常は、最初から債権者が権利を行使することができることを知っているからです。	・**期限到来の時**（民法412条1項）期限が「令和5年7月2日」などということは最初からわかっていますので、令和5年7月3日になったら、遅延損害金を取られても文句を言えません。
②**不確定期限**（P220②）の定めのある債権 ex.「私が総理大臣を辞めたら」という期限の付いている債権	・**期限到来の時** 期限が到来すれば、法律上権利を行使できるからです。	・**債務者が期限の到来を知った時**（民法412条2項）債務者は「総理大臣を辞めたこと」を知らないと、期限が到来したことがわかりません。よって、遅延損害金を取られても文句を言えない時は、期限の到来を知った時となります。 ただし、期限の到来した後に債権者が履行の請求をすれば、債務者が期限到来の事実を知らなくても履行遅滞となります（民法412条2項）。

	消滅時効の起算点	履行遅滞を生じる時点
③期限の定めのない債権 ex. 支払期限を定めていない売買代金債権	・債権成立の時（大判大5.6.2） 　債権成立の時（ex. 契約時）から、法律上権利を行使できるからです。	・債権者が履行の請求をした時（民法412条3項） 　債権者が権利行使を明らかにした履行の請求をした時からは、遅延損害金を取られても文句を言えません。
④返還の時期の定めのない消費貸借による債権	・契約成立後、相当な期間を経過した時 　借り手は消費するために金銭などを借りていますので、貸し手は法律上すぐに返還を請求できません。よって、相当な期間を経過した時となると解されています。	・貸主が相当の期間を定めて催告し、その期間が経過した時 　借り手は返還するために金銭などを集める必要がありますので、相当な期間を定めた催告が必要です。相当の期間が経過すれば、遅延損害金を取られても文句を言えません。
⑤不法行為による損害賠償請求権 ex. 交通事故の被害者が加害者に対して有する債権	・損害および加害者を知った時（民法724条1号〔短期〕） ＊これは他の事項と異なり、短期の消滅時効期間の起算点を表示しています。 　これは、他と視点が異なります。被害者（債権者）を保護するため、債権が消滅するのを遅らせるよう、損害と加害者の双方を知った時にして起算点を遅らせています。	・不法行為の時（損害発生時。最判昭37.9.4、最判昭58.9.6） 　これは、他と視点が異なります。被害者（債権者）を保護するため、できる限り早い時点とされています。被害者（債権者）が請求できる額が増えるので、遅延損害金は早く発生したほうがいいのです。
⑥停止条件付債権	・条件成就の時 　条件が成就すれば、法律上権利を行使できるからです。	・条件成就後、債権者が履行の請求をした時 　債務者は条件成就を知らないかもしれません。よって、遅延損害金を取られても文句を言えない時は、条件成就後に債権者が履行の請求をした時となります。

	消滅時効の起算点	履行遅滞を生じる時点
⑦債務不履行に基づく損害賠償請求権	・履行に代わる損害賠償の請求ができるようになった時 これが権利を行使することができる時です。	・債権者が履行を請求した時（最判昭55.12.18） 債権者が権利行使を明らかにした履行の請求をした時からは、遅延損害金を取られても文句を言えません。
⑧解除に基づく原状回復請求権	・解除の時（大判大7.4.13） 解除をすれば、法律上、原状回復を請求できるからです。	・債権者が履行を請求した時 債権者が権利行使を明らかにした履行の請求をした時からは、遅延損害金を取られても文句を言えません。
⑨不当利得返還請求権	・請求権発生時（ex. 取消し時） 取消し時などから、法律上権利を行使できるからです。	・債権者が履行を請求した時 債権者が権利行使を明らかにした履行の請求をした時からは、遅延損害金を取られても文句を言えません。

※割賦払債務に期限の利益喪失約款のある場合の時効期間の起算点

Case

あなたがAから、割賦払で自動車を購入したが、その契約には「債務者が割賦金の支払を怠った場合には、『期限の利益を喪失させる』旨の債権者の意思表示により期限の利益が失われ、債権者は残債務全部の履行を請求することができる」という特約が付されていた。この場合に、あなたが割賦金の支払を1回怠ったとき、残債務の消滅時効はいつから進行するか？

まず、「割賦払債務」とは、分割払の債務（ローンなど）のことです。

割賦払債務には上記 Case のように、1度でも割賦金の支払を怠った場合、債権者の意思で期限の利益（P221〜222 2 ）を喪失させられる、つまり、債権者は全額をすぐに請求できる、という特約が付けられることが多いです。

この場合、「残債務」の消滅時効の起算点はいつになるでしょうか。以下のとおり対立がありますが、判例は請求時説（債権者意思説）です。

	請求時説（債権者意思説） （大連判昭 15.3.13）→　←	即時進行説 （有力説）
ダレの 味方か	債権者（A）↗ 債務者（あなた）↘ 債権者にとっては消滅時効が進行しない ほうがいいので、債権者が残債務の請求を するまで消滅時効が進行しないのは、債権 者に有利です。	債務者（あなた）↗ 債権者（A）↘ 債務者にとっては消滅時効が進行し たほうがいいので、すぐに残債務の 消滅時効が進行するほうが、債務者 に有利です。
結論	債権者が残債務の請求をして初めて、残債 務の消滅時効が進行します。	１度でも割賦金の支払遅滞があれ ば、その時点から残債務の消滅時効 が進行します。
理由	①「期限の利益を喪失させる旨の債権者の 　意思表示により、期限の利益が失われ 　る」のですから、期限の利益が失われ弁 　済期が到来するかは、債権者の意思で決 　まります。 ②債権者が債務者の経済状況などを考え 　て請求を控えている場合もありますの 　で、すぐに進行するのはおかしいです。	１度でも割賦金の支払遅滞があれ ば、法律上権利を行使できます。

4　特殊な債権の時効期間

　基本的な時効期間は、債権は短期5年間・長期 10 年間（人の生命または身体の侵害による損害賠償請求権は 20 年間）、債権または所有権以外の財産権は 20 年間です（民法 166 条1項、2項、167 条）。しかし、以下の特殊な債権については、これと異なる時効期間が定められています。

1．定期金債権（基本権）と定期給付債権（支分権）
（1）「定期金債権（基本権）」「定期給付債権（支分権）」とは？
　「定期金債権」とは、金銭などの給付を定期的に請求できる債権のことです。

ex. 終身年金債権が典型例です。公的年金は特別法（別法律）によって規定されているので、民法がそのまま適用されるわけではありませんが、最もイメージしやすいので、年金でイメージしてください。

　「定期給付債権」とは、定期金債権から生じる各債権のことです。

ex. 終身年金債権から2か月ごとに生じる年金債権が典型例です。

　定期金債権から定期給付債権が生じますので、定期金債権を「基本権」、定期給付債権を「支分権」ともいいます。

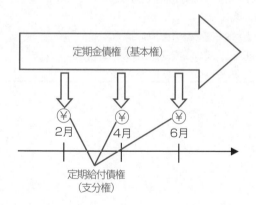

（2）時効期間
（a）定期金債権（基本権）
ⅰ　短期

債権者が定期給付債権（支分権）を行使することができることを知った時から 10 年間です（民法 168 条 1 項 1 号）。

ex. 終身年金債権の第 1 回の弁済期が 65 歳なら、それを行使することができることを知った時から 10 年間年金の支払の請求をしなければ、終身年金債権自体が時効消滅します。

ⅱ　長期

債権者が定期給付債権（支分権）を行使することができることを知らなくても、定期給付債権（支分権）を行使することができる時から 20 年間です（民法 168 条 1 項 2 号）。

ex. 終身年金債権の第 1 回の弁済期が 65 歳なら、それを行使することができることを知ったかにかかわらず、65 歳の第 1 回の弁済期から 20 年間年金の支払の請求をしなければ、終身年金債権自体が時効消滅します。

（b）定期給付債権（支分権）

具体的に生じた定期給付債権（支分権）は、通常の債権として P253〜254 の 1.の規定が適用され、時効期間は短期 5 年・長期 10 年です。

ex. 令和 5 年 6 月が年金の支払時期なら、それを知ってから 5 年間または令和 5 年 6 月から 10 年間年金の支払の請求をしなければ、令和 5 年 6 月に発生した年金（ex. 10 万円）が時効消滅します。

具体的に生じた定期給付債権（支分権）は、通常の債権だからです。

2．判決などで確定した権利

10 年より短い時効期間の定めがある権利であっても、確定判決、裁判上の和解・調停などによって確定された場合は、時効期間は 10 年となります（民法 169 条 1 項）。

10 年より短い時効期間の定めがある権利は、その時効期間が経過すると、その権利がまだあるかわからないため、短い時効期間が定められています。しかし、判決などで確定されたので、「権利がまだあるかわからない」とはいえません。また、判決確定後などであっても 10 年より短い時効期間で時効消滅してしまうのであれば、再度すぐに訴え提起などをしなければならなくなります。それは、訴訟などをした権利者に酷でしょう。

事 項 索 引

な

は

条 文 索 引

借 地 借 家 法

判 例 索 引

高 裁

地 裁

― 著者 ― 松本 雅典（まつもと まさのり）

　司法書士試験講師。All About 司法書士試験ガイド。法律学習未経験ながら，5か月で平成22年度司法書士試験に合格。それまでの司法書士受験界の常識であった方法論と異なる独自の方法論を採ったことにより合格した。

　現在は，その独自の方法論を指導するため，辰已法律研究所にて，講師として後進の指導にあたる（1年合格コース「リアリスティック一発合格松本基礎講座」を担当）。合格まで平均4年かかる現状を超短期（4〜7か月）で合格することを当たり前に変えるため，指導にあたっている。

　なお，司法書士試験に合格したのと同年に，宅建試験・行政書士試験も受験し，ともに一発合格。その翌年に，簡裁訴訟代理等能力認定。

【著書】

『【第4版】司法書士5ヶ月合格法』（自由国民社）

『予備校講師が独学者のために書いた司法書士5ヶ月合格法』（すばる舎）

『試験勉強の「壁」を超える50の言葉』（自由国民社）

『【第4版】司法書士試験リアリスティック1 民法I［総則］』（辰已法律研究所）

『【第4版】司法書士試験リアリスティック2 民法II［物権］』（辰已法律研究所）

『【第5版】司法書士試験リアリスティック3 民法III［債権・親族・相続］』（辰已法律研究所）

『【第4版】司法書士試験リアリスティック4 不動産登記法I』（辰已法律研究所）

『【第4版】司法書士試験リアリスティック5 不動産登記法II』（辰已法律研究所）

『【第3版】司法書士試験リアリスティック6 会社法・商法・商業登記法I』（辰已法律研究所）

『【第3版】司法書士試験リアリスティック7 会社法・商法・商業登記法II』（辰已法律研究所）

『【第2版】司法書士試験リアリスティック8 民事訴訟法・民事執行法・民事保全法』（辰已法律研究所）

『【第2版】司法書士試験リアリスティック9 供託法・司法書士法』（辰已法律研究所）

『司法書士試験リアリスティック10 刑法』（辰已法律研究所）

『司法書士試験リアリスティック11 憲法』（辰已法律研究所）

『司法書士試験リアリスティック12 記述式問題集 基本編［不動産登記］［商業登記］』（辰已法律研究所）

『【第2版】司法書士リアリスティック不動産登記法記述式』（日本実業出版社）

『【第2版】司法書士リアリスティック商業登記法記述式』（日本実業出版社）
【監修書】
　『司法書士<時間節約>問題集　電車で書式〈不動産登記90問〉』（日本実業出版社）
　『司法書士<時間節約>問題集　電車で書式〈商業登記90問〉』（日本実業出版社）
【運営サイト】
　司法書士試験リアリスティック
　https://sihousyosisikenn.jp/
【X（旧Twitter）】
　松本　雅典（司法書士試験講師）＠matumoto_masa
　https://twitter.com/matumoto_masa
【ネットメディア】
　All About で連載中
　https://allabout.co.jp/gm/gt/2754/
【YouTube チャンネル】
　松本雅典・司法書士試験講師
　https://www.youtube.com/channel/UC5VzGCorztw_bIl3xnySI2A

辰已法律研究所（たつみほうりつけんきゅうじょ）
https://www.tatsumi.co.jp

　司法書士試験対策をはじめとする各種法律資格を目指す方のための本格的な総合予備校。実務家というだけではなく講師経験豊かな司法書士，弁護士を講師として招聘する一方，入門講座ではWebを利用した復習システムを取り入れる等，常に「FOR THE 受験生」を念頭に講座を展開している。

司法書士試験　リアリスティック①　民法Ⅰ

| 令和5年1月15日 | 第4版　第1刷発行 |
| 12月30日 | 第2刷発行 |

著　者　松本　雅典
発行者　後藤　守男
発行所　辰已法律研究所
〒169-0075
東京都新宿区高田馬場4-3-6
TEL. 03-3360-3371（代表）
印刷・製本　壮光舎印刷（株）

従来の勉強法	松本式 5ヶ月合格勉強法	ここが違う。

従来型 松本式

従来型	松本式
合格まで4年は覚悟する。	絶対に合格できるという自信をもつ。合理的な勉強法で真剣に学習すれば1年で必ず合格できる試験である。
本試験「直前」に使えるように情報を一元化する。	本試験「当日」に問題を解くときに、頭の中で思い出す検索先を一つに特定する＝情報の一元化ではなく検索先の一元化
自分にあった勉強法を探す。	最短で合格できる勉強法に、ただひたすら自分をあわせる。
過去問は何回も何回も繰り返し解く。	過去問の元になっている条文・判例自体を思い出せるようにすれば過去問は何回も解く必要がない。
忘れないためには、覚えられるまで何度でも繰り返し復習するしかない。	一度頭に入ったことは頭からなくなることはない。思い出すプロセスを決めて、そのプロセスを本試験で再現できるよう訓練するのが勉強である。
過去問を「知識が身についているかの確認」に使う。	過去問を「問題の答えを出すために必要な知識」を判別するために使う。知識の確認ツールとしては、過去問は不十分である。
テキスト・過去問にない問題に対処するためにもっと知識を増やすように努力する。	テキスト・過去問に載っていない知識の肢を、テキスト・過去問に載っている知識から推理で判断する訓練をする。知識を増やすことに労力をかけない。
テキストに、関連する他の科目の内容や定義などをどんどん書き込んでいく。	基本テキストに関連する他の科目の内容や定義などは、「言葉」としては書かない。本試験で思い出すための記号しか書かない（リレイティング・リコレクト法）。
インプット＝テキスト、アウトプット＝問題演習	インプットもアウトプットもテキストで行う。
記述は書いて書いて書きまくる。	記述式を書いて勉強するのは時間がかかり過ぎる。申請書はシャドウイング（P.38参照）＋音読で。

リアリスティック一発合格 松本基礎講座

■2024年4月Start（7月スタート設定あり）

リアリスティック一発合格 松本基礎講座（全135回）

リアリスティック導入講義	オリエンテーション講義	民法 ※根抵当権については不動産登記法で取り扱います。 28回	不動産登記法 21回	会社法（ 商業登記 31
4回	1回			

無料体験 可

※民法開講後にお申込みになった方も左記「導入講義」「オリエンテーション講義」（全5回）をご受講ください（通学部はWEB受講。通信部DVDは一括発送）。

---

① 超短期合格法の要諦『検索先の一元化
② インプットと同時にアウトプットの仕方（松本
③ 記憶を活かすための工夫満載

通学部（定員制）

LIVEは日曜（12:00〜）・
木曜（18:45〜）の週2日。
社会人の方も無理なく
受講できる！

通信部

DVD講義

WEB
スクール

スケジュール・受講料等の詳細は
右記より資料をご請求ください。https://r-tatsumi.com/pamphlet/

― 講座の体系 ―

民事訴訟法 民事執行法 民事保全法 **12 回**	供託法 司法書士法 **5 回**	刑法 **7 回**	憲法 **6 回**

オプション講座

司法書士 オープン総合編 **8 回**	全国総合模試 **2 回**

2025年
7月

司法書士試験 筆記試験

式 編 **10 回**	記述式 **応用**編 **10 回**

リアリスティック記述完成講座

実現する講義
ウトプット法) を指導

各自で検索先の一元化を進めながら、松本式アウトプットを繰り返す。

便利な「通学＆通信 相互乗り入れ制度」

受講方法 ＼ 申込内容	通学部を申込	通信部を申込	
		DVD を申込	WEB を申込
LIVE 講義への出席	可	可	可
WEB 講義視聴	可	DVD のみの申込みなら不可。WEB ＋ DVD をお申込みなら可	可
教材のお渡し方法	手渡し	発送	発送

↑ 詳細は
こちら

リアリスティック一発合格 松本基礎講座

本講座では、松本雅典著『司法書士試験リアリスティック』を講座テキストとして使用します

「司法書士試験
リアリスティッ〔
は各自でご用意〔
さい。

テキストの見開き見本

受講者に記憶していただくのは、テ
キストのほか、各科目で配付する数
ページのレジュメ、それだけです。

図、Case、イメージの湧きや
すい例など様々な工夫を駆使
し、初めて法律を学ぶ人にも
理解できるテキストとなって
います。

簡単な例からスタートしますが、法律
の根本的な考え方まできちんと説明し
ています。

←詳細は
こちら

スケジュール・受講料等の詳細は
右記より資料をご請求ください。https://r-tatsumi.com/pamphlet/

1歳の赤ちゃんでも権利能力はあることになります（「権利能力」の問題）。

しかし、「実際に取引をする能力があるか？」ということは、権利能力とは別問題です。権利能力があっても、たとえば、0歳の赤ちゃんは物事の分別がつきませんので、「これを買いたい」などとは言えません（「意思能力」の問題）。

また、大体6～7歳くらいになれば、物事の分別がつき ますので、「..れを いただい」とは言えます。しかし、能力の小さい幼少ある未成年 の場 は、度 に比べて保護する必要性が高いです（「行為能力」の問題）。

このような理由から、「意思能力」「行為能力」という問題が生じます。つまり、第2節と第3節で扱う意思能力と行為能力は、「権利能力はある（取引社会の主体（メンバー）ではある）」が、物事の分別がつかない者や、保護する必要がある者をどう扱うか？」という問題なのです。

意思能力はこの第2節で、行為能力は次の第3節で説明します。

> **民法3条の2**
> 法律行為の当事者が意思表示をした時に意思能力を有しなかったときは、その法律行為は、無効とする。

1 意義

意思能力：自分の法律行為の結果を弁識するに足るだけの精神能力

かつては、意思能力については明文規定がありませんでした。しかし、今後は高齢化になり、意思能力が問題になる事件は増えると考えられ、意思無能力者を保護する必要性が高まります。そこで、平成29年の改正で明文化されました。

用語解説 ——「明文規定」

「明文規定」とは、条文があるということです。学説問題の肢（選択肢）の中で、「明文規定（が）ある」「明文規定がない」という文言はよく出てきますので、意味がわかるようにしておいてください。

59

特に重要な条文は、ボックスにして原文を掲載しています。

第10章 時効

4. 援用権者

Case

Aは、Bから100万円を借りており、あなたはAの保証人となっている。AのBに対する債務が、弁済時期から5年が経過した場合、あなたはAのBに対する債権の消滅時効を援用できるか？

取得時効の占有者や消滅時効の債務者が時効を援用できることは、問題ありません。上記Caseでいえば、Aは問題なく消滅時効を援用できます。では、保証人であるあなたは援用できるでしょうか。こういったことが問題となります。

援用権者として認められるかの判断基準

＊援用権者として認められるのは、援用をしなければ自身の財産を失ってしまう者です。

＊以下の表には、この後に学習する用語が多数出てきます。よって、いったん飛ばし、財産法の学習がひととおり終わったら（目のテキスト第8編までお読みになった後）にお読みください。

援用権者として認められる者	援用権者として認められない者
①保証人（民法145条かっこ書） ②連帯保証人（民法145条かっこ書） 援用をしなければ保証人の履行の責任を負いますので（民法446条1項）、自身の財産を失ってしまう者です。 よって、上記Caseの保証人であるあなたは、AのBに対する債権の消滅時効を援用できます。 ②は、平成29年の改正で判例（大判大4.7.13、大判大4.12.11、大判昭7.6.21）が明文化されました。	連帯債務者 連帯債務者は、かつては援用権者と解されていました。しかし、平成29年の改正で、連帯債務者における時効の効果は相対的効力になりました。他の連帯債務者の債務が時効によって消滅しても、連帯債務者の債務に変化が生じないようになったので（民法441条本文）、連帯債務者は援用をしなければ自身の財産を失ってしまう者とはいえなくなったんです。
	③一般債権者（大判大8.7.4） 一般債権者は債務者の特定の財産を目的としていませんので、援用をしなければ自身の財産を失ってしまう者とはいえません。また、P115の「一般債権者が該当するかどうかの記憶のテクニック」もご確認ください。

この講座のテキストは、「できる」「当たる」「認められる」などその事項に該当するものは左に、「できない」「当たらない」「認められない」など該当しないものは右に配置するという一貫した方針で作成されています。これは、本番の試験でテキストを思い出す時に、「この知識はテキストの表の左に書いてあったな。だから、『できる』だ」といったことができるようにするためです。

担保物権である、⑦の留置権、⑧の先取特権、⑨の質権、⑩の抵当権は、物の利用価値と交換価値のうち、「交換価値」を把握する物権です。つまり、原則として物を使うことはできませんが、他人の物を売っ払ったりすることはできます。たとえば、銀行が建物を目的として抵当権の設定を受けた場合は、銀行からみると、その建物は右の図のように見えているのです。銀行にとってその建物にシステムキッチンが付いていて使いやすいなどはどうでもよく、銀行は「金に替えるといくらになるのか」しか考えていないのです。

「所有権」「用益物権」「担保物権」のイメージ

物の所有者が物に対して持つオールマイティーな権利が「所有権」です。所有権は「利用価値」と「交換価値」を把握しています。その「利用価値」と「交換価値」を他人に切り売りすることができます。利用価値を切り売りしてできた他人の物権が「用益物権」であり、交換価値を切り売りしてできた他人の物権が「担保物権」です。

重要ポイントについては、図を記載。

会社は300万の株式分割による必要がある12項（会社法309第3項1-3号）

① 発行する全部の内容として譲渡制限株式を設ける定款変更
公開会社から非公開会社になる定款変更です。

② 吸収合併消滅株式会社または株式交換完全子会社が公開会社であり、かつ、それらの株式会社株主に対して交付する対価が譲渡制限株式である場合の吸収合併契約等の承認

③ 吸収合併消滅株式会社または株式交換完全子会社が公開会社であり、かつ、それらの株式会社株主に対して交付する対価が譲渡制限株式である場合の新設合併契約等の承認

株主から見ると

この3つの特別決議による必要があるのは、自身の株式が公開株から非公開株に変わってしまう場合です（上記①～③は、すべてこれです）。これは、株主にとって不利なことだからです。非公開株になると株式の譲渡が大変になります。上場廃止をイメージしてください。

講義スタイル

本講座出身の合格者が「この形式の講義以外は受けられなくなるほど」と絶賛する講義スタイル！

本講座は従来から一貫した講義スタイルで多くの合格者を生み出してきました。

毎回講義の冒頭は松本講師が受講生に向かって話すところから始まりますが、講義は基本的に、テキストを画面に写し、講師と一緒にテキストに書き込みをするスタイルで行われます。

4色（赤：結論、青：趣旨・理由、緑：複数の知識を記憶できる共通する視点など、黒：試験には出ない具体例や実務の話）を使い分け、どこをどう記憶すればよいのかを視覚化しながら説明していきます。

どの箇所を線でつなぐか、図はどこに書き込むかといったことも一目瞭然になります。

実際の講義を例えばWEBスクールの画面で見るとこうなります（LIVE受講生は教室内のモニターで見られます）

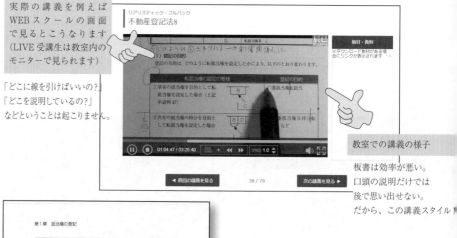

「どこに線を引けばいいの？」
「どこを説明しているの？」
などということは起こりません。

教室での講義の様子

板書は効率が悪い。
口頭の説明だけでは
後で思い出せない。
だから、この講義スタイル

書き込みが完成するとテキストのページはこうなります。

書き込んだ時の記憶が残っているので、復習がし易い！
試験の時に思い出し易い！

このスタイルだから講義終了時点でのテキストは全受講生共通！
（講義の受け方によって差が出ない）

スケジュール・受講料等の詳細は
右記より資料をご請求ください。 https://r-tatsumi.com/pamphlet/

お得な辰已の受験生割引制度

本気のあなたを全力で支援します。

1
松本式なら一挙に司法書士も狙える！
他資格からのトライアル割引　**15%割引**
行政書士、宅建士、社労士、など法律系国家資格をお持ちの方や、
これらの資格を目指されている方を応援！

2
松本式勉強法なら在学中合格を狙える！
在学生キャッシュバック　**15%** キャッシュバック
やる気のある学生の皆さんを応援いたします。お申込の際にキャッシュ
バック申込書を添付してください。定価でのお申込後にキャッシュバッ
クをいたします。

3
独学者支援・受験経験者支援・基礎再受講者支援
Re-Try 割引　**15%割引**
対象①：これまで予備校を利用せずに独学で勉強してきたが、松本式の学習法に共鳴し、この機会に直接松本
講師の指導を受けたいと思っている方（**独学者支援**）
対象②：司法書士本試験受験経験のある方で、中々合格ラインに届かないので、これを機会に松本式の勉強法
でもう一度基礎固めをして一気にいきたい方（**受験経験者支援**）
対象③：過去に司法書士の入門講座（辰已 or 他校）を受講したが、挫折した or 理解不十分なので、この機会
に松本式の勉強法で、もう一度基礎からやり直してみたい方（**基礎再受講者支援**）

4
友人と一緒に申し込めば二人ともお得
スタディメイト支援　**15%割引**
友人と一緒に申し込めば、お二人ともに、割引が適用されます。

5
合格って嬉しいご祝儀！！
合格者・研修費用贈呈　お申込額の **50%**（または**25%**）
2025年度の司法書士試験に見事最終合格された暁には、お祝いといたし
まして「リアリスティック一発合格松本基礎講座」へのお支払金額（オー
プン・模試の部分は含まず）の半額（または4分の1）を司法書士会の研
修費用などに活用していただくために贈呈いたします。短期合格を目指し
て頑張ってください。

リアリスティック・フルパック

パックで申し込めば、合格に必要なカリキュラム（講義＆演習）が
全て揃います。受講料もお得です。

リアリスティック
一発合格松本基礎講座 ＋ 司法書士
オープン
総合編 ＋ 全国総合
模試

3講座合計価格	コース価格	
通学部 ¥577,700	通学部 ¥544,592	¥33,108 のお得
通信部 ¥577,700 (WEB)	通信部 ¥544,592 (WEB)	¥33,108 のお得
通信部 ¥615,980 (DVD)	通信部 ¥580,559 (DVD)	¥35,421 のお得
通信部 ¥640,920 (WEB+DVD)	通信部 ¥604,034 (WEB+DVD)	¥36,886 のお得

※通信部についてはオプション講座も通信部で計算

受講生フォロー

質問受付システム

受講生限定 　質問無料

**24時間対応。講座に関する質問なら何でも
OKです。**

本講座では、講義内容や勉強方法に関して、本講座専用
の質問制度をご用意しています。
質問は全て自動的に松本講師宛てにも届き、松本講師も
全ての質問に目を通しています。回答はスタッフから
メールでお送りします。

リアリスティック中間テスト

全科目一括受講者限定 　受験無料

到達度確認のためのテストを実施！

講座進行中に学習の到達度確認のためのテストを実施し
ます。
科目の終了後に択一式35問を出題（全4回）。
成績はWEB上ですぐに確認できます。
実施方法：受講者特典マイページ上で実施（WEB限
定）。
問題はPDF形式。解答はWEBのフォームに入力。

講座専用クラスマネージャー

受講生限定 　相談無料

勉強内容以外でもきっちりフォローします！

本講座には「質問受付システム」を使った学習内容に関する
充実した質問制度があります。

でも、受験勉強を続ける上では学習内容以外のことについて
次のような悩みを持たれる方も多いことでしょう。

「LIVE講義全部に出席するのは難しいけれど、どうすれば
いいだろう」
「仕事をしながら勉強時間を確保するにはどうしたらいいだ
ろう」
「通信部で一人で勉強していると、他の人がどれくらい勉強
しているのか気になる」
「7月の筆記試験後にも念のため勉強を継続したいので、試
験後の講座のことが知りたい」etc.

このような受験環境に関する様々な悩みについて辰已スタッ
フがご相談に応じます。

対 象 者：リアリスティック一発合格松本基礎講座受講者
（通学部または通信部（DVD・WEB）受講者。科目別受講
者を含む。
ご利用方法：上記の質問受付システムからご相談ください。
折り返し、クラスマネージャーから回答いたします。

**スケジュール・受講料等の詳細は
右記より資料をご請求ください。 https://r-tatsumi.com/pamphlet/**

ガイダンス＆リアリスティック導入講義　全8弾

通学部も通信部も
すべて無料

松本講師の5ヶ月合格法のノウハウの一部を公開します。
聴くだけでもためになるお得な無料公開講義です。

※一部の科目については、本編開講後に実施します。
※受講方法には次のものがあります（すべて無料）。
　◆LIVE参加：東京本校は予約不要です。実施校に直接おこしください（大阪本校は要予約）。
　◆通信部DVD申込：申込方法をご確認の上、お申し込みください。
　◆WEB視聴：辰已YouTubeチャンネルでご覧ください。

─ 無料公開講義の流れ ─

| 1月 | 3月 | 4月 | 5月 | 7月 | 9月 |

ガイダンス ⇒ リアリスティック導入講義 民法 ⇒ オリエンテーション講義 ⇒ 本編開講 ⇒ 導入講義 不動産登記法 ⇒ 導入講義 会社法・商業登記法

ガイダンス	第1弾	東京本校LIVE **1/13**（土）14:00-15:00	司法書士の"リアルな"仕事・就職・収入
	第2弾	東京本校LIVE **2/10**（土）14:00-15:00	これが司法書士試験だ！―データで徹底解剖
	第3弾	東京本校LIVE **3/9**（土）14:00-15:00	合格者を多数輩出するリアリスティック勉強法とは？
リアリスティック導入講義	第4弾	東京本校LIVE **4/7**（日）14:00-15:30	リアリスティック導入講義　民法の全体像①
	第5弾	東京本校LIVE **4/14**（日）14:00-15:30	リアリスティック導入講義　民法の全体像②
大阪	第4+5弾	大阪本校LIVE **4/6**（土）14:00-17:10 ※LIVE参加には予約が必要です。 ※詳細はP.17をご覧ください。	リアリスティック導入講義　民法の全体像① リアリスティック導入講義　民法の全体像②
オリエンテーション講義	第6弾	東京本校LIVE **4/21**（日）14:00-15:30	開講直前ガイダンス 「オリエンテーション講義〜効果的な授業の受け方〜」
リアリスティック導入講義	第7弾	東京本校LIVE **7/14**（日）12:00-15:15	リアリスティック導入講義　不動産登記法の全体像
	第8弾	東京本校LIVE **9/8**（日）16:15-19:30	リアリスティック導入講義　会社法・商業登記法の全体像

司法書士試験

本試験問題&解説

Newスタンダード本
令和5年 単年度版

司法書士試験

本試験問題&解説

Newスタンダード本

令和**5**年 **単年度版**

定価 1,815円 (税抜1,650円)

最も正確で必要十分な分量の解説
受験生出口調査に基づく肢別解答率を掲載

辰已法律研究所

定価 ¥1,815 (税込)

司法書士試験過去問解説の決定版です!!

令和5年度司法書士試験本試験の,択一式全70問 (午前の部35問・
午後の部35問) と記述式全2問の,問題文と詳細かつ正確な解説を完
全掲載。

また,データ編として,473件の辰已独自の出口調査に基づく受験生の
肢別解答率を掲載。これで「絶対に正解すべき問題」「合否を分ける問題」
「捨て問題」等の属性を客観的に知ることができるでしょう。

B5判並製